高麗後期 新興士族의 研究

李 楠 福

景仁文化社

책 머리에

한국사에서 하나의 커다란 사회변동기로 여겨지는 麗末鮮初. 이 시기에 고려멸망과 역성혁명, 즉 조선의 건국을 가능케 한 세력은 어떤 것이며, 이 대변혁의 사회변동을 가능케 한 기저의 요인은 무엇인가 라는 물음과 이에 대한 해명욕구는 그때그때의 사회변동의 원인이나 변혁주체의 성격 등을 생각하지 않을 수 없는 역사연구에서 자연스런 일일 것이다. 역사의 연구는 어디까지나 객관적이고 실증적이어야 한다. 당시의 정치사회적 사정이나 사회에서 풍미하고 있던 사상 등에 따라서 문제를 보는 시각이 달라지기 때문이다. 또한 연구자들 각 개인의 기본적 사고와 현실에 대한 인식 등에 따라서도 역사적 사실에 대한 해석의 방향과 강조의 초점이 달라질 수도 있을 것이다.

고려시대를 전공하였던 필자는 여말선초를 한국사에서 하나의 커다란 사회변동기로 간주하고 그 사회변동을 가능케 한 세력에 대한 관심을 떨쳐버릴 수가 없었다. 이러한 지속적인 관심은 당시 사회변동의 원인이나 변혁주체의 성격 등을 고려해 볼 때 사회변동을 가능케 한 기저의 한 요인이 바로 신흥사족이라는 결론으로 이어지게 되었다.

신흥사족이란 고려후기에 살고 있던 계급 집단의 사회구성을 말하는 것이다. 제반 사회적 현상을 크게 보아 두 개의 계급, 즉 지배층과 피지배층의 대립관계 속에서 이해하려는 시도가 일반적이긴

하지만 역사의 전개과정은 그 속에 다양한 변수를 내포하고 있기 때문에 두 계급의 대립관계만으로 단순화시키는 데에는 문제가 없지 않을 것이다. 각계각층에 속하는 인간집단들의 사회적 위치와 성격을 구조적으로 분석하고 한 걸음 더 나아가 그 역사적 활동을 다각적인 방향에서 부각시켜야만 진정한 역사의 흐름을 진솔하게 파악할 수 있는 것이다. 그러나 필자는 능력의 한계를 감안하여 그 중의 한 부분인 신흥사족에만 국한하여 서술하기로 하였다.

이 책은 新興士族 모두를 다룬 것은 아니다. 이미 연구 실적이 나온 신흥사족들은 제외하고, 남은 신흥사족들 중에서도 학문, 문장, 風節로 명성이 알려진 학자들을 중심으로 고찰하였다. 그들은 대체로 기본적인 성격은 같지만, 체질과 사고방식 그리고 현실을 대하는 자세가 한결같지가 않기에 개별적 성향을 살펴 볼 필요가 있었다.

인물에 대한 연구는 역사 속에서 삶을 영위해 가는 다양한 모습과 숨결을 느낄 수 있다는 점에서 매력적이다. 삶의 자취와 고뇌, 비애와 결단, 높은 기백과 자긍심, 삶에 대한 진지하고 엄숙한 자세 그리고 죽음에 임하는 결연한 태도 등에서 역사와 인간 삶에 대해 많은 것을 생각하고 느끼고 배울 수 있다. 매번 새로운 인물과 만나면서 그 삶의 본질을 엿보고 그들과 희로애락의 감정을 함께한다는 것은 대단히 즐겁고 보람 있는 일이다.

과거 역사 속에 존재했던 인물들의 이야기는 바로 오늘을 사는 우리들의 이야기이며, 현재 우리들이 겪는 고뇌와 갈등, 환희와 사랑은 지난날의 사람들도 경험했던 것들임을 알 수 있다. 한 사람 한 사람의 개인이 모이면 집단이 되고 집단을 파헤쳐 보면 그 속에 개인들의 삶이 응어리져 있는 것이다.

위와 같은 견지에서 고려사를 전공하는 필자는 학위논문에다 종전에 발표한 一聯의 논문들을 모아『高麗後期 新興士族의 研究』라는 제목으로 이 한권의 책을 엮어 보았다.

끝으로 이 책의 출판을 맡아주신 경인문화사 사장님과 그리고 편집부 여러분의 노고에 진심으로 감사드린다.

2004년 2월
이남복

목 차

序 論

　이 논고는 고려 무신정권시대로부터 고려왕조 멸망에 이르는 동안 정치적·사회적으로 점차 세력을 형성하여 드디어 새로운 관인 지배층으로 역사에 등장한 新興士族들을 다루어 본 것이다.

　그동안 우리 학계에서 신흥사족들에 대한 연구가 적지 않게 나왔으나 대체로 신흥사족의 일반적 성격을 개술하는 선에서 그친 것이 대부분이고, 신흥사족 한사람 한사람에 대한 구체적 고찰은 별로 많지 않았다. 그러므로 이 논고에서는 고려후기 신흥사족의 실체를 재조명하여 그 성격과 역사적 위상을 밝혀 보려는데 그 목적이 있다.

　본 논고에서는 크게 두 부분으로 나누어 설명하였다. 처음은 신흥사족이 형성될 수 있는 발판으로서 座主·門生을 다루었고, 다음은 당시 신흥사족들 중에서 비교적 역사상의 위치가 뚜렷한 인물들을 골라 그 개별적 성향을 살펴봄으로써 일반적 성격에 대한 이해에서 한 걸음 나아가 그 실상을 보다 선명하게 파악해 보려는 것이다. 그런데 신흥사족들의 계보가 주로 鄕吏에서 나왔다는 사실은 상식화되어 있으므로 일일이 예거할 필요는 없지만, 여기에서는 安

珦을 위시한 權溥・李集・李崇仁・李行 등 新興士族 중에서도 학문과 문장・風節로서 이름이 높고 널리 알려진 학자 등을 다루어 보기로 하였다. 하지만 그들은 기본적인 성격은 같이하지만 체질과 사고, 그리고 현실에 대처하는 자세가 반드시 한결같지는 않았다. 그러므로 그들의 개별적 성향을 살펴 볼 필요가 있는 것이다.

먼저 제1장에서는 座主・門生관계를 다루게 된 것은 당시 新興士族들이 세력을 형성하여 역사에 등장한다는 것은 결코 용이한 일이 아니다. 당시에 기성세력으로 權門世族과 大農莊主가 있어 정치적・경제적으로 모든 것을 장악하고 있는 터라 지방중소지주 출신으로 겨우 仕宦에 진출한 초기 신흥사족들은 도저히 그들에게 대항할 수 없었다.

이 신흥사족들이 가진 무기는 문학지식이었던 만큼 이 문학지식을 통하여 서로 결속할 수밖에 없었다. 무엇보다 그들에게 중앙관료로의 진출을 약속해 주는 것은 과거제도였다. 과거에 합격하여 일단 청운의 길을 터놓으면 그 다음의 온갖 장애는 어떻든 극복해 나가야 하는 것이다. 개개의 힘으로 저항하고 대적할 수 없기 때문에 이들 신흥사족들은 과거를 통한 선후배간의 결속을 더욱 다지는 것이다.

과거의 고시관이 선배로서 座主가 되고 응시자는 후배로서 門生이 되는 것이다. 처음 이들은 단순히 과거 급제자와 고시관의 관계에 지나지 않았으나 한 걸음 나아가 사제관계로, 더 나아가서는 父子간에 準한 관계로까지 발전되면서 그 관계는 더욱 더 밀착되어 갔다. 이리하여 신흥사족들은 좌주・문생관계에 의하여 인간적 결합이 굳어지고 그것으로 세력형성의 매체를 삼았던 것이다.

이 장에서는 신흥사족과 관련시켜 좌주・문생관계를 살펴서 그 관계가 신흥사족의 형성에 어떠한 영향을 주었으며, 또 성리학 수용에 어떠한 역학관계를 주었는지 하는 문제를 구명하고자 한다.

다음 제2장에서는 우리나라 최초의 성리학 수입자로 알려진 인물인 安珦에 대해서 고찰하고자 한다. 당시의 고려사회는 30년 간의 몽고 항쟁이 종식되고 元과의 강화를 맺음으로서 새로운 대원관계가 전개되는 시기였다. 이에 따라 고려는 元의 영향력은 증식되어 元의 세력을 배경으로 등장한 권문세족이 고려를 이끌어 가는 지배세력이 되었다.

이들은 정치적으로는 권력을 장악하고 경제적으로는 대농장주가 되었으며, 사상적으로 불교에 귀의하는 한편 사원 또는 禪僧과 결탁하여 사적인 이익을 확대하면서 국가제도를 문란시키고 있었다. 이와 같이 타락된 이들을 비판하면서 새로이 등장한 사회계층이 新興士族이다.

이 신흥사족들은 학문과 지식을 바탕으로 과거를 통하여 중앙정치무대에 진출하였으므로 이들은 학자적 관료로서 도덕성을 중시하는 사람들로서 이들은 곧 성리학의 신봉자들이었다. 이들은 권문세족과는 대립관계에 있었기 때문에 권문세족과의 대결에서 승리하기 위해서는 권문세족과 일체를 이루고 있는 타락된 불교를 배격하고 새로운 이데올로기로서 性理學을 강력히 내세웠던 것이었다.

이와 같이 고려후기의 사회정세에서 크게 주목을 끄는 인물로 안향을 들 수 있는데 이 장에서는 그의 생애와 인품, 성리학의 수용과 정착화를 위한 제자양성 등을 살피어 그 사회적 위치를 체계화해 보려는 것이다.

다음 제3장에서는 權溥의 학문적 배경을 고찰코자 한다.

권보는 성리학 수용기 때 성리학을 전수받고 또 이를 보급·전파하는데 큰 몫을 한 학자이다. 고려는 몽고의 침입에 대해 30여 년

간이나 줄기찬 항전을 거듭하였으나, 전쟁으로 인한 국력의 쇠퇴와 지배층의 분열로 마침내 고종 46년에 몽고에 굴복하고 말았다.

이후 고려와 원과의 관계는 정치적으로는 征東行省이 설치되어 내정을 간섭하였고, 군사적으로는 諸軍萬戶府를 설치하여 고려의 군권을 장악하였으며, 경제적으로는 수많은 공물을 강요하였고, 사회적으로는 원의 법제를 실시하여 고려의 사회체제를 변화시키려 하였다.

이와 같은 원의 강력한 영향력 하에서 원과의 관계를 통하여 새로운 정치지배세력이 대두하였다. 이와 같은 복잡한 상황의 고려시대에서도 역사의 흐름은 어쩔 수 없어 성리학은 수용되었다. 즉, 성리학의 고려 수용이 안향(1243~1306)―백이정·권부(1262~1346)·우탁(1263~1343)―이제현(1287~1367)―이곡(1298~1351)―이색(1328~1396)으로 이어지면서 이루어졌다는 점은 다 아는 사실이다.

性理學이 고려에 수용된 시기는 몽고가 중국을 지배하기 위한 기본적이고 제도적인 모든 장치가 이루어지고, 따라서 관료체제를 유지·강화하는데 필요한 이념을 제공한 관학도 그 기본 골격이 갖추어진 때이다. 국가가 안정되고 국가재정이 강남 의존도가 높아질수록 원 조정은 어떻게 하면 가장 효율적으로 수취체제를 재정비하여 국가의 경제기반을 확보할 수 있는가 하는 것이 가장 절박한 문제로 대두하게 되었다. 농촌을 안정·유지하여 세수를 늘이기 위해서는 당시 지주·전호간에 첨예화된 모순을 개혁으로서 성취하는 것이 아니라 지주·전호간의 상호협력으로 해결하려는 것이다. 그것은 봉건적인 명분을 지키는 방법으로써 도덕을 합리화한 이론을 전개하는 것이었다. 이것이 원대에 풍미하여 官學化하였던 성리학이다.

이 관학화된 성리학이 고려 후기에 수용되고, 그것이 전파되었던 시기에 살았던 당시 지성인인 권보의 사상을 살펴보고자 한다.

다음 제4장에서는 李集에 대하여 학문적 배경을 고찰코자 한다. 이집이 활동하였던 14세기의 고려는 공민왕이 즉위하여 당시 누적되었던 제폐단을 개혁하여 고려의 자주성을 회복하려고 하였던 시기이다. 그 개혁은 대외적으로는 반원정책과 대내적으로는 권문세족의 억압이라는 두 가지의 목표를 갖고 있었다.

공민왕 초기의 개혁인 반원정책은 어느 정도 성공을 거뒀다 할 수 있었지만, 그 다음 개혁 과제였던 권문세족의 권력의 약화를 위해서는 권문세족과 연관이 닿지 않는 辛旽을 기용하여 계획을 추진하였다. 그러나 신돈은 공민왕의 개혁의지에 부응하지는 못하였을 뿐만 아니라 정치를 혼란 속에 몰아넣었다. 이러한 시기에 이집은 廣州李氏로써 鄕吏로 발신한 신흥사족의 한사람으로 成均館을 중심으로 모여든 신흥사족과 함께 성리학을 연구하고 토론하였으며 함께 관료생활도 하였다. 그러나 그는 당시 난마와 같은 어지러운 고려말기 정치현실에서 관직을 그만 두고 성리학 신봉자로서 남한강변 川寧에 은둔하여 불의와의 타협을 거부하고 志節을 지키면서 살아온 것이 바로 그였다. 이 장에서는 이러한 이집의 학문적 배경과 성리학적 지위, 그리고 그의 志節을 구명하여 이를 체계화하려 하는 것이다.

다음 제5장에서는 14세기 후반기에 활동한 李崇仁에 대하여 살피고자 한다. 이숭인은 이집과 같은 시대에 활동하였던 인물이다. 14세기는 공민왕이 즉위하여 당시 누적되었던 여러 폐단을 개혁하여 고려의 자주성을 회복하려고 하였던 시기이다.

이때 신흥사족과 권문세족들과의 갈등 대립이 극심해지고 또 이들은 그후 끊임없이 권문세족과 부딪히고 대립하였다. 이러한 상

황에서 李成桂의 위화도회군으로 모든 것이 이성계의 수중에 장악
되자, 이때 신흥사족들이 주장한 私田改革을 실행하여 1391년 새
로운 토지제도로서 과전법을 반포되었다. 이때 또 다시 대두된 문
제는 고려왕실의 존폐였다. 이러한 과정에서 힘과 책략으로 피비
린내를 풍긴 역사의 현장에서 그것을 자기 스스로 체험한 것이 이
숭인이다. 이 장에서는 이숭인의 정치적 역정과 학문적 배경 그리
고 성리학적 지위를 구명하여 이를 체계화하려 하는 것이다.

　다음 제6장에서는 李行에 대해서 살펴보기로 한다. 이행이 활동
하였던 고려 말은 국내적으로 권문세족과 신흥사족들간의 대립이
첨예화되었지만 결국 신흥사족들의 주도로 私田改革을 단행하였
다. 그리하여 그들은 그들의 정치적 이상을 유감 없이 발휘할 수
있을 것 같았지만 고려왕실을 어떻게 처리하느냐 하는 문제에서
또 분열이 심각하여 졌다. 정몽주 일파와 같이 정통적 왕실을 추대
하자는 충성파가 있는가하면 정도전 일파와 같이 낡은 왕실을 밀
어내고 새 왕조를 건국하자는 현실파가 있었다. 이행은 이와 같이
충성파와 현실파 속에서 사전개혁을 주장할 때 현실파와 보조를
맞추어 적극적으로 사전개혁을 주장하였다. 그러나 고려왕조에 대
한 역성혁명에는 반대하였다.

　고려와 조선의 變易라는 역사적인 대세에서 자기의 주관을 굳건
히 지켜왔는데, 이 장에서는 그의 학문적 배경과 정치적 역정 특히
개혁론을 구명하여 이를 체계화하려 하는 것이다.

　끝으로 柳淸臣에 관한 논문 한편을 부록 형식으로 첨부해 둔다.
유청신은 部曲吏 출신으로 관인화되어 그의 자손들이 신흥사족으
로서 활동한 점이 위의 안향·권보·이집·이숭인·이행 등과 비
슷하여 참조가 될 수 있기 때문이다. 그래서 그의 출신성분과 정치
적 역정을 구명하여 이를 체계화하여 보려 한다.

제1장

고려후기의 座主·門生

Ⅰ. 座主·門生관계의
발생 배경과 그 성립

　좌주·문생관계는 고려 후기에 관리등용을 위한 과거제도를 중심으로 파생된 사회적 산물로서 고려 후기에 있어서 신흥사족의 형성과 성리학의 수용 및 그 정착과정과 밀접한 관계가 있으므로 본 장에서는 이 좌주·문생에 대한 논고를 먼저 취급하게 되었다.

　의종 24년에 정중부 등에 의하여 무신란이 발발하였다. 그 결과 정치·사회·경제·문화 등 여러 면에서 커다란 변화를 가져오게 되었다. 정치적으로는 무신란 이전 정국은 인종 대에 이자겸과 묘청의 난이 발생하여 집권층 내부의 권력다툼이 표면화됨에 따라 중앙집권체제가 동요하고 있었다.

　그런데 인종의 뒤를 이어 즉위한 의종은 통치체제의 확립보다는 사치와 향락을 추구하고 이를 위해 백성들로부터 수탈을 강화함으로써 피지배층의 원망과 분노가 높아져 갔다. 또 고려는 양반제도를 만들어 문반과 무반을 하나의 관계 체제 안에 일원적으로 편성하여 법제적으로는 동등하게 대우하도록 하였으나, 실제에 있어서는 崇文賤武 정책에 따라 문반에 비해서 무반에 대한 차별이 심하였다.

　귀족은 문반직을 가지고 정치권력을 독점하였고 심지어는 군대를 지휘 통솔하는 兵權까지도 장악하였으며, 田柴의 지급에 있어서도 개정전시과에서는 문반에 비하여 무반이 열위에 있었지만 거란·여진과의 전쟁을 통하여 서서히 그 지위를 상승하여 문종 30

년에 경정된 전시과에서는 무반의 대우가 좋아졌던 것이다.

이와 같이 백성들의 수탈로 집권층에 대한 원망과 무신들의 전쟁을 통한 현실적인 지위의 상승으로 무신란이 발발하자 무신들은 정치의 실권을 장악하여 중앙은 물론 지방의 요직까지 무신들에 의하여 독점되었고,[1] 또한 사회적으로는 신분제 사회로서 양반·귀족·중간층·양민·천민의 신분이 엄격하게 구분되어 있었다. 이러한 신분체제는 문신귀족이 정치권력을 장악하고 있던 시기에는 어느 정도 잘 유지될 수 있었지만, 무신란으로 권력을 장악하였던 문신귀족이 몰락하고 대신 상대적으로 신분이 낮은 무신이 집권함에 따라 종래 엄격했던 신분질서는 동요하게 되었다.

예를 들면 무신란을 일으킨 정중부는 처음에 控鶴禁軍에 충용되고 인종조에 牽龍隊正이 되어 누천하여 상장군이 되었지만 난이 일어나자 집정관이 되었고,[2] 이의방은 의종 말에 散員으로서 牽龍行首가 되었는데 난이 일어난 후 鷹揚龍虎軍 중낭장이 되고, 명종이 즉위하자 대장군 殿中監兼執奏가 되어 집정관이 되었다.[3]

또한, 이의민은 아버지가 소금과 체를 파는 상인이었고, 어머니는 延日縣 玉靈寺의 노비였는데[4] 경대승에 이어 최고의 집정관이 되었다. 이와 같이 무신란이라는 정치적 변혁은 무신들의 신분을 상승시켜 주었던 것이다. 무신정권시대에 농민·천민의 난이 일어난 것도 바로 이러한 하극상의 신분질서의 동요를 반영하여 주는 것이었다.

경제적으로는 예종 때부터 권세가들에 의한 토지 탈점이 시작되

---

1) 『高麗史』 卷19, 世家 明宗 3年 10月 壬戌. "自三京四都護八牧 以至郡縣館驛之任 倂用武人"
2) 『高麗史』 卷128, 列傳41 鄭仲夫傳.
3) 『高麗史』 卷128, 列傳41 李義方傳.
4) 『高麗史』 卷128, 列傳41 李義旼傳.

더니 본격적인 토지겸병은 인종 대의 이자겸부터였다. 이것이 무신정권이 일어난 이후부터는 더욱 확대되어 토지제도의 문란 속에 대토지소유제가 발달하게 되었다. 그러나 이러한 정치·사회·경제적인 변화와 동요는 차츰 무신정권의 지배 하에서 나름대로 안정되어 갔다. 이러한 새로운 질서로 정착되어 가는 과정에서 정치적인 면에 가장 주목되는 것이 신흥사족의 등장이라 할 수 있다.

다음 그에 대한 문제를 일별해 보기로 하겠다. 무신란이 일어나자 많은 사람들이 죽음을 당하였으나, 그 중에서 살아 남은 사람은 깊은 산 속에 숨기도 하고, 佛門에 들어가 승려가 되기도 하였다. 그 뒤 차츰 정국이 안정되자 이 궁산벽지의 승려들로부터 학업을 전수받은 士子들은 중앙 도성으로 모여들어 관료로 진출하는 활로를 찾게 되었던 것이다.5)

이때 정국은 초기의 무신정권이 물러나고 최씨무신정권의 강력한 무단정치로 어느 정도 안정되었다. 최씨무신정권은 자신들의 행정실무의 결함을 보완하고자 문인들을 많이 등용하였다. 따라서 이때 등용된 문인들은 종전과는 달리, 문벌지위에 의한 등용이 아니라 본인의 능력에 따라 등용한 것이었다. 따라서 이들은 문학과 실무에 능한 能文能吏의 새로운 관인층으로 나타나게 되었다.6) 이 능문능리의 신관인은 주로 도성에서 멀리 떨어진 궁산벽지의 승려들로부터 배움을 받은 사람으로서 과거를 통하여 등용된 사람들이었다.

그러면 궁산벽지의 승려로부터 교육을 받을 수 있는 사람들은 어떤 계층의 사람들이었는가를 생각해 보자. 교육받을 수 있는 사

---

5) 『櫟翁稗說』前集 1. "毅王季年 武人變起 所忽 薰猶同臭 玉石俱焚 其脫身虎口者 遯逃窮山 蛻冠帶 而蒙伽梨"(『高麗名賢集』 2, 350쪽).
6) 이우성, 1964, 「高麗朝의 '吏'에 대하여」 『歷史學報』 23, 21~24쪽.

람은 적어도 그 지방의 유력자일 것이다. 이 유력자는 대체로 鄕吏
層이었고, 이 향리층은 고려후기에 이르러서는 신흥 지주로서 기
반을 갖춘 자들이었다.

그 이유는 첫째, 전시과체제가 문란해지고 토지소유 관계의 변
동이 심했던 시기에 지방 행정실무를 담당하였던 점이고, 둘째, 민
간에 있어서의 토지개간이 광범하게 그리고 적극적으로 추진되어
耕地가 팽창하고 있던 시기에 이 개간사업을 주도할 위치에 있었
던 점이다. 이러한 경제적 기반 위에 향리층 자제들이 중앙으로 진
출할 수 있었던 것이다.7)

그 인물을 예로 들어보면 다음과 같다.

① 조문발은 定戎鎭吏이다. … 예부시에 장원급제하여 남경 司錄으
   로 보임되었다. 그의 아버지가 60세가 넘었으므로 문발이 詩를 지
   어 최이에게 보내어 관직을 구하였다.8)

② 정가신의 자는 獻之이며 처음 이름은 興이다. 나주사람으로 아버
   지 松壽는 鄕貢進士이다. 가신은 나면서부터 영오하여 독서와 작
   문이 뛰어나 모든 사람의 추천하는 바가 되었다. … 고종조에 등
   제하여 여러 번 華要한 벼슬을 지냈다.9)

③ 안향의 처음 이름은 裕이고 興州 사람이다. 그의 아버지 孚는 본시
   州吏로서 의업으로 출신하여 관직이 密直副使 … 향은 어릴 때부
   터 학문을 좋아하여 원종초에 급제하여 校書郎에 보임되었다.10)

---

7) 이우성, 「新興士大夫階層과 新儒學」 『成大新聞』 554, 1971년 1월 1일.
8) 『高麗史』 卷102, 列傳15 趙文拔. "趙文拔定戎鎭吏 … 擢魁科 補南京
   司錄 其父年踰六十 文拔作詩遺崔怡求官 怡告忠獻曰 子擢壯元 父爲
   州吏 非國家重儒之意 且趙生 才氣必遠到 盍免其父鄕役 以勵爲人父
   者 忠獻然之"
9) 『高麗史』 卷105 列傳18 鄭可臣. "鄭可臣 字獻之 初名興 羅州人 父松
   壽鄕貢進士 可臣生而穎悟 讀書作文 頗爲時輩所推 … 高宗朝登第 累
   歷華要"
10) 『高麗史』 卷105, 列傳18 安珦. "安珦初名裕 興州人 父孚本州吏 業醫出

④ 이조년의 자는 元老이고 京山府 사람이다. 아버지 長庚은 본부의
   吏屬이었다. … 충렬왕 20년에 향공진사로서 급제하여 安南書記
   에 선임되고 여러 번 옮겨 禮賓內給事가 되었다.[11]

⑤ 이곡의 자는 中父이고 처음 이름은 芸白이다. 韓山郡吏 自成의 아
   들이다. … 충숙왕 7년에 급제하여 福州司錄參軍에 선임되었다.[12]

⑥ 우탁은 丹山사람이고 그의 아버지 天珪는 향공진사이었고, 탁이
   급제하여 처음 寧海司錄에 선임되었다.[13]

⑦ 안축의 자는 當之이고 福州縣사람이며, 아버지 碩은 縣吏로서 급
   제하였으나 은거하고 벼슬하지 않았다. 축이 나면서부터 영오하
   고 학문에 힘쓰고 문장을 공고히 해서 급제하여 全州司錄에 선임
   되었다.[14]

⑦ 정운경의 본관은 안동부 봉화현이고 … 증조부는 호장 公美이다.
   … (충숙왕 13년) 사마시에 합격하고 至順 원년 10월에 宋天逢의
   榜에서 同進士에 오르고, 2년 정월에는 尙州牧司錄이 되었다.[15]

⑧ 윤소종의 자는 憲叔이고 찬성사로 치사한 澤의 손이다. … 윤해
   의 자는 康哉이고 茂松縣吏이다. 급제하여 尙州司錄에 보임되었
   다. … 해의 아들은 守平이고 守平의 아들은 澤이다.[16]

身 官至密直副使致仕 珦少好學 元宗初登第 補校書郎"
11)『高麗史』卷109, 列傳22 李兆年. "李兆年字元老 京山府人 父長庚本府
   吏 … 忠烈王二十年 以鄉貢進士 登第 調安南書記 累轉爲禮賓內給事"
12)『高麗史』卷109, 列傳22 李穀. "李穀字中父 初名芸白 韓山郡吏自成子
   也 … 忠肅王四年中擧子科 … 七年登第 調福州司錄參軍"
13)『高麗史』卷109, 列傳22 禹倬. "禹倬丹山人 父天珪鄉貢進士 倬登科 初
   調寧海司錄"
14)『高麗史』卷109, 列傳22 安軸. "安軸字當之 福州興寧縣人 父碩 以縣吏
   登第 隱不仕 軸生而穎悟 力學工文 中第 調金州司錄"
15)『三峯集』卷4, 行狀 榮祿大夫刑部尙書鄭云敬先生行狀. "本貫安東府奉
   化縣 考檢校軍器監均 祖秘書郎同正英粲 曾祖戶長公美 先生姓鄭 諱云
   敬 … 丙寅△月中司馬試 至順元年十月宋天逢榜登同進士 二年正月 除
   尙州牧司錄 … 男三人曰 道傳壬寅科進士 今爲宣德郎通禮門祗侯 曰道
   存道復皆讀書人"
16)『高麗史』卷120, 列傳33 尹紹宗. "尹紹宗字憲叔 贊成事致仕澤之孫 恭
   愍朝擢魁科 選補史官累轉爲正言." 및『高麗史』卷106 列傳19 尹諧.

이것으로 보아 무신정권 이후 많은 향리층의 자제들이 급제한 사실을 알 수 있고, 또 이들은 고려후기의 정치와 사상계에서 주도적 역할을 하였으며 무신정권 이후 과거를 통하여 진출한 인물들이었다.

이들 중에서 조선을 건국하는데 중요한 역할을 하였던 정도전·윤소종 등도 향리층에서 상승한 인물들이다. 정도전은 그의 아버지 대에서, 윤소종은 그의 증조부 대에서 과거에 급제하였다. 이렇게 최씨정권 하에서 점차 대두하기 시작한 士人들이 최씨무신정권이 무너지고 대원관계가 평화적으로 유지됨에 따라 더욱 활발히 정계에 진출하고, 한편으로 대원관계를 이용한 鷹坊·譯人·宦官들이나 원공주의 怯怜口, 親從行李의 공신, 일본정벌의 전공자 등 새로이 권세지가로 등장하는 세력이 나타나게 되었다.[17] 이들은 대개 광범위한 농장과 전주권을 장악하였다.

이 권문세족들의 대농장의 점유로 국가 재정은 고갈 상태에 빠지게 되었고, 전주권의 장악은 관인체제의 질서를 문란케 하였다. 이리하여 신흥사족들은 그 회복을 위하여 권문세족과 대항하려 하였으나, 강력한 경제적 기반과 元과의 긴밀한 관계를 가진 권문세족에 대항하기에는 신흥사족들의 역량으로는 역부족이었다. 이리하여 이 권문세족에게 맞설 수 있는 세력을 형성하기 위해선 과거를 통한 선후배간의 단결이 무엇보다도 필요하였다. 이것이 고려 후기부터 나타나기 시작한 좌주·문생관계였던 것이다.

이 같은 좌주·문생관계는 시대적으로 필연적인 산물이었으며 그들의 세력을 확고히 하기 위하여 의식적으로 조장하는 면이 더 많았던 것으로 보여진다. 여기서 그 예를 들어 보면 다음과 같다.

"尹諧字康哉 茂松縣吏 登第 調尙州司錄 … 子守平 守平子澤"
17) 민현구, 1981, 「高麗後期의 權門世族」『한국사』8, 24〜25쪽.

즉 『牧隱詩藁』에,

중찬 유경이 試官이 되었을 때 그 좌주인 평장사 임경숙은 자기가 띠고 있던 검은 물소뼈로 만든 紅鞓을 그에게 내어 주며 말하기를 "경의 문생으로 경과 같은 자가 나타나면 곧 오늘 나의 이 마음을 알 것이다. 그 때문에 이 띠를 준다"고 하였으니 이것이 홍정의 주고 받음이 여기서 비롯된 것이며, 지금부터 120년 전의 일이다. 나의 문생인 염정수가 성균시를 주관하였는데 그는 예천 권정승의 외손이다. 내가 성균 좌주였던 김송정(松亭 ; 金光載)이 물려준 띠를 그에게 주었으니 그것은 송정이 예천으로부터 직접 받은 것이었다.[18]

라 하였다. 이것은 이색이 좌주로써 문생인 염정수에게 좌주·문생관계를 돈독히 하기 위하여 犀帶를 물려준 예가 되는 것이다.

이것을 보면 당시 좌주가 띠고 있던 서대를 풀어 자기의 문생에게 주는 것이 상례였던 것 같으며, 이 띠를 줌으로써 그 관계를 돈독히 하기 위한 정의 표시가 될 수 있었던 것으로 보아 이것은 의도적인 면이 강했던 것이라 할 수 있다. 이와 같이 권문세족들과의 대결에서 필요로 하였던 좌주·문생관계의 유대는 그 후 세력이 점차 커져서 고려 말기에는 확고한 신흥사족으로 발전하여 나갔던 것이다.

---

18) 『牧隱詩藁』 卷26, 詩 門生掌試圖歌. "柳中贊璥之掌試也 其座主任平章景肅 解所帶烏紅鞓以帶之曰 卿門下有如卿者出 方知吾今日之心矣 其以此帶與之 此又紅鞓授受之所起也 距今癸亥一百二十餘年 而吾門生廉廷秀掌試成均 醴泉政丞權公之外孫也 予以成均座主松亭金先生所留犀帶與之 松亭所親受於醴泉者也"(『高麗名賢集』 3, 651쪽).

Ⅱ. 좌주·문생관계의 사례

고려후기에 새로이 나타나는 좌주·문생의 관계는 대단히 우리의 관심을 끈다. 그런데 이 좌주·문생은 그 명칭부터 독특한 것이어서 먼저 그 어원의 출전을 찾아보기로 하자.

원래 좌주·문생의 명칭은 중국 당대로부터 사용되어 온 것이기 때문에 먼저 중국측 기록부터 살펴보기로 한다. 좌주에 대해서는 『書言故事』에 "稱所見取之試官 曰座主"[19]라 하였고 『日知錄』에는 "貢擧之士 以有司爲座主"[20]라 하여 좌주란 과거급제자가 그 과거의 主試官을 존칭하여 불렀던 것임을 알 수 있다.

그리고 문생에 대해서는 『朝野類要』에 "其擧主各有格法限員 故求改官奏狀 最爲難得 如得 別稱門生"[21]이라 하여 擧主 즉 主試官이 자기가 얻은 사람을 문생이라 하였던 것이다. 근년에 나온 『淸國行政法汎論』에서는 좌주·문생을 아울러 설명하고 있다. 즉 급제자는 주시관이 자기를 발탁하여 준 은혜에 감사하여 그에게 좌주라는 존칭을 바치고 좌주인 고시관은 또한 급제자들을 문생이라 지칭하였다[22]는 것이다.

고려에서도 이와 비슷한 이야기가 있다. 즉 『櫟翁稗說』에,

고시관을 學士라 하는데 급제자는 이를 恩門이라 하여, 좌주·문

---

19) 胡繼宗, 『書言故事』 選擧.
20) 顧炎武, 『日知錄』 卷17, 座主門生.
21) 『朝野類要』 卷12, 座主門生.
22) 『淸國行政法汎論』. "其及第者 則感考官拔擢之恩深矣 故尊崇之 呼爲座主 考官亦 指其及第者 稱曰門生"

생 관계를 맺게 된다. 그 좌주·문생 사이의 예는 대단히 두터웠다. 만약 학사에게 부모나 좌주가 있을 때에는 학사는 放牓 후 신급제자를 데리고 좌주를 예방하고 또 그를 자기의 집으로 모셔다가 신급제자들과 함께 頌壽의 술잔을 올린다.23)

라 하였다.

과거가 시작된 이래로 知貢擧와 及第者의 관계가 각별한 것은 있었지만 보다 돈독한 관계로 발전한 것은 무신란 이후가 된다. 곧 이인로의 『破閑集』을 보면,

광종 때 처음으로 과거로 선비를 뽑았다. 그런데 宗伯으로서 그의 문생이 시관이 된 것을 보지 못하더니 명종 초년에 학사 한언국이 문생을 거느리고 자기의 은문 최유청을 찾아갔던 바 최유청은 시를 지어 자기 문생의 문하생이 급제한 것을 축하하였고, 또 司成 조충이 그의 문생을 거느리고 좌주 임유를 찾아가 예를 행하자 이를 본 이인로는 감탄하여 시를 지었다.24)

라 하였는데 이와 같은 사실은 최자의 『補閑集』에서도 보인다. 고종 24년 사마시 시관이었던 유경도 그 좌주에게 같은 예를 보이고 있다.25)

이것은 後唐 때 裴皞가 세 번이나 지공거를 지냈는데 그의 문생

---

23) 『櫟翁稗說』後集2. "我國掌試者 謂之學士 其門生稱之則曰恩門 門生座主之禮 比古尤重 學士有父母若座主在 旣放牓 必具公服往謁 而門生綴行隨之 學士拜於前 門生拜於後 衆賓雖尊長 皆下堂庭立 竣禮畢揖讓 而升以次拜賀 於是 學士邀至其第 奉觴稱壽"(『高麗名賢集』2, 372쪽).

24) 『破閑集』上. "本朝光王時 始以詩賦取士 然未嘗有宗伯得見門生掌選者 至明王初 學士韓彦國 率門生謁崔相國惟淸 亦作詩云 綴行相訪我何榮喜 見門生門下生 … 今上踐阼八年 趙司成沖 亦引門生詣任相國濡第陳謝 而公以冢宰尙在中書 古今所未有奇哉 作詩以記卓異"(위의 책, 85쪽).

25) 『補閑集』上. "藝文閣學士柳璥 自登第十六年 典司馬試署牓 明日往謁 時平章以大師懸車"(위의 책, 109쪽).

馬胤孫이 과거를 관장하여 새로운 문생을 얻자 그가 문생을 데리고 좌주 배호를 찾아 인사를 드렸던 바, 배호는 시를 짓기를 “三主禮闈年八十 門生門下生見門生”이라 하였다는 고사에서 나온 것이라 하였지만,26) 고려 때의 좌주·문생제가 단순히 중국제도의 모방이 아니라 고려조의 내재적 조건에서 필연으로 나타난 것이라고 생각해야 할 것이다.

고려전기 문벌귀족의 정치 활동이 강력한 가문을 배경으로 한 것이라면 신흥사족들은 자신의 능력으로 과거에 합격한 우수한 지식인이라 할 수 있다. 문벌귀족이 중앙에 근거를 둔 데 비해 신흥사족들은 지방에 근거를 두고 있었다. 이 신흥사족들은 권력의 배경이 없는 중앙에서 그 뿌리를 내리기 위해서는 자기들끼리의 단결을 필요로 하였다. 앞서 언급한 것처럼 과거를 통한 선후배간의 결속으로써 좌주·문생관계가 형성되어 나갔던 것이다. 그리하여 이 좌주·문생관계는 당사자에서만 그치는 것이 아니라 지공거도 좌주를 삼고 또 지공거의 지공거도 좌주로 삼아 이중·삼중의 사제관계가 형성되어 나갔던 것이다.27)

이와 같이 좌주·문생 관계는 단순히 지공거와 급제자와의 사이가 아니라 일생을 두고 좌주·문생이라는 독특한 사제관계를 맺게 되었다. 이와 같은 사제관계가 시간이 흐름에 따라 ‘門生卽吾子’라 칭할 정도로 그 관계가 부모·자식과 같은 깊은 관계가 되기도 하였다.

---

26) 『補閑集』 上. “唐裴皞三知貢擧 門生馬胤孫掌試 後引新牓門生往謁 裴作一絶云 三主禮闈年八十 門生門下生見門生”(위의 책, 109쪽).

27) 『謹齋集』 卷1, 詩 賀益齋相國詩. “(益齋)相國門生尹代言掌成均試 以詩賦取士 上臨軒唱榜 明日尹公引門生 迎公于私第 公又引門生 迎公之 座主尊岳公永嘉府院君 與悅軒老相國 同赴慶筵 三韓聳覩 以稀有爲美談”(위의 책, 440~441쪽).

『목은시고』에 보면, "門生이 座主에게 하는 것이 자식이 아버지에게 하는 것과 같고 문생·좌주가 은혜와 도의로써 오로지 하면 국가의 원기를 배양하는 것이다"[28]라고 하였다. 즉 가정에서 부모·자식의 관계가 밖에서는 좌주·문생의 관계로 이어져 서로 돈독해지고 긴밀하여져야만 국력이 배양될 수 있다는 것이다. 또 하나의 예를 들면, "고려시대의 좌주·문생간은 엄한 父兄과 子弟 같아서 문생은 좌주의 촉탁과 지휘를 감히 사양하고 피하지 못하였으며, 그 좌주가 죽은 뒤에 문생이 배신하는 일이 있으면, 그 좌주의 부인은 문생을 불러서 면전에서 책망하기도 하는데, 이것은 이 지공거의 직책이 중하기 때문이다"[29]라고 하였다.

이와 같이 좌주·문생의 관계는 부자지간에 준하는 관계였다는 것을 알 수 있고 이렇게 부자지간의 관계로 사이가 두터워진 문생은 좌주에 대한 정이 말할 수 없이 각별하였다는 점이 여러 면에서 나타난다.

다시 그 구체적인 예를 들어보기로 한다.

① (김인경) 고종 14년에 東眞이 쳐들어올 때 知中軍兵馬事가 되어 의주에서 크게 패하여 이듬해 참소를 입고 상주목사로 갈 때 옛 친지는 한 사람도 전별하여 주는 자가 없었지만 오직 문생만이 전별하여 주었다.[30]

② (이공승) 명종 3년에 이의방 등이 문사를 잡아죽일 무렵 이공승은

---

28) 『牧隱詩藁』 卷26, 詩 門生掌試圖歌. "宗伯門生之於座主 猶子之於父也 門生座主恩義之全 足以培養國家之元氣"(『高麗名賢集』3, 651쪽).

29) 『埜隱逸藁』 附錄 卷6, 門生. "麗之座主門生之間 嚴如父兄子弟 囑托指揮 不敢辭避 至於座主既歿 而門生有不順 則夫人招呼面責之 以故甚重 知貢擧之職 以此觀之 門生座主 既如父子"(『高麗名賢集』4, 56쪽).

30) 『高麗史』 卷102, 列傳15 金仁鏡. "(高宗)十四年東眞寇定長二州 仁鏡知中軍兵馬事 與戰于宜州 敗績 明年 被讒貶尙州牧使 故舊無一人相送者 唯門生餞于郊"

佛日寺에 숨었는데 功을 구하는 자가 그를 이의방에게 붙잡아 갔다. 公升이 일찍이 延福亭의 큰 공사를 벌려 사람들이 그를 많이 원망하였다. 이 때문에 義方이 죽이려 하자 문생 문극겸 덕분에 화를 벗어나게 되었다.[31]

③ (이행검) 급제하여 진주사록에 선임되었다. … 오래 지나 홍주지사가 되었는데 삼별초의 난 때에 적의 선법을 관장해 주었다. 이에 김방경이 적을 격파하자 이행검이 그의 아버지 김효인의 문생이라 하여 살려 주었다.[32]

④ (김도) 양백연의 옥사가 일어나자 김도가 체포 투옥되어 … 마침내 誣服하여 머리를 저자에 효수하고 그 집을 적몰하였다. … 죽음에 이르자 문생 진사 10여 인이 모여 시체를 보호하고 그 중에서 이종은 시체를 씻어 자기의 옷을 입혀주고 삿자리로 그 머리를 싸서 달아매고 재배하고 가니 그때 사람들은 의롭다고 하였다.[33]

⑤ 김득배는 상주 사람이다. … 잡아 죽여 상주에서 효수하니 나이 51세라 보는 사람마다 슬퍼하지 않는 이가 없었다. 김득배의 문생 직한림 정몽주가 왕에게 청을 올려 시체를 거두었다.[34]

⑥ (이색) 공양왕 2년에 헌사가 상소하여 이색과 조민수가 창왕을 세우고 우왕을 맞이한 죄를 청하였고, 또 간관이 이들을 헌사에서 엄중히 국문하여 극형에 처하기를 청하여 관직을 삭탈하고 귀양 보내게 하니 좌상시 윤소종이 이색의 문생이므로 서명하지 않았다.[35]

---

31) 『高麗史』卷99, 列傳12 李公升. "明宗三年 李義方等 搜殺文士 公升匿 佛日寺 有邀功者 擒詣義方 公升嘗卜延福亭之基 遂興大役 人多怨之 以 故 義方欲殺之 賴門生文克謙免"

32) 『高麗史』卷106, 列傳19 李行儉. "行儉中第 調晉州司錄 … 久之 出知洪 州事 陷於三別抄之亂 賊使掌選法 及金方慶破賊 以行儉爲其父之孝印 門生 活之"

33) 『高麗史』卷111, 列傳24 金濤. "楊伯淵之獄起 濤被繫 被榜掠絶復蘇者 三 遂誣服殺之 梟首于市 籍其家 … 及死 門生進士十餘人 隨至門外護 屍 有李悰者 抱屍入川 洗其血解衣衣之 裹以簞網其首而縣之 再拜而去 時人義之"

34) 『高麗史』卷113, 列傳26 金得培. "金得培尙州人 … 捕斬之 梟首尙州年 五十一 觀者莫不嗟悼 得培門生直翰林鄭夢周 請王收屍"

35) 『高麗史』卷115, 列傳28 李穡. "(恭讓王)二年憲司上疏 請治穡敏修立昌

또 좌주와의 情은 죽은 뒤에도 계속되었다.

① (안향) 충숙왕 6년에 안향을 문묘에 종사할 것을 논의할 때 그의 문생 신천이 힘써 문묘에 배향되었다.[36]

② (이숭인) 일찍 임술년 성균시를 관장할 때 태종(이방원)이 급제하였다. 태종은 좌주의 정의를 생각해서 증직을 주고 그의 두 아들에게 벼슬을 내리고 또 문집도 간행해서 세상에 내놓게 하였다.[37]

위의 사례는 모두 문생이 좌주를 생각하는 마음이었고, 그 반대로 좌주가 문생을 생각하는 경우를 보면 다음과 같다.

김구는 어려서부터 시문을 잘 지어 夏課마다 동료들이 자기 위에 나서는 자가 없어 장원으로 여겼는데 고종조에 제2인으로 급제하자 지공거 김인경이 한탄하면서 자기도 또한 제2인이 되었다는 것을 和范의 衣鉢을 전한 고사를 말하며 위로하였다.[38]

이것은 아주 조그마한 사건에 불과하지만 사람의 감정에 좌우되는 문제까지도 섬세하게 살펴 주었던 면을 보여주고 있다. 이러한 일로 미루어 보면 좌주가 문생을 생각하는 것도 문생못지 않게 정이 두터웠음을 알 수 있다.

이와 같은 좌주・문생 관계의 유대로 인하여 고려조의 재상들은 지공거직을 원하게 되었다. 그것은 단순한 명예뿐만이 아니라 많

又欲迎禍之罪 諫官又上疏 請下穡敏修于憲司 嚴加鞫問 置之極刑 命削穡職 與敏修徒遠地 左常侍尹紹宗 以穡門生 不署名"

36)『高麗史』卷105, 列傳18 安珦. "忠肅六年 議以從祀又廟 有謂 珦雖建議 置贍學錢 豈可以此從祀 其門生辛蕆力請 竟從之"

37)『埜隱逸藁』附錄 卷6, 門生. "李崇仁 嘗典壬戌成均試 我太宗登其科目 悼念甘盤之舊 追加封贈 爵其二子 有文集行刊世"(『高麗名賢集』4, 53쪽).

38)『高麗史』卷106, 列傳19 金坵. "自幼 善屬詩文 每夏課儕輩無居右者 皆以壯元期之 高宗朝擢第二人及第 知貢擧金仁鏡 恨不置第一 以己亦第二人 語和范傳衣鉢故事慰藉之"

은 문생을 얻어서 자기의 세력을 확장하고자 하는 의도 때문이었
다. 그래서 이인로 같은 사람도 문장은 세상에 떨쳐졌지만 提衡이
되지 못함을 한스러워 하다가 좌간의대부로서 시관이 되었지만 시
석을 열지 못하고 죽었다는 것이다.[39] 그만큼 지공거의 직을 중히
여겼던 것이다.

좌주·문생제는 고려말에 이르러서는 극성기를 이루었고 이색
은 여말선초의 석학 현신들이 다 그의 문생이었다. 그리고 금의·
임경숙·유경·이제현 등은 많은 문생을 가져 유명하였다.

무신정권 하에서 대거 지방으로부터 진출한 과거급제자들은 좌
주·문생 관계로서 자기 성장을 꾸준히 하여 온 자들이었고, 이들
이 바로 신흥사족계층인 것이다.

Ⅲ. 좌주·문생관계의 쇠퇴와 그 의의

고려시대에서 나타난 좌주·문생관계가 고려말에 이르러서는
그 결속이 더욱 공고해졌을 뿐만 아니라, 장원 급제자들끼리의 龍
頭會, 동년 급제자들끼리의 동년회 등으로 그 결합이 강화되더니
조선시대에 들어오면서부터 좌주·문생관계가 소멸하게 되었다.
그 이유를 살펴보기로 하자.

지방출신의 士人들이 과거를 통하여 중앙정계로의 진출은 고려
전기에도 있었다. 그러나 고려 전기는 누대 문벌귀족들에 의하여

---

39)『破閑集』李世黃 破閑集序文. "此蓋先人之平昔也 自負其文章聲勢 而恨
　　不得提衡 居常鬱鬱 及登左諫議大夫 始受選錢之命 未開試席 天不假年
　　奄然而逝 則其胸中憤氣發而上衝者 又未可知也."(『高麗名賢集』2, 82쪽).

형성된 사회였기 때문에 이들의 성장은 대단히 어려웠다. 물론 이들 가운데 왕의 특별한 총애를 받아 득세할 수도 있었지만 그렇게 되면 문벌귀족들은 이들의 일을 방해할 뿐만 아니라 기회만 있으면 제거하려고 하였던 것이다.[40] 이와 같은 상황 하에서 지방출신 급제자들이 중앙관료로서 성장하기에는 너무나 어려웠던 것이다. 그러나 앞 절에서 보아온 바와 같이 무신란 이후 지방 향리층의 자제들이 중앙관료로 진출하자 이들은 좌주·문생의 유대 관계로서 꾸준히 자기 세력을 성장시켰다. 이 힘을 바탕으로 이들은 권문세족들과의 대결에서도 승리할 수 있었으며 나아가 조선의 건국에 주동 세력이 되었던 것이다.

이와 같이 권문세족들과의 대결에서 좌주·문생관계의 유대를 필요로 하였던 이 신흥사족들은 자기들의 정치적 이념이 달성되고, 이에 따른 왕권의 확립은 좌주·문생관계를 신료들의 파벌세력으로 보이게 되었다. 신흥사족들은 자기의 세력을 안정시키기 위해서 앞으로의 좌주·문생관계의 결속을 폐지시키지 않으면 안되었던 것이다.

그리하여 조선 태조는 그의 즉위교서에서 다음과 같이 말하였다.

> 문무양과는 偏廢해서는 안된다. 중앙에는 국학을 세우고 지방에는 향교를 세워 생도를 늘이고 열심히 가르쳐서 인재를 교육하여야 한다. 과거는 본래 나라를 위하여 인재를 뽑은 것인데 좌주·문생은 사사로 은혜를 베풀어 심히 그 법을 만든 뜻에 맞지 않는다. 지금부터 중앙에는 成均正錄所가 외방에는 각 도의 안렴사가 재학 중에 있는 경학에 밝고 행실이 바른 자를 뽑아 그 나이 본관, 삼대조와 통한 바 경서를 일일이 적어서 성균관장에게 올린다. 貳所에서 통한 바 경서를 시험보며 사서오경과 통감 이상에 통한 자는 그 통경 다소로서 精·粗, 高·下를 가져 제 1장 입격자로 하여 예조에 보낸다. 예조에

---

40) 김윤곤, 1981, 「高麗貴族社會의 諸問題」『한국사』 7, 41~42쪽.

서는 表·章古賦를 시험보며 中場으로 하고, 策·問을 시험보며 終場으로 한다. 三場에 완전히 합격한 33인을 이조에 보내어 재주를 헤아려 탁용한다. 監試는 혁파한다.[41]

여기서 우리가 알 수 있는 것은 첫째 문무양과를 균형 있게 실시 운영할 것과 과거를 3단계 고시로 개편할 것, 둘째 고려 과거제도의 유풍인 좌주·문생관계와 국자감시를 혁파할 것, 셋째 관학을 육성하여 과거제와 연결시킨다는 것이다. 과거가 3단계 고시로 바뀌고 최종 고시인 殿試에서 왕권의 개입은 왕권의 강화를 가져온 것이다. 이후 親試를 시행한 것이 실록 곳곳에서 볼 수 있다.

그러나 고려 후기부터 성행하여 오던 좌주·문생관계는 쉽사리 사라지지 않았다. 그것은 당시 儒臣들의 관념적 사고에 연유된 것인지 또는 건국 초창기에 지나친 개혁을 하는 것이 바람직하지 않았기 때문인지 확실치 않으나 그 후에도 좌주·문생의 예를 행한 일이 있었다. 곧 태종 2년에 좌대언 이승상이 "우리나라 풍속에 시관인 貢擧를 학사라 부르고 잔치를 豊呈이라 하여 학사가 풍정을 베푸는 것은 옛날부터 내려오는 풍습이다"[42]라고 하여 學士宴을 베푼 것으로 알 수 있다.

그리고 태종 11년 5월에는 이응이 좌주·문생관계의 혁파를 주장하였을 때에도 태종은 "영의정 하륜이 재삼 청할 때에도 나는

---

41) 『太祖實錄』 卷1, 太祖 元年 7月 丁未. "文武兩科 不可偏廢 內而國學 外而鄕校 增置生徒 敦加講勸 養育人才 其科擧之法 本以爲國取人 其稱座主門生 以公擧爲私恩 甚非立法之意 今後 內而成均正錄所 外而各道安廉使 擇其在學經明行修者 開具年貫三代及所通經書 登于成均館長 貳所試講所通經書 自四書五經通鑑已上通者 以其通經多少 見理精粗 第其高下 爲第一場入格者 送于禮曹 禮曹試表章古賦 爲中場 試策問爲終場 通三場相考入格者三十三人 送于吏曹 量才擢用 監試革去"

42) 『太宗實錄』 卷3, 太宗 2年 2月 辛未. "左大言李升商 設享于淸和亭 國俗稱試員貢擧爲學士 稱設享爲豊呈 爲學士者豊呈 古風也"

이를 듣지 않았다. 이것은 당의 裴度와 韋處厚가 貢擧를 관장하였을 때에도 문생·좌주가 있었으므로 문무과에 좌주·문생제가 있어도 좋다"43)라고 하였다. 물론 태종이 좌주·문생관계를 지속시키려고 한 것은 아니다. 다만 그 자신이 고려말 新興士族의 한 사람으로서 좌주·문생관계를 하나의 미덕으로 이해하려고 하였기 때문일 것이다.

그것은 이보다 앞서 태종 10년 2월에 태종은 무과친시에서 "내가 몸소 활쏘고 말타는 것을 시험하겠다. 내가 재상으로서의 試員을 삼지 않는 것은 좌주·문생이라 칭하는 것을 미워하기 때문이다"44)라고 하였다. 이것으로 보아 태종도 좌주·문생으로서 붕당을 짓는 것을 좋지 않게 생각하였다는 것을 알 수 있다.

결국 태종 13년에 이르러서는 과거제와 좌주·문생관계가 완전히 혁파되고,45) 사헌부에서는 그 이전에 실시된 문무과와 생원시의 명단을 작성하여 좌주·문생관계의 폐단을 근절시키고 과거의 공정을 기하고자 하였다.46)

이리하여 좌주·문생관계는 아이러니컬하게도 좌주·문생의 유대 관계로 성장한 신흥사족들 자신들에 의해서 폐지되고 말았던 것이다.

---

43)『太宗實錄』卷21, 太宗 11年 5月 戊辰. "李膺曰 文科依武科例 令禮曹藝文館掌之 宜罷學士之名 上曰 領議政河崙 請之再三 予不聽之 唐之裴度·韋處厚主貢擧 門生座主古有之矣 於文武 雖有之 亦可也"
44)『太宗實錄』卷19, 太宗 10年 2月 丙辰. "命罷親試武科 監校試官 同監校試官 … 上曰 予將親試射御也 予之不以宰相爲試員者 惡其稱爲座主門生也"
45)『太宗實錄』卷25, 太宗 13年 正月 丙戌. "初革科擧座主門生之法"
46)『太宗實錄』卷25, 太宗 13年 5月 辛卯. "司憲府上疏 請收各年文武科名簽 疏略曰 前朝科擧之法 以公擧爲私恩 交相比附 弊莫之禁 … 自更制教下之後 門生座主之弊絶矣 願令攸司 收受教前 各年生員試 與文武科名簽 以示公道 從之"

Ⅳ. 小　結

　지금까지 고려후기에 나타난 좌주·문생관계를 살펴보았다. 이 내용을 간추려서 결론에 대신하고자 한다.

　무신정권시대에 있어서 초기의 무신들은 문신들을 무조건 제거하려고 하였으나 최씨정권에 이르러서는 무신지배체제의 확립과 정국의 정착에 따라 정치·행정의 필요에서 과거를 통하여 지방출신의 士人들을 많이 등용하기 시작하였다. 이 신진사인들은 文學에도 능하고 吏務에도 능한 能文能吏 들이었다. 이들, 즉 무신정권이래의 과거급제자들은 자신들의 세력형성을 위하여 좌주·문생의 관계에 의한 상호간의 유대를 공고히 하였다. 처음 이들은 단순히 과거급제자와 고시관의 관계에 지나지 않았으나 한 걸음 나아가 師弟關係로, 더 나아가서는 父子간에 준한 관계로까지 발전되면서 그 관계는 더욱 더 밀착되어 갔다. 좌주가 문생에 대한, 그리고 문생이 좌주에 대한 情誼는 他에 비할 수 없었다. 특히 좌주에 대한 문생의 의리는 죽음도 두려워하지 않는 데까지 이르게 되었다.

　이 좌주·문생의 관계를 발판으로 자신들을 성장시킨 신흥사족 계층은 朝鮮이라는 새로운 왕조를 창건하기에 이르렀다. 권문세족들과의 대결에서 좌주·문생이란 유대를 필요로 했던 신흥사족들은 자기들의 정치적 이념이 달성됨과 동시에 조선조의 왕권의 확립은 좌주·문생관계를 臣僚들의 파벌세력으로 보이게 되어, 朝鮮朝의 질서 안정과 더불어 소멸되고 말았다. 조선의 殿試는 바로 이 좌주·문생관계를 없애는 직접적인 계기가 되었던 것이다.

제2장

安珦과 성리학 수용

Ⅰ. 시대적 배경과 그 생애

신흥사족이기도 한 안향은 우리나라 최초의 성리학 수입자로 알
려진 고려후기의 인물이다.

안향이 살았던 시기는 1170년 무신란 이후 무신정권시대로 전환
된 고려는 고종 45년(1258)에 문신인 유경을 비롯하여 김인준·박
송비·임연 등이 최의를 주륙하고 정방은 편전으로 옮겨지는 무오
정변이 일어났다.[1]

이로써 60여 년 간 계속되었던 최씨무신정권은 무너지고 유경은
승선으로서 전주권을 장악하여 권세가 날로 커졌다. 이때 김준은
그의 아우 김승준(冲)과 꾀하여 고종에게 참소하여 유경을 승선에
서 파직시키고 유경을 지지하던 무인 우득규·김득룡·양화·경
원록 등을 주살하고 귀양보냈다. 이에 국가권력은 김준에게 돌아
갔고 원종이 즉위하자 무오정변의 공신서열은 김준이 제1위로 부
상되고 유경은 제5위로 떨어졌다. 원종 5년 8월에는 김준이 교정별
감이 되고, 다음해에는 시중으로 임명되고 海陽侯에 책봉되었다.[2]
이로써 새로운 무신정권이 수립되었다.

그러나 이때 김준정권은 최씨정권보다 약체였다는 것은 원종 9
년 국왕에게 바치는 내선선 2艘를 빼앗았다가 왕의 지적을 받고
되돌려 준 사실[3]로도 알 수 있다. 이에 원종은 김준을 더욱 미워하

---

1) 『高麗史』 卷24, 世家 高宗 45年 3月 丙子. "大司成柳璥 別將金仁俊等
　　誅崔竩 復政于王" 및 『高麗史』 卷105, 列傳19 柳璥.
2) 『高麗史』 卷130, 列傳43 金俊.

였다. 또 무오정변에 같이 참여한 임연과의 사이도 좋지 못하였다.[4] 이를 이용하여 원종과 宦者들은 임연으로 하여금 김준을 제거토록 하였다. 이리하여 원종 9년(1268) 김준정권도 붕괴되었다.

김준을 제거한 임연도 원종과의 알력으로 왕측근의 환자들을 살해하고 조신들을 위협하면서 원종을 폐하고 王弟 安慶公(淐)을 옹립하면서 교정별감이 되어 집권체제를 갖추었다. 원종의 폐위는 내적으로 최탄 등이 서북면 일대에서 반기를 들고 몽고에 叛附하였으며, 대외적으로는 몽고의 간섭으로 원종을 복위시키지 않을 수 없었다.

복위된 원종은 몽고로 가서 양국간의 영구한 和好를 위하여 "세자와 몽고공주와의 혼인"을 청하였고 '출륙환도'·'권신제거' 등의 일을 약속한 후 세자와 더불어 몽고의 서울(燕京)을 출발하였다. 이때 蒙主는 東京(요양)행성국왕 頭輦哥로 하여금 군사를 이끌고 왕과 동반케 하였다. 이때 임연은 야별초를 諸道州郡에 보내어 백성을 독려하여 해도에 입보케 하여 몽고에 철저한 항전을 재개하려 하던 중 울분 끝에 등창이 나서 죽자 그의 아들 임유무가 교정별감에 임명되었다.

임유무 또한 항몽정책을 고수하여 원종의 출륙명령을 듣지 않고 항거하다가 원종 11년에 그의 매부인 어사중승 홍문계와 직문하성사 송송례 등에 의해서 임유무가 제거당하자 무신정권은 붕괴되고 왕정이 복구됨으로써 커다란 전환을 맞게 되었다. 즉 왕정복구는 30년 간의 몽고와의 항전을 종식시키고 고려의 왕은 원공주를 왕비를 맞아들이면서 부마국이란 특수한 관계가 이루어졌다. 따라서

---

3) 위와 같음.

4)『高麗史』卷130, 列傳43 金俊. "樞副林衍 嘗與俊子爭田 俊曰 我在尚爾 況死乎 吾寧忍視此人耶 又衍妻嘗手殺其奴 俊曰 此婦性惡 當遠流 衍聞之 益銜"

모든 면에서 원의 간섭을 받지 않을 수 없었던 것이다.

원은 부마국인 고려의 관제는 자기네보다 낮아야 한다는 주장에 따라 충렬왕 원년에 국왕의 묘호에는 祖나 宗 대신에 '王'자를 붙이도록 하였고, 또 朕은 孤로, 陛下는 殿下로, 太子는 世子로, 宣旨는 王旨로, 敕는 宥로 바뀌었다.[5] 또 중서문하성과 상서성을 합하여 僉議府라 하고, 중추원(추밀원)를 密直司로, 이부와 예부를 합하여 典理司로 하고 병부를 軍簿司로 호부를 版圖司로 형부를 典法司로 바꾸고 공부는 폐지하였다. 또 어사대를 監察司라 하고 한림원은 文翰書로 국자감은 國學이라 개칭하였다.[6]

또 일본정벌을 위하여 원이 고려에 설치한 정동행성은 일본정벌을 포기한 후에도 계속 설치하여 형식적이기는 하지만 고려의 내정을 간섭하였다. 또한 원의 만호부가 고려에 설치되어 그 책임자인 만호에는 고려인이 임명되었지만 역시 원이 직접 관할하는 군사기관이었다.[7] 그러므로 고려의 최고통치권력은 직접 원 帝室에 이어져 있었다.

또 경제적인 원의 수탈은 말할 수 없이 가혹하였다. 원은 여러 가지 명목을 붙여서 금·은·포 등 공물을 강요하고 특히 인삼·잣·약재·해동청(매)·자기 등을 강요하였다. 따라서 고려 농민들은 일반 조세 외에 다시 元에 대한 공물도 내게 되어 이중의 부담을 안게 되었을 뿐만 아니라 심지어는 童女·宦官의 진공까지도 요구받았던 것이다.

이러한 원간섭기의 특수한 상황 하에서 원과의 관계를 통하여 새로운 세력이 등장하였다. 곧, 몽고어의 譯人으로, 매를 사육하여

---

5) 『高麗史』 卷28, 世家 忠烈王 元年 10月 庚戌.
6) 『高麗史』 卷28, 世家 忠烈王 元年 10月 壬戌 및 『高麗史』 卷76, 百官志1.
7) 고병익, 1970, 「征東行省研究」 『東亞交涉史의 研究』, 서울대출판부, 202～203쪽.

바치는 鷹坊, 삼별초난과 일본정벌의 전쟁공로자, 원공주를 따라온 怯怜口, 원의 환관, 원에 입조하는 국왕을 수행한 親從行李가 됨으로써 출세한 경우들이다. 그러므로 이들은 고려전기의 문벌귀족과는 그 출신이 다른 고려후기에 나타난 권문세족이다.[8]

이들은 높은 관직을 차지하고 정치권력을 장악하면서 합법여부에 구애됨이 없이 마구 토지를 겸병하여 대농장을 소유하였다. 이들은 과거로 등용되지 않았기 때문에 문학적 소양과는 거리가 멀었다. 자신들의 정치권력을 유지하고 경제기반을 존속시키기 위해서는 오직 원의 세력을 등에 업고 활동할 수밖에 없었다.

이러한 권문세족에 도전하는 새로운 사회세력이 바로 신흥사족이었다. 이 신흥사족은 가문이 한미하였고, 지방의 향리출신이 많았다. 고려의 향리는 고려후기 사회적·경제적 변동을 겪으면서 중소지주로 경제적 기반도 어느 정도 갖추었으며 그들의 자제들은 학문적 교양을 쌓아 과거를 통하여 중앙관료로 진출할 수 있었다. 따라서 신흥사족은 이미 중앙정계에서 세력기반을 구축하고 있었던 권문세족과 대립하지 않을 수 없었다.

이들은 권문세족의 정치권력의 독점과 농장 확대에 따른 정치·경제적 혼란을 시정하기 위하여 개혁을 주장하였다. 이들은 자연히 사상적으로는 불교를 배격하게 되었다. 당시 불교계는 권문세족과 상당히 밀착하여 귀족적 보수적 성격으로 일관하여 불교자체의 모순을 개혁하려는 의지는 없고 대농장을 소유하고 고리대나 양조를 통해서 경제적으로는 부를 축적하였으며, 많은 승려가 세속화되어 그 비행이 사회적 지탄을 받기에 이르렀던 것이다.

이와 같이 당시 사회는 元의 간섭 아래 보수적인 권문세족과 진보적인 신흥사족 사이의 대립은 정치적·경제적·사상적 혼란을

---

8) 민현구, 1981, 「高麗後期의 權門世族」 『한국사』 8, 33쪽.

야기시켰다. 이때 안향이 나타났다.

안향은 고종 30년(1243)에 경상도 순흥부 죽계상평리 촌학교에서 태어나 충렬왕 32년(1306) 9월 12일에 64세로 세상을 떠났다.[9]「安子年譜」에 의하면 그의 증조부 子美는 관직이 保勝別將이며 神虎衛上護軍으로 추봉된 사람이며 순흥을 본관으로 삼게 된 것도 안자미로부터 비롯되었다는 것이다.[10] 조부 永儒는 추밀원부사로 추봉되었고, 아버지 孚는 문과급제하여 관직이 판도판서가 되고 태사문하시중으로 추봉되었다고 하지만『고려사』열전에는 안부는 州吏로서 의업으로 출세하여 관직이 밀직부사에 이르러 치사하였다고 나온다.[11]

안향의 증조부 자미가 보승별장이라 했는데, 보승은 주현군의 명칭이고 별장은 호장으로 차충되는 것이니까 자미는 결국 순흥의 호장임이 분명하다. 또 아버지 안부는 바로 주리라고 되어 있었으니 그의 가계는 향리층 계열이었음이 명백하다. 그의 어머니 우씨 부인의 아버지가 영빈승동정 우윤성으로 되어 있어 단양 우천규의 가계인 그의 외가도 향리출신인 것이 틀림없다.[12]

그러므로 그는 벌써 계보적으로 신흥사족로서의 남다른 자격을 갖추었고, 또 山紫水明한 순흥의 자연경관 또한 어릴 때부터 맑은 정신과 착하고 현명한 성품이 길러져서 학문을 좋아하였던 것 같다.[13] 집 아래 연못을 '洗硯池'라 하였고 집 부근의 宿水寺에서 부

---

9) 「安子年譜」『晦軒先生實記』別本 卷1. "高麗 高宗三十年 先生生于順興府 竹溪上坪里村鶴橋傍第."
10) 『晦軒先生實記』別本 卷1. "先生之曾王考 高麗保勝別將 追封神虎衛上護軍 諱子美 始居于慶尙道順興府 仍貫焉"
11) 『高麗史』卷105, 列傳18 安珦. "父孚 本州吏 醫業出身 官至密直副使致仕"
12) 「安子年譜」別本 卷1. "孚娶剛州禹氏 永賓丞同正允成女生先生"
13) 『高麗史』卷105, 列傳18 安珦. "珦少好學"

지런히 글을 읽었기[14] 때문에 그의 나이 18세 때인 원종 원년에 지
공거 이장용과 동지공거 유경이 관장하는 과거에 급제하였다. 이
로서 이장용과 유경과는 좌주·문생관계가 성립되었다.

그가 과거급제하여 관료로 부임하였지만『高麗史』그의 열전을
보면

> 일찌기 안동에 이르러 吏로 하여금 발을 씻게 하니 吏가 말하기를
> "나는 邑吏에 속하는데 그대가 어찌 나를 욕되게 하느냐"하고 群吏와
> 꾀하여 장차 힐문코자 하니 老吏가 있어 珦의 狀貌를 보고 나와 말하
> 기를 "내가 사람 보기를 많이 하였는데 이 분은 뒤에 반드시 貴顯이
> 될 것이니 가볍게 보지 말라"하였다.[15]

라 한 것을 보면 과거를 통하여 관료가 되었지만 鄕吏도 향리출신
을 가벼이 본 것 같고 또한 그 세력도 권문세족에 비하면 그리 대
단하지 못하였다. 그러나 안향과 같은 향리출신의 士族들은 권문
세족처럼 자신의 이익을 위해서 국가제도를 문란시키고 일반백성
의 생활을 공공연히 짓밟지는 않았다.

이들은 소규모의 땅을 가지고 있는 중소지주로서 대체로 청렴결
백한 인품의 소유자들이었다. 그러므로 이들은 권력을 등에 업고
불법수단으로 막대한 농장을 소유한 권문세족을 경멸하였고, 또
이들은 도덕성을 중시하였다.

안향은 관료생활에서 그의 성품이 여실히 드러난다. 안향이 삼
별초의 난을 만났을 때『高麗史』에,

---

14)「安子年譜」別本 卷1. "先生幼時 嘗習書而洗硯 于堂下小池 因謂之洗硯
　　池 府之北有宿水寺 先生少日 亦嘗往來讀書焉"
15)『高麗史』卷105, 列傳18 安珦. "嘗至安東 令吏洗足 吏曰 吾屬邑吏 子何
　　辱我耶 謀群吏 將詰之 有老吏 視珦狀貌 出語曰 吾閱人多 此公後必貴
　　顯 勿易視"

> 삼별초의 난에 향이 적에게 빠지니 적이 평소에 그 이름을 듣고 장
> 차 안향을 쓰고자 하여 달래며 협박하고 명하기를 "안한림을 놓아 주
> 는 者는 罰하리라"하였으나 향이 꾀로써 탈출하니 왕이 의롭게 여겨
> 嘉賞하였다.16)

라 하여 적들은 평소 안향의 인품을 알고 그 지략을 이용하려 하였
지만 관인으로서의 도리를 안 그가 적지에서 탈출하였던 것이다.
이것은 기회주의자로 전락하지 않은 그의 면모를 엿볼 수 있다. 아
울러,

> (원종) 12년에 서도에 봉사하여 청렴하다는 칭찬이 있었으므로 내
> 시원에 소환하였는데 원중의 숙폐를 글로써 아뢰어 이를 물리쳤다.17)

라 하여 그의 관인으로서의 청렴결백한 면모를 알 수 있다. 또,

> 충렬왕 원년에 상주판관이 되니 이때에 巫女 3인이 妖神을 받들고
> 뭇사람을 유혹하여 합주로부터 군현을 다니면서 이르는 곳마다 사람
> 의 소리를 지어 공중에서 불러 은은하게 꾸짖는 것(喝道)같으니 듣는
> 자가 달려가 앞을 다투어 제를 설하니 비록 수령이라도 또한 그렇게
> 하였다. 상주에 이르거늘 안향이 곤장을 쳐서 칼을 씌우니 무녀가 신
> 의 말이라 칭탁하면서 화복으로써 겁을 주니 상주인이 모두 두려워하
> 였으나 안향은 움직이지 않자 수일 후에 무녀가 와서 애걸하므로 이
> 에 놓아주매 그 요사스러움이 드디어 없어졌다.18)

---

16) 『高麗史』卷105, 列傳18 安珦. "三別抄之亂 珦陷賊 賊素聞名 將用之 誘
　　且脅令曰 縱安翰林者罰 珦以計得脫 王義之 嘉賞"
17) 『高麗史』卷105, 列傳18 安珦. "(元宗)十二年 奉使西道 以廉稱 召還內
　　侍院 書奏院中宿弊 祛之"
18) 『高麗史』卷105, 列傳18 安珦. "忠烈元年 出爲尙州判官 時有女巫三人
　　奉妖神惑衆 自陜州 歷行郡縣 所至 作聲呼空中 隱隱若喝道 聞者奔走
　　設祭莫敢後 雖守令 亦然 至尙 珦杖而械之 巫托神言 怵以禍福 尙人皆
　　懼 珦不爲動 後數日 巫乞哀乃放 其妖遂絶"

라 하여 그때 미신이 횡행하여 민심을 현혹시키는 사회에서 과감
하게 음사를 금지시켜 백성들을 올바르게 계도하려는 관인으로서
의 의지를 보여준 것이다. 곧 음사보다도 실리적이고 실천적인 그
의 사상은『每軒先生實記』에 수록된 그의「萬里城」의 詩에 잘 나
타나 있다. 즉,

粉堞縱橫萬理平　　　居民賴此得安生
當時若數奏皇罪　　　只在焚坑不在城

흰 성벽은 종횡으로 만리를 뻗었으니 백성들은 이 성을 믿고 태
평세월을 누렸구나
그 당시의 진시황의 잘못을 따진다면 붕서굉유가 죄일망정 성
쌓는 일 아니로다.[19]

라 하여 이 시는 당시 고려가 외적이 침입하였을 때 방어보다는 佛
事나 淫祀에 매달리는 상황에서 중국의 萬里城을 보고 읊은 시로
서 외적의 침입에 대비하여 성을 쌓는다면 백성은 편안히 지낼 수
있다는 것이다. 또「安子年譜」에,

　　吳祁 · 王維紹 · 宋璘 등이 왕(충렬왕)이 충선왕의 환국을 저지하고
자 한다고 참소하니 장차 그 화를 예측할 수 없었다. 선생은 밀직사
김태현과 마음을 합하여 王 부자를 처음과 같이 하고자 하였다. 원나
라의 사신 斷事官이 고려에 올 때 元冲甲 · 金元祥 · 朴全之 등의 여
러 재상들이 元나라 사신에게 오기를 죄줄 것을 청하였지만 다 듣지
않았다. 이는 원나라 사신에게 오기가 뇌물을 주었기 때문이다. 선생
은 오기의 죄는 당연하다고 하면서 반복하여 왕에게 진정하고 원나라
사신에게 호소하였지만 불가하였다. 여러 재상들이 오기의 체포를 늦
추지 않자 오기는 왕의 곁을 떠나지 않았다. 김원상 등은 체포하여 죄
를 다스리고자 하였고 수상 홍자번도 왕궁을 포위하여 오기를 체포하

---

19)『晦軒先生實記』卷1, 詩 萬里城.

고자 하였다. 선생이 말하기를 "병사로써 왕궁을 포위하여 왕을 위협하는 것이 옳은가"라고 하였다.[20]

라 하여 비록 왕이 간신을 비호한다 하더라도 무력으로써 왕을 위협하는 일은 바람직한 일이 아니라는 것이다. 다시 말하면 臣으로서의 도리를 저버리지 않는다는 것이다.

그가 충선왕을 따라 원나라에 갈 때 읊은 詩「侍從忠宣王如元時惑唵」을 보면,

麒麟公子白裘狐　　寶玦珊瑚釗轆轤
上國觀風思季札　　塗山贄玉愧扶屢
傷心漠漠關河雪　　慣眼依依古塞楡
最是此生無恨痛　　百年天下帝單于

기린같은 公子님은 狐白裘로 단장하고, 패옥 산호 녹로쇠를 허리에 찼구나.
元나라의 風習을 보니 계찰이 생겨나고, 도산의 玉 폐백은 부루가 무색하다.
마음 아픈 것은 국경에서 아득히 바라보이는 저 고향산천의 눈이요, 눈에 익은 것은 휘늘어진 옛 성의 느릅나무일세.
가장 가슴 아픈 이 생의 끝없는 슬픔은 백년동안 천하에 單于가 임금노릇 함이로다.[21]

라 하여 원이 천하를 지배하는 것에 대하여 나라를 근심하는 마음이 잘 나타나 있다. 또 그는 憂民憂世하는 마음으로 『晦軒先生實記』의 「甘露寺」詩句에도 잘 나타나 있다. 즉,

---

20) 『晦軒先生實記』別本 卷1. "吳祁王維紹宋璘訴 王欲沮忠宣還國 禍將不測 先生與密直金台鉉協心調護 欲使王父子如初適 元使斷事官來國 元冲甲金元祥朴全之等 諸宰請罪祁於元使 皆不廳 蓋元使受祁賂故也 先生以爲祁罪當 反覆陳請於王 不可訴於元使 諸宰不從 祁不離王側 欲捕治金元祥等 首相洪子蕃欲圍王宮 捕祁 先生曰 以兵圍王宮協君也 其可乎"
21) 『晦軒先生實記』卷1, 詩 侍從忠宣王 如元時惑唵.

一葉飛來鏡面平　　　輝空金碧梵王城
嶺頭蒼翠排嵐影　　　石上潺湲帶雨聲
日暖庭花粧淺錦　　　夜凉山月送微明
憂民未得泂塗炭　　　欲向蒲團寄半生

거울같은 물결위에 나뭇잎 하나, 황금과 벽옥으로 찬란한 커다란 절
고갯마루 푸른빛은 嵐氣를 띄었고, 돌바닥 위로 졸졸 흐르는 물
은 빗소리를 머금었네.
따사로운 햇살받아 비단인양 꽃이 피고, 서늘한 밤 산위에 뜬 달
은 희미한 빛을 던지고 있네.
시름겹다 ! 백성들은 도탄에서 못 헤어나니 蒲團에 기대어서 반
평생을 허송할 뿐일세.22)

이와 같이 그는 관인으로서 충순하고 청렴하며 排巫的이고 실천
적일 뿐만 아니라 憂民憂世의 사상을 갖고 있었다. 그러나 당시 고
려사회를 지배하고 있던 불교는 권문세족의 비호를 받으면서 사회
의 온갖 폐해를 빚어내니 안향의 합리적 사상의 이론적 뒷받침은
될 수 없었다.

안향은 충렬왕 15년 11월 壬子에 왕을 따라 원에 가서 연경에서
『朱子書』를 보고 이것이 孔門의 정맥임을 알고 그 책을 손수 베껴
서 충렬왕 16년(1290)에 돌아왔다.23) 이것이 우리나라의 성리학 수
용의 결정적 계기가 되었으며 사상사에 있어서도 중요한 의미가
있다.

앞서 말했듯이 유교적인 교양을 지닌 안향은 원나라에 가기 이
전인 충렬왕 15년에 원의 명으로 정동행성 원외랑이 되었고, 동년
9월에는 다시 儒學提擧로 임명되었다. 이와 같이 원과의 관계는

---

22) 『晦軒先生實記』卷1, 詩 甘露寺.
23) 『晦軒先生實記』卷1, 詩 留燕京 手抄朱子書 又摹寫孔子朱子眞像. "時
　　朱子書 未及盛行於世 先生始得見之 必自篤好 知其爲孔門正脈 遂手錄
　　其書 又寫其孔朱歸 自是 講究朱書 探致薄弱之工"

정치적인 그의 시야를 넓혀 주었을 뿐만 아니라 원의 학문과 사상에 대한 이해를 깊게 해주었다고 볼 수 있다.

당시 元都에 풍미하고 있던 성리학의 전파 과정을 일별해 보기로 하자. 원나라에 성리학 전파는 趙復에서 비롯되었다고 한다. 趙復은 湖北 德安人이며 程朱學에 연구가 깊었다. 그는 원 태종이 南宋을 정벌할 때 구족이 몰살당하여 포로가 되었던 사람이다. 이때 원나라에서는 姚樞로 하여금 정복지에서 儒·道·釋·醫·卜·占 등 一技를 가지고 있는 者를 구할 때 姚樞가 趙復을 발견하고 자살 직전에 그를 구출하여 燕京으로 데리고 가서 程朱의 學을 가르치게 하였다.

姚樞는 河南사람으로 뒤에 洛陽에 살았다. 그는 원의 태종과 가까운 楊惟中이 元朝에 벼슬하게 되고 태종의 남송 정벌에 종군하였다. 이때 알게 된 趙復에 의해 程朱學에 심취하게 되었다. 그는 특히 원 세조와 가까운 사이로 세조를 유교의 길로 인도한 장본인이었고 楊惟中과 함께 燕京에 太極書院을 세워 程頤(明道)·程顥(伊川)·張載(橫渠)·楊時(龜山)·遊廣平酢·朱熹 등, 六君子를 배향하게 하였다. 이후 원나라도 성리학을 비로소 알게 되었다 한다. 그러므로 원나라에 성리학을 전한 사람은 趙復·姚樞라 하겠다. 그러나 주자학을 성행하게 한 사람은 許衡이다.

許衡은 姚樞에게서 성리학을 전해 받고 심취하였다. 원나라 世祖의 우대를 받아 集賢太學士 兼 國子祭酒가 되었을 때 제자 王梓·劉季偉·韓思永·耶律有尚·呂端善·姚燧·高凝·白棟·蘇郁·姚燉·孫安·劉安中 등 12명으로 各齋의 齋長을 맡겼으므로 원나라의 학문과 교육은 그가 주관하였고 따라서 성리학을 전파하는데 누구보다도 큰 영향력을 행사하였다.[24]

---

24) 김충렬, 1984, 『高麗儒學史』, 고려대출판부, 152~156쪽에서 발췌함.

姚樞와 許衡은 治國·平天下의 大經으로서 修身·力學·尊賢·親親·畏天·愛民·好善·元俊의 8목을 들었으므로 姚樞·許衡은 실천 修己로서 治國·平天下를 경세의 근본으로 삼는 학자들이다.25) 따라서 당시 元都에 풍미하고 있던 사상은 우주론적인 理氣論보다 실천에 더 치중하였음을 알 수 있다.

안향도 그의 실천적인 사상이 「諭國子諸生」에 자세히 나타나 있다. 즉, 『晦軒先生實記』에,

> 聖人의 道는 일상생활의 이론에 지나지 않는다. 자식이 되어서는 孝를 해야 하고 신하가 되어서는 忠을 해야 하며 禮로써 가정을 규솔하고 信으로써 朋友를 사귀어야한다. 저 佛者는 出家하여 친척을 버리는 것이다. 윤리를 멸하고 義를 저버리는 것은 夷狄(오랑캐)의 종류이다.26)

라 하여 이들 孝·忠·禮·信·敬·誠 등의 실천적 덕목은 모두 일상생활에 있어서 필요한 것들이며, 朱子가 『小學』에서 특히 강조한 실천덕목들이었다. 이 덕목은 신흥사족이 지방 중소지주로서 가족윤리와 신진관료로서 정치윤리와 사회윤리였다. 이러한 윤리가 내포되어 있는 성리학을 신흥사족은 적극 수용하여 권문세족의 비도덕적인 정치권력 행사에 제동을 가하고자 하였다. 동시에 그들은 권문세족과의 권력투쟁에서 승리하기 위해서는 권문세족과 결탁되어 있는 타락한 불교를 배격하기 위해서는 합리적이고 실천적인 성리학을 적극 수용하여야만 하였다.

성리학을 수용하기 위해서는 학교 교육이 우선되어야 한다. 학교 교육을 통하여 성리학을 보급하고자 하였던 그는 성리학을 배

---

25) 守本順一郎 著, 김수길 역, 1985, 『동양정치사상사 연구』, 62쪽.
26) 『晦軒先生實記』卷1, 文 論國子諸生文. "聖人之道 不過日用倫理 爲子當孝 爲臣當忠 禮以制家 信以交朋 修己必敬 立事必誠而已 彼佛者 棄親出家 蔑倫悖義 即一夷狄之類"

울 것을 國子監 諸生에게 강조하였다. 즉, 『晦軒先生實記』에,

> 근년에 전쟁으로 학교가 허물어지고 선비들은 그 학문을 알지 못
> 하고 배우는 者들은 佛書를 읽고 좋아하며 불교를 숭신하니 나는 심
> 히 마음이 아프다. 내가 일찍이 중국에서 朱晦庵의 저술을 보고 성인
> 의 도가 비로소 밝음을 알고 불교의 學을 물리치고 공히 孔子를 배향
> 하여 공자의 도를 배우고자 하면 먼저 晦庵의 學을 알지 않고는 안된
> 다. 諸生들은 新書를 읽어 면학에 소홀함이 없도록 하라.27)

고 하여 성리학을 聖人의 道를 배우는 주요 길잡이로 삼고 성리학
을 孔子學의 진수로 보았다.

안향은 성리학에만 골몰한 것이 아니라 학교를 일으키는데 깊은
관심을 가지고 힘썼다. 당시 國學은 오랜 전쟁으로 황폐하고 淫祀
와 佛事의 성행으로 크게 위축되고 부진하였다. 이러한 상황은
『晦軒先生實記』의 詩「學宮」에 잘 나타나 있다.

> 香燈處處皆析佛　　　簫簫家家盡祀神
> 獨有數間夫子廟　　　滿庭春草寂無人

> 곳곳마다 香燈 밝혀 염불에 전심하고 집집마다 퉁소불며 귀신을
> 섬기는데
> 외롭게도 오막살이 孔夫子 사당에는 봄풀만 뜰에 가득 인기척
> 전혀 없네28)

라 하였다.

안향은 황폐한 國學을 육성하여 유교적 관료체제의 확립과 왕권

---

27) 『晦軒先生實記』 卷1, 文. "近因兵戈之餘 學校頹壞 士不知學 其學者 喜
　　讀佛書 崇信其杳冥空寂之旨 吾甚痛之 吾嘗於中國 得見朱晦庵著述 發
　　明聖人之道 攘斥禪佛之學 功足以配仲尼 欲學仲尼之道 莫知先學晦庵
　　諸生行讀新書 當勉學 無忽"
28) 『晦軒先生實記』 卷1, 詩 學宮.

의 강화를 바랬던 것이다. 이것은 당시 왕조측과 신흥사족의 정치
방향과 일치하였기 때문에 안향은 요직을 역임하면서 국학진흥책
으로 贍學錢 설치를 건의하였던 것이다. 『高麗史節要』에는,

　　　安珦이 학교의 교사가 크게 허물어지고 儒學이 날로 쇠퇴하여 가
　는 것을 우려하여 兩府와 의논하기를 재상의 직책은 인재를 양성하는
　것보다 더 급한 것이 없는데 이제 養賢庫가 탕진되어 교육에 쓸 자금
　이 없으니 청컨대 6품이상은 각기 은 1근씩을 내고, 7품이하는 등급에
　따라 베(布)를 내게 하여 養賢庫에 돌리어 本錢은 두고 利殖을 받아
　서 영구히 교육의 자금으로 만들게 하자 하니 兩府에서 이를 좇았다.
　이 사실을 듣고 왕은 內庫의 금전과 양곡을 내어 이를 보조하였다. 이
　때 밀직 高世라는 사람은 자기는 武人이라하여 돈내기를 싫어하였다.
　安珦이 여러 재상에게 이르기를 "孔子의 敎가 萬世에 法을 내려준 것
　이다. 신하가 임금에게 충성하고 아들이 아버지에게 효도하며 아우가
　형에게 공경하는 것이 누구의 가르침인가 만일 나는 무인인데 무엇
　때문에 애써서 돈을 내어 저 생도들을 가르칠 필요가 있느냐"고 한다
　면 "孔子를 위하지 않는 것이니 될 수가 있겠는가"고 하니 高世가 듣
　고 매우 부끄러워하고 즉시 돈을 내었다.29)

라 하여 인재를 양성하기 위해서는 먼저 교육의 중요함을 말하였
다. 교육의 육성책으로 贍學錢의 설치를 주장하면서, 또 忠・孝・
悌의 실천윤리를 강조하였다.
　또 안향의 교육방법으로는 東陽尉 申翊聖이 쓴 안향의 행장에
잘 나타나 있다. 즉,

---

29) 『高麗史節要』卷22, 忠烈王 30年 5月. "安珦 憂庠序大毀 儒學日衰 議兩
　　府曰 宰相之職 莫先於敎育人材 今養賢庫殫竭 無以資敎養 請令六品以
　　上 各出銀一斤 七品以下 出布有差 歸之養賢庫 存本取息 永爲敎養之資
　　兩府從之 事聞 王出內庫錢穀以助之 時 有密直高世者 自以武人 不肯出
　　錢 珦 謂諸相曰 孔子之道 垂憲萬世 臣忠於君 子孝於父 弟恭於兄者 是
　　誰之敎耶 若曰 我爲武人 何苦出錢 以養爾生徒 則是不爲孔子也 而可乎
　　世聞之甚慚 卽出錢"

가르치는데는 반드시 孝悌忠臣으로써 精思力踐한 다음 高明正大
의 지경에 이르게 하면 계급은 문란하지 않고 본말을 구비하여 후생
들을 가르치고 인도할 때 관대하지만 제제는 있게 하고 사람에게 과
실이 있으면 그때 바로 순순히 타일러 고치게 할 뿐이다.[30]

라 하여 그는 孝·悌·忠·信뿐만 아니라 인간교양을 위해서는
精思力踐으로 高明正大한 경지에 이르러야 한다고 하였다.

그리고 그는 섬학전을 만들고 그 餘財로 박사 金文鼎 등을 중국
강남에 보내어 先賢 및 70弟子를 그려오게 하고, 또 제기·악기·
육경·제자백가서를 구하여 오게 하며, 밀직부사 李慷·전법판서
李瑱을 經史敎授都監使를 삼게 하니, 이에 禁內學館·三都監·
五庫의 願學의 선비 및 七管(國學)·十二徒의 諸生이 經을 끼고
수업하는 자가 수백을 헤아리게 되었다.[31] 또 그는 만년에 항상 晦
庵(朱子)先生의 화상을 걸어 놓고 敬慕하였고, 자신의 호를 晦軒이
라고[32]까지 하였다.

이와 같이 성리학의 실천적 윤리는 타락된 불교를 축출하고 조
선의 건국과 더불어 國敎가 되어 절대적 권위를 구축하였다. 이로
써 성리학의 최초의 수입자인 安珦에 대한 역사적 평가가 나타나
는 것이다.

---

30) 『晦軒先生實記』 卷3, 附錄 行狀. "其爲敎 必以孝悌忠信 精思力踐 以至
　　高明正大之域 階級不紊 本末備具 訓迪後生 寬而有制 人有過 輒諄諄譬
　　曉 改之乃已"
31) 『高麗史節要』 卷22, 忠烈王 30年 5月. "珦 又以餘貲 付博士金文鼎 送江
　　南畵先聖及七十子之像 又購祭器樂器六經諸子史以來 至是 珦請以密直
　　副使致仕李慷 典法判事李瑱 爲經史敎授都監使 於是 禁內學館 及內侍
　　三都監 五庫 願學之士 七管十二徒諸生橫經受業者 以數百計"
32) 『高麗史』 卷105, 列傳18 安珦. "晚年 常掛晦庵先生眞 以致景慕 遂號晦軒"

Ⅱ. 門人들에 의한 性理學의 정착

안향의 사상은 앞서 살펴보았듯이 忠順하고 淸廉하고 排巫的이고 憂民憂世하고 실리·실천적이었다. 또 제자에 대한 그의 성품은 다음 기록을 보면 잘 나타나 있다. 즉,『高麗史』에,

> 諸生이 先進에 예하지 않는 者가 있거늘 珦이 노하여 장차 벌하려 하니 諸生이 사죄하는지라 珦이 서약하기를 "내가 諸生 보기를 마치 내 아들과 손자같이 하거늘 諸生이 어찌 老夫의 뜻을 體得하지 아니하는가"하고 인하여 데리고 집에 가서 술을 베푸니 諸生이 서로 말하기를 "公이 우리를 대우함이 이와 같이 誠으로 하는데 만약 化服하지 않으면 우리가 사람이 되겠는가"라고 하였다.[33]

라 하여 國學生이 禮에 어긋난 행동에는 준엄히 꾸짖어도 학생은 그것을 서운하게 생각하지 않고 오히려 선생의 훈도를 고맙게 여기는 것은 안향이 儒者로서 언행이 일치하여 흩어짐이 없었기 때문이었을 것이다. 그의 儒者로서의 성품은『高麗史』에 다음과 같이 설명하고 있다.

> 珦은 莊重하고 安詳하니 사람이 다 畏敬하였다. 相府에 있을 때 謀事와 판단을 잘하여 同列이 順히 따르고 오직 삼가하여 감히 다투지 않았다. 항상 興學·養賢함을 자기의 임무로 삼았다.[34]

---

33)『高麗史』卷105, 列傳18 安珦. "有諸生不禮先進 珦怒將罰 生謝罪 珦誓曰 吾視諸生 猶吾子孫 諸生何不体老夫意 因引至家 置酒 諸生相謂曰 公之待我 以誠如此 若不化服 我爲人耶"

34)『高麗史』卷105, 列傳18 安珦. "珦 莊重安詳 人皆畏敬 在相府 能謀善斷 同烈順承 惟謹不敢爭 常以興學養賢 爲己任"

이와 같은 안향의 사상이 후학에게 그대로 전해지면서 성리학 정착에 기여하였다.

『晦軒先生實記』에 기록되어 있는 문인으로는 權溥·禹倬·白頤正·李瑱·李兆年·辛蕆·李晟·李連松·金管·朴全之·尹宣佐·尹安庇·徐禋·許冠 등이 있다. 이들 14명 가운데 『高麗史』 열전에 수록되어 있는 인물을 먼저 살펴보기로 한다.

① 權溥의 자는 齊萬이요 초명은 永이다. 충렬왕 5년 나이 18세에 登第하였고, 이듬해 또 殿試에 합격하였으며 累遷하여 僉議舍人이 되었다. … 일찌기 朱子의 四書集註를 建白하여 간행하니 동방의 性理學이 溥로부터 시작되었다.[35]

② 禹倬은 丹山人이며 부 天珪는 鄕貢進士이었으며, 탁은 登第하여 처음 영해사록에 선임되었다. … 程學이 처음으로 동방에 오자 능히 아는 者가 없었는데 倬이 이에 문을 닫고 月餘동안 參究하여 이를 解得하고 생도를 敎授하니 理學이 비로소 行하게 되었다.[36]

③ 白頤正「白文節 자 彬然 藍浦郡人 … 고종 때에 登第하였다. … 아들로는 頤正과 孝珠가 있다」 白頤正은 天資가 純厚하여 公輔의 器量이 있었다. … 程朱의 學이 처음 중국에 행하여 아직 동방에는 미치지 않았는데 頤正이 元에 있어 이것을 배워 동으로 돌아오니 李齊賢 朴忠佐가 제일 먼저 師受하였다.[37]

④ 李瑱의 자는 溫古이고 초명은 方衍이며 慶州人이다. … 文科及第하였으며 충렬왕 때 親試하여 9人을 얻었을 때에 제2로 뽑혔다. 安

---

35) 『高麗史』卷107, 列傳20 權胆附 權溥. "權溥 字齊萬 初名永 忠烈五年 年十八登第 明年又中殿試 累遷僉議舍人 … 甞以朱子四書集註 建白刊行 東方性理之學 自溥倡"

36) 『高麗史』卷109, 列傳22 禹倬. "禹倬 丹山人 父天珪 鄕貢進士 倬 登科 … 程傳初來東方 無能知者 倬乃閉門月餘 參究乃解 敎授生徒 理學始行"

37) 『高麗史』卷106, 列傳19 白文節附 白頤正. "白頤正「白文節 字彬然 藍浦郡人 … 高宗時登第 入翰院 … 子頤正·孝珠」白頤正 天資順厚 有公輔器 … 時程朱學 始行中國 未及東方 頤正在元 得而學之 東還 李齊賢朴忠佐 首先師受"

東府使가 되어서는 민폐를 없애고 학교를 일으키는데 힘썼다. …
아들 齊賢이 과거시험을 맡았을 때 새 門生을 거느리고 壽를 칭송
하니 충선왕이 銀瓶200·米500石을 하사하여 그 비용에 충당케 하
였다.38)

⑤ 李兆年의 자는 元老이고 京山府人이다. … 충렬왕 20년에 鄕貢進
士로서 登第하였다. … 의지가 堅確하여 剛直한 말과 엄격하였다.
… 매양 들어가 謁見함에 왕이 신발 소리를 듣고 말하기를 兆年
이 온다 하고 左右를 물리치고 容儀를 整齊하여 기다렸다.39)

⑥ 李晟은 潭陽人이며 약관에 登第하였다. … 어릴 때부터 학문에 힘
써 책을 손에서 놓지 않았다. 이르는 곳마다 學者가 구름과 같으
니 時人이 이르기를 五經笥라고 하였다.40)

⑦ 朴全之는 竹州人이다. … 全之는 나이 약관이 못되어 登第하였다.
… 장성하여서는 經史에 통하고 術數를 연구하며 가르침에 있어
서는 게으르지 않고 사람들과 사귈 때는 편협하지 않으니 李藏用
(外祖父)이 그의 집에 珍寶로 삼던 書籍을 모두 전해 주었다.41)

⑧ 尹宣佐의 자는 淳叟이고 侍中 瓘의 七世孫이다. 충렬왕조에 魁科
에 발탁되었다. … 오직 經史로써 스스로 즐겼으며 질의하는 者가
있으면 문득 經典에 의거하여 대답하고 老莊刑名의 書도 硏窮하
지 않음이 없었으므로 학자가 많이 歸附하였고 詞翰이 淸便하므
로 일시의 表箋이 많이 그 손에서 나왔다.42)

---

38) 『高麗史』 卷109, 列傳22 李瑱. "李瑱 字溫古 初名方衍 慶州人 … 登第 …
忠烈 以詩賦親試文臣 得九人 瑱居 第二 出爲安東府使 以祛民弊興學校
爲務 … 子齊賢掌試 領門生稱壽 忠宣賜銀瓶二百·米五百石 以供其費"
39) 『高麗史』 卷109, 列傳22 李兆年. "李兆年 字元老 京山府人 父長庚 本府
吏 … 忠烈二十年 以鄕貢進士 等第 … 爲人短小精悍 志堅確 敢言以嚴
見憚 每入見 王聞履聲曰 兆年來矣 屛左右 整容以俟"
40) 『高麗史』 卷109, 列傳22 李晟. "李晟 潭陽人 弱冠登第 … 自少力學 卷
不釋手 所至學者如雲 時人謂之五經笥"
41) 『高麗史』 卷109, 列傳22 朴全之. "朴全之 竹州人也 … 全之 年未弱冠登
第 … 及長 通經史 究術數 誨人不倦 與人交 不立崖岸 藏用盡傳其家所
寶書籍"
42) 『高麗史』 卷109, 列傳22 尹宣佐. "尹宣佐 字淳叟 侍中瓘七世孫 … 忠烈
朝 擢魁科 … 唯以經史自娛 有質疑者 輒據經以對 老莊刑名之書 靡不

⑨ 許冠「許珙의 자는 韞匱이고 초명은 儀이며 孔巖縣人이다. … 아들은 程·評·冠·寵·富이다」충렬왕조에 登第하였는데 … 벼슬은 戶部散郎에 이르렀다.43)

나머지 사람들은 『晦軒先生實記』門人錄에 기록되어 있으므로, 그 기록을 다시 여기에 옮겨 본다.

① 辛蕆은 靈山人이고 호는 德齋이며 관직은 判密直司事政堂文學이고 시호는 文憲이다. 선생이 文廟從祠時에 異議者가 있었는데 辛蕆이 말하기를 "倡明正道하고 異敎를 배척하고 興學하여 인재를 양성한 것은 우리나라의 처음 있는 것으로 선생의 功이니 從祠함이 마땅하지 아니한가"하니 異議者가 감히 다시 말하지 못하였다.44)

② 李連松의 자는 栢心이고 遂安人이며 호는 龍溪이고 관직은 太師平章事이고 遂安君으로 봉하였으며 시호는 文翼이다. 先生의 遺意를 받아 각 읍에 聖廟를 세울 것을 청하였으나 다 세우지는 못하였고 또 五經子史의 간행을 청하였다. 列邑에 學宮이 들어서고 山東의 小米40萬斛을 내어 본국의 굶주림을 구제하였고 충선왕을 호종하여 元나라에 갔다. 충선왕이 吐蕃에 被竄되자 王이 치욕을 받는 것은 그 신하는 죽는 것이 義롭다하여 金山寺에서 독약을 먹었다.45)

③ 金管은 金海人이며 호는 靖醒이다. 충렬왕조에 登第하였고 관직은 版圖判書이다. 선생의 遺訓을 받들어 列邑에 학교를 설치할 것을 조정에 청하여 儒敎가 흥하였다. 충선왕때에 불교를 배척하기를

研窮 故學者多歸之 詞翰淸便 一時表箋 多出其手"
43)『高麗史』卷105, 列傳18 許珙附 許冠. "「許珙 字 韞匱 初名儀 孔巖縣人 … 子程·評·冠·寵·富」冠 忠烈朝登第 … 仕至戶部散郎"
44)『晦軒先生實記』卷5, 門人. "辛蕆 靈山人 號德齋 官判密直司事政堂文學 諡文憲 先生從祀時 或有異議者 公言某倡明正道 排斥異敎 興學校作人材 東國初有之功也 從祀不亦宜乎 異議者 不敢復言"
45)『晦軒先生實記』卷5, 門人. "李連松 字栢心 遂安人 號龍溪 官太師平章事 遂安君 諡文翼 承先生遺意 請建 聖廟於各邑 未就處 又請刊五經子史 布列邑校宮 糴山東小米四十萬斛 救本國飢荒 扈從忠宣王于元 而王之被竄吐蕃也 以主辱臣死之義 仰藥于金山寺"

여러 번 간하였지만 들어주지 않자 드디어 田里로 돌아갔다.[46]

④ 尹安庇은 坡平人이며 호는 斌齋이고 수석으로 登第하였다. 관직은 代言이다.[47]

⑤ 徐禋은 利川人이며 관직은 執義이다.[48]

위에 열거한 사람들에게서 공통적인 것은 첫째 李連松을 제외한 나머지 사람들이 모두 과거를 통해서 관료로 진출한 사람들이고, 둘째 이들 대부분이 지방 토착출신이라는 점이다.

지방 토착출신이라는 것으로는 李兆年·禹倬은 분명히 향리출신이라는 사실이 『고려사』열전에 밝혀져 있고, 또 權溥는 安東人, 白頤正은 藍浦郡人, 李瑱은 慶州人, 李晟은 潭陽人, 朴全之는 竹州人이라고 기록되어 있다.

여기에서 郡人·鄕人에 대하여 이우성선생은 "郡人·縣人이라고 한 것은 대개 지방 토착출신임을 시사해 준다. 吏屬의 후예는 그 계보를 명백히 할 수 있으나 吏屬이 아닌 爾餘의 사람들은 그렇지 못할 수밖에 없다. 이들은 吏屬과 더불어 지방 토착세력을 구성하고 있다"[49]고 하였다. 그러므로 某郡人 某縣人으로 기록되어 있는 사람들은 지방 토착세력으로 중앙정계에 진출한 사람들이라고 보는 것이 타당하다고 하겠다.

權溥의 가계는 그 증조부 守平에게 소급된다. 『고려사』열전에 따르면 守平은 安東人이며 門跡이 한미하여 그 족보는 알지 못한다고 되어 있고,[50] 그 父 旵은 일찍이 門下錄事가 되었다가 재상

---

46) 『晦軒先生實記』卷5, 門人. "金管 金海人 號靖醒 忠烈朝登第 官版圖判書 以先生遺訓 請於朝 設列邑學校 興儒化 忠宣朝斥浮屠 屢諫不聽 遂還田里"

47) 『晦軒先生實記』卷5, 門人. "尹安庇 坡平人 號斌齋 登魁科 官代言"

48) 『晦軒先生實記』卷5, 門人. "徐禋 利川人 官執義"

49) 이우성, 1962, 「閑人·白丁의 新解釋」『歷史學報』19, 29쪽.

柳璥이 "文學이 있으니 吏屬이 됨은 마땅치 않다"고 천거하는 말
에 마침내 과거에 급제하여 벼슬이 密直提學에 이르러 知僉議府
事로 致仕하였다.[51]

李瑱의 家系는 慶州人으로 되어 있지만 그 世系가 李宣用(軍尹)
→升高(甫尹)→得堅(同正)→翩(評理)→瑱(檢校政丞)→齊賢(侍中)
으로 이어짐을 보아서 吏族에서 起家한 것 같다.[52]

許冠은 許珙의 아들이다. 許珙은 고려 후기를 대표하는 명문이
다. 許珙의 집안은 초기이래 관인을 배출하였지만 이름 있는 명문
은 아니었고 새로운 문벌로 발돋움한 것은 能文能吏의 許珙 때에
이르러서였다.[53]

尹宣佐・尹安庇의 경우는 위와는 다른 문벌귀족인 尹瓘의 후손
으로 그 가계가 뚜렷하지만 尹瓘으로부터 七代孫까지 모두 과거
를 통하여 文班으로 仕宦하였다 한다.[54]

이와 같이 이들은 향리 곧 지방토착세력으로 그 祖父・父 또는
자신의 代에서 능력을 바탕으로 하여 중앙정계에 진출하였던 신흥
사족였다는 것을 알 수 있다. 또 명문가라 할지라도 전부 과거를
통하여 관료로 진출한 자들이다. 이는 자신의 능력으로 起身하였
기 때문에 다른 문벌귀족과 구별하여도 좋다고 생각한다.

또 安珦과 이들 문인과의 관계를 과거를 통해서 구체적으로 살
펴보면, 安珦의 문생으로는 辛蕆과 尹宣佐와 尹安庇이고, 朴全之
와의 관계는 安珦의 좌주인 李藏用이 朴全之의 외조부이고, 權溥

---

50) 『高麗史』卷102, 列傳15 權守平.
51) 『高麗史』卷107, 列傳20 權㫜.
52) 이수건, 1984, 「高麗後期 支配勢力과 土姓」『韓國中世社會史硏究』, 일
   조각, 304쪽.
53) 민현구, 1981, 「高麗後期 權門世族」『한국사』8, 19쪽.
54) 이수건, 앞의 책, 276쪽.

와 李瑱은 동년이고, 白頤正의 좌주는 權旦이고 그는 安珦과 동년인 權溥의 父이다. 安珦과 許珙은 같이 좌주로서 尹宣佐 등을 뽑았기 때문에 許冠은 安珦과 좌주·문생의 관계는 아니지만 父의 친구였기 때문에 그의 문인이 되었던 것 같다.

이와 같은 관계 등으로 이들은 安珦과 상통한 점이 많아 安珦의 문인으로 安珦이 받아들인 성리학을 더욱 심화·발전시키는데 정진하였다. 성리학을 발전시킨 대표적인 문인으로 白頤正·權溥·禹倬 등을 들 수 있다.

白頤正은 호를 彝齋라 하여 안향의 문하에서 權溥·禹倬 등과 함께 수학하여 성리학을 연구하는 것을 자기의 임무로 삼았다.[55] 또 『櫟翁稗說』에 "白頤正은 충선왕을 따라 元都에 10여년간 체류하면서 程朱性理學의 책을 많이 구하여 돌아 왔다"[56]라고 하였고, 『고려사』에는 "白頤正이 비로소 고려에 程朱學을 東傳하였다"라고 하였다.[57] 이것은 안향이 성리학을 수용하였다면 白頤正은 성리학을 한층 더 수용하여 보급하였다고 할 수 있다.

權溥는 호를 菊齋라 하여 조선 초 성리학의 대가 權近의 조부이며 고려 말의 대문호 李齊賢의 장인이기도 하다. 權溥는 周程의 성리학을 즐겨 연구하여『孝行錄』을 편찬하였으며,[58] 충숙왕 원년 6월에 李瑱·權漢功·趙簡·安于器 등과 함께 成均館에 모여서 새로 구입한 책을 교열하고 經學을 시험하였다.[59] 또 그는 『四書

---

55) 『淡庵逸集』卷2, 行狀 文憲公彝齊先生行狀. "早興權文正溥 禹文僖倬 遊晦軒安先生門 講磨訓誨 自任以性理之學"(『高麗名賢集』5, 233쪽).

56) 『櫟翁稗說』前集. "其後白彝齋(頤正) 從德陵留都下十年 多求程朱性理之書以歸"(『高麗名賢集』2, 356쪽).

57) 『高麗史』卷196, 列傳19 白文節附 頤正. "時程朱之學 始行中國 未及東方 頤正在元 得而學之 東還"

58) 『高麗史』卷107, 列傳20 權旦附 權溥. "又與子準 裒集歷代孝子六十四人 使壻李齊賢著贊 名曰孝行錄 行于世"

集註』의 간행을 건의하여 반포하니 동방의 성리학이 그로부터 비롯되었다는 것이다.[60] 이와 비슷한 이야기는 李齊賢의 『櫟翁稗說』에도 있다. 즉,

> 나의 장인(外舅) 정승 菊齋權公이 『四書集註』를 구하여 판을 새겨서 널리 전파하니 배우는 者들이 다시 道學이 있음을 알게 되었다.[61]

라 하였다. 이러한 『四書集註』의 간행은 고려에 성리학을 전파하는 데 일조를 한 것은 두말 할 것도 없다.

禹倬은 호를 易東이라 하여 진사 天珪의 아들이다. 禹倬은 이성적인 학자로 미신 타파에 앞장서고 규범을 중시하였다. 그는 程灝(伊川)의 易說이 들어 올 당시 아무도 이를 이해하지 못하였으나, 禹倬이 연구하여 학생에게 교수하였으므로 "義理之學 始行矣"라고 하였다. 이는 유학자로 하여금 학술과 학문의 기초 소양을 갖추게 하는데 선각자의 역할을 하였던 것이 된다.

또 李瑱·李憻은 安珦이 추천하여 經史敎授都監使가 되었으며,[62] 辛蕆은 안향의 문생으로서 그의 노력으로 안향이 문묘에 배향되게 하였다.[63] 이는 당시 성리학이 어느 정도 보급되었기 때문

---

59) 『高麗史』卷34, 世家 忠肅王 元年 6月 庚寅. "贊成事權溥 商議會議都監事李瑱 三司使權漢功 評理趙簡 知密直安于器等 會成均館 考閱新購書籍 且試經學"
60) 『高麗史』卷107, 列傳20 權㫜附 權溥. "嘗以朱子四書集註 建白刊行 東方性理之學 自溥倡"
61) 『櫟翁稗說』前集2. "我外舅政丞菊齋權公 得四書集註 鏤板以廣其傳 學者又知有道學矣"(『高麗名賢集』 2, 356쪽).
62) 『高麗史』卷105, 列傳18 安珦. "且薦密直副使致仕李憻·典法判事李瑱 爲經史敎授都監使"
63) 『高麗史』卷105, 列傳18 安珦. "忠肅六年 議以從祀文廟 有謂珦雖建議 置瞻學錢 豈可以此從祀 其門生辛蕆力請 竟從祀"

에 가능했으리라고 생각한다. 안향의 문인은 당시 적극적으로 수용하는 성리학의 조류에 참여하면서 그 흐름을 더욱 확대시켜 나가는 데 중요한 위치를 차지한 인물들이었다.

이와 같은 성리학은 안향의 문인에 뒤이어 益齋 李齊賢・牧隱 李穡・圃隱 鄭夢周・陶隱 李崇仁 등에 의하여 더욱 깊이 그리고 보다 널리 연구되어 새로운 시대적 이념으로 정착화 하는데 기여하였다.

李齊賢은 호를 益齋라 하여, 白頤正의 문인이면서 李瑱의 아들이며 權溥의 사위이기도 하다. 그러므로 그는 家學의 전통과 師傅 및 인척으로 해서 성리학에 대해서 기본 소양을 갖추고 있었다. 또 충선왕의 侍從臣으로 元都에서 만권당을 중심으로 "중국의 大儒 搢紳으로서 姚燧・閻復・趙孟頫・元明善・張養浩 등이 모두 왕의 문하에서 놀았으므로 先生은 그들과 사귀게 되어 보는 것이 바뀌어지고 듣는 것이 새로워져서 격려되고 변화되어 진실로 高明正大한 學을 궁극했다"[64] 고 「益齋先生亂藁序」에 기록되어 있다.

충선왕이 "근래 학자들이 중들을 따라 章句를 익히니 訓詁詞章의 무리만 생기고 經學을 밝히고 수행하는 선비가 적은 것은 무엇 때문이냐"고 묻자 李齊賢은 말하기를 "무신의 난 이후 선비는 산으로 숨어 중이 되기도 하여 공부하려 해도 배울 곳이 없어져 자연 중에게 章句을 익히는 수밖에 없게 되었으니, 이제 전하가 진실로 학교를 넓히시고 庠序를 늘리면서 六藝를 존중히 여기고 五敎를 밝혀 先王之道를 천명하다면 누가 眞儒를 배반하고 중을 따를 것이며 실학을 버리고 章句를 익히겠습니까"[65]고 하였다. 여기서 이

---

64) 『牧隱文藁』卷7, 益齋先生亂藁序. "朝之大儒搢紳先生 若牧庵姚公・閻公子靜・趙公子昂・元公復初・張公養浩 咸游王門 先生皆得與之交際 視易聽新 摩廣變化 固已極 其正大高明之學"(『高麗名賢集』3, 845쪽).
65) 『櫟翁稗說』前集 1(『高麗名賢集』2, 350쪽).

제현이 訓詁詞華나 불교를 배척하고 실학을 주장했다는 것은 알 수 있다.

이제현의 실학은 "浮薄한 사치를 버리고 篤實에 힘써서 古道를 좋아하는 마음으로써 新民하는 理를 구하여 이것을 실천하되 게을리 하지 않고 그 빠른 것을 경계하고 躬行心得하여 推己及人한다면 齊나라가 魯나라가 되고 魯나라가 변하여 道에 이른다"[66]고 한 것으로 보아 그의 실학은 바로 이러한 도덕적 이상을 지닌 도덕적 실학이다. 이것은 바로 성리학의 근본이며 과거만을 위하는 詞章學이나 불교와 같은 이단과 구별되는 도덕적 실천학을 뜻하는 것이다. 이와 같은 도덕적 실학은 충목왕의 侍講 문제에도 언급하고 있다. 즉 『高麗史節要』에,

> 어진 학자 두 사람을 택하여 淑蒙과 함께 孝經·論語·孟子·大學·中庸을 강의하여서 格物致知, 誠意正心의 道를 배우도록 하고 衣冠子弟가운데서 正直 謹厚하며 學問을 좋아하고 禮를 소중히 여기는 者 10명을 선발해서 侍學으로 삼아 좌우에서 보좌 인도하게 하고 四書의 공부가 익숙하여지면 六經을 차례대로 공부하게 하소서.[67]

라 하여 왕의 侍講 때에 성리학의 기본서인 四書에 역점을 둔 것은 반드시 성리학을 왕에게 가르쳐야 한다는 것이다. 이것은 국왕의 侍講뿐만 아니라 國學과 四學에도 적용시키려 하였던 것으로 짐작된다. 그것은 이제현의 策文에서 "집집마다 程朱의 책이 있고 사람마다 性理의 學을 알고 있으니 교화하는 방법이 또한 흐뭇한

---

66) 『益齋亂藁』 卷9, 史贊 成王. "去浮夸務篤實 以好古之心 求新民之理 行之無倦 而戒其欲速 躬行心得 而推己及人 齊變至魯 魯變至道可冀也"(위의 책, 328쪽).

67) 『高麗史節要』 卷25, 忠惠王 5年 5月. "擇賢儒二人 與淑蒙 講孝經語孟大學中庸 以習格物致知 誠意正心之道 而選衣冠子弟 正直謹厚 好學愛禮者十輩 爲侍學 左右輔導 四書既熟 六經以次講明"

일이다"[68]라고 한 것으로 짐작되나, 이것을 보면 그 당시 程朱性 理學이 제법 보급되어 있었음을 짐작 할 수 있다.

李穡은 이제현의 문인으로 程朱性理學을 이제현에게 배웠을 뿐 만 아니라 그의 父 李穀 또한 성리학자였으므로 家學으로서 어려 서부터 깊은 이해가 있었던 것 같다. 이색에 이르러서는 성리학에 대하여 한층 더 깊은 연구가 있었다.

그가 공민왕 16년에 성균관 대사성이었을 때 金九容·鄭夢周· 朴尙衷·朴宜中·李崇仁 등을 교관으로 임명하여 교학에 힘쓰니 학생이 운집하였다[69]고 하였고, 또 權近이 쓴 이색의 行狀에 "東 方性理學이 크게 일어났고 記誦詞章의 폐습이 사라지고 心性의 理가 儒學의 근본인 줄 알게 되어 이단에 매혹되지 않고 정의에 근거하여 공리를 도모치 아니하여 儒風學術이 확연히 일신하였 다"[70]고 기록하고 있다.

이와 같이 이색에 이르면 성리학은 佛·道를 배척하고 새로운 이념과 가치로 등장하고 있다. 그러므로 이색은 우리나라 성리학 의 방향 설정에 결정적 역할을 담당하였다.

정몽주는 이색의 門人이다. 성리학에 조예가 깊어 그 스승인 이 색은 "鄭夢周의 논리는 橫說 整說하여도 이치에 합당하지 않음이

---

68) 『益齋亂藁』 卷9, 策文. "家有程朱之書 人知性理之學 敎之之道 亦庶幾 矣"(『高麗名賢集』 2, 333쪽).
69) 『高麗史』 卷115, 列傳28 李穡. "十六年 重營成均館 以穡判開城府事兼 成 均館大司成 增置生貝 擇經術之士金九容·鄭夢周·朴尙衷·朴宜中·李 崇仁 皆以他官兼教官 先是 館生不過數十 穡更定學式 每日坐明倫堂 分經 授業 講畢 相與論難 忘倦 於是 學者坌集 相與觀感 程朱性理之學 始興"
70) 『牧隱文藁』 權近 牧隱先生李文靖公行狀. "於是 東方性理之學大興 學 者祛其記誦詞章之習 而窮身心性命之理 知宗斯道 而不惑於異端 欲正 其義 而不謀於功利 儒風學術 渙然一新 皆先生教誨之力也"(『高麗名賢 集』 3, 218쪽).

없다고 하고 추천하여 東方理學의 元祖"[71]라고 하였다는 것이다.
그가 朱子의『四書集註』를 해석한 강의가 다른 사람보다 뛰어나
므로 의심하였는데 후에 元의 胡炳文이 지은『四書通』이 우리 나
라에 들어온 뒤에 확인할 수 있었다.[72] 이 사실에서 그의 학문이
얼마나 창의적이었나를 알 수 있다. 또 그의 유교관과 불교관은 다
음 글에서 선명히 드러난다. 즉『高麗史』에,

> 儒者의 道는 다 일용평상의 일이다. 음식과 남녀간의 관계는 인간
> 누구나 공통적인 것으로 거기에 지극한 이치가 있다. 요순의 도가 또
> 한 딴 것이 아니다. 動靜語默으로 正을 얻으면 곧 이것이 堯舜의 道
> 이다. 처음부터 심히 높아 행하기가 어려운 것이 아니다. 불교는 그렇
> 지 않다. 친척과 절연하며 남녀관계를 끊고 홀로 巖穴에 앉아 草衣木
> 食을 하면서 불교를 숭상하니 어찌 이것이 정상적인 道이겠는가.[73]

라 하여 유교의 인륜 도덕성을 천명하고 불교의 비현실・비본연의
사고와 행위를 비판하면서 배격하였다. 이제현・이색 등이 모두
불교를 이단으로 배척하였다고 하지만 그때는 아직 절충에서 벗어
나지 못했다. 그러나 정몽주에 이르러서 불교에 대한 排佛的 태도
는 성리학의 실천과 함께 적극화되었다. 그것은 성균박사 金貂가
佛殿을 허물 것을 상소하자 우왕이 노하여 사형에 처하려 하므로
정몽주가 그 赦罪를 청하는 疏하는 가운데 "臣 등이 알기로는 佛

---

71)『高麗史』卷117, 列傳30 鄭夢周. "李穡 亟稱之曰 夢周論理橫說竪說 無
　　非當理 推爲東方性理學之祖"
72)『高麗史』卷117, 列傳30 鄭夢周. "時經書至東方者 唯朱子集註耳 夢周講
　　說發越 超出人意 聞者頗疑 及得胡炳文四書通 無不脗合 諸儒尤加嘆服"
73)『高麗史』卷117, 列傳30 鄭夢周. "儒者之道 皆日用平常之事 飮食男女
　　人所同也 至理存焉 堯舜之道 亦不外此 動靜語默之得其正 即是堯舜之
　　道 初非甚高難行 彼佛氏之敎則不然 辭親戚絶男女 獨坐巖穴 草衣木食
　　觀空寂滅爲宗 豈是平常之道"

氏를 毀斥하는 것은 儒者의 常事"라고 한 것으로나, 또 "三綱五倫
에 위배되는 불교를 반대하는 儒者를 왕이 반대하면 왕 자신이 훼
멸하는 것"[74] 이라 한 것으로 알 수 있다.

성리학이 들어오면서부터 불교 폐단의 논의가 빈번하여지더니
차츰 이론적인 측면에서 공격하기 시작했고 정몽주에 이르러서는
아예 종교적이고 풍속적인 면까지 몰아내려는 운동이 전개되었다.
정몽주는 또 朱子家禮를 들여와 가묘를 세워[75] 우리 사회 속에 유
교적 가정의례의 기초를 확립하였다. 이와 같이 안향이 들여온 성
리학은 그 문인들에 의해서 적극적으로 수용되어 고려에 정착하기
에 이르렀던 것이다.

이 성리학 수용과 정착에 노력한 안향과 그 문인들은 신흥사족
계층으로 그 세력이 점차 확장되어 조선이라는 새로운 왕조를 창건
하기에 이르렀다. 그러므로 성리학을 국가이념으로 자리를 굳힌 조
선왕조에 와서는 더욱 안향을 추모하였다.

그것은 다음과 같이 역대 왕들이 안향에 대한 배려에서도 알 수
있다. 「安子年譜」[76]에, 즉 태종은 2년에 성균관에 나아가 釋奠禮를
행하고 교를 내리어 안향의 후손을 錄用케 하였으며, 成宗은 23년
에 교를 내리어 안향의 분묘를 수리하고 樵牧을 금지케 하며 守塚
軍 30인을 두어 丁役을 면제케 하였다. 그리고 중종 37년에는 周世
鵬이 안향이 어릴 때의 讀書地인 豊基郡 白雲洞 竹溪 宿水寺址에
白雲洞書院을 창건하여 이듬해 안향의 眞像을 봉안하였으며, 明宗
은 4년에 白雲洞書院에 紹修書院이라는 편액을 하사하고 아울러

---

74) 『高麗史』 卷117, 列傳30 鄭夢周. "臣等以爲 斥詆佛氏 儒者之常事" 및
　　 "所謂 先王成憲者 不過三綱五常 而佛氏皆背之 非貌先王成典 乃殿下自
　　 毀之也"
75) 위와 같음.
76) 「安子年譜」 別本 卷2.

經籍을 하사하였던 것이다.

安珦은 학교 교육에 많은 관심과 함께 그 진흥에 진력하였다. 즉 『訪古錄』을 인용한 「安子年譜」에 의하면 충렬왕 27년 2월에 元 학관 耶律希逸이 文廟 참배를 하고자 하였다. 그러나 국자감은 누차 병화를 입어 몇 간만 남아 있어 禮官은 안향이 일찍이 그의 집 후원 精舍에 孔子·朱子의 眞像을 모셔 놓고 조석으로 참배하던 곳을 聖廟라 하고 耶律希逸을 인도하자 그는 殿宇가 좁고, 또 泮宮의 제도에 어긋난다 하여 다시 짓도록 하니 안향은 자기의 집을 조정에 바치고 西部良醞洞으로 移居하였다는 것이다.

이 사실의 정확도는 『訪古錄』의 원문이 없어 알 수 없지만 『고려사』에는 忠烈王 27년 2월 정축조에 "耶律希逸 謁文廟 令諸生賦詩"라고 기록되어 있고, 같은 해 5월 갑진조에 "耶律希逸還 … 嘗以國學殿宇隘陋 甚失泮宮制度 言於王 遂新文廟 以振儒風"이라 하였다. 또 충렬왕 30년 6월 을유조에는 '國學大成殿成'이라는 기록이 있는 것으로 보아 위 기록이 사실임을 알 수 있다.

安珦은 儒風을 진작시키기 위해서 자기의 집을 조정에 바쳤을 뿐만 아니라 노비 100口도 國學에 바쳤다. 이 노비의 후손들은 해마다 안향의 忌日을 잊지 않고 錢布를 내어 제수를 준비하고, 또 안향의 후예가 성균관에 들어오면 우리 주인이라고 하면서 다른 학생과 다르게 대접했다[77]고 한다. 이렇듯 성리학의 수용은 바로 國學의 진흥에 있다고 생각하여 자기의 집과 노비를 국학에 헌납하였던 것이다.

그 이후 성리학은 白頤正·權溥·禹倬 등에 의해서 널리 행해지더니 그 뒤를 이어 李齊賢·李穡·鄭夢周 등이 성리학을 보다 더 깊이 연구하여 정신적 지주로 정착화시키는데 노력하였다. 이

---

77) 『太學志』 下 卷10 事實 紀蹟.

후 고려는 멸망하고 조선왕조가 개창하게 되었다. 이리하여 새 왕조는 새로 전래된 성리학을 국가이념으로 확정하였다. 그 후 성리학은 더욱 발전하여 조선조 중기에 이르러 전성기를 이루었고, 조선 후기에는 실학으로 대두되고, 서양문물이 전래되면서 차츰 쇠퇴하였지만 오늘날까지 우리의 정신적 지주로 작용하고 있다.

Ⅲ. 小 結

고려후기는 몽고의 침입으로 30년 동안 줄기차게 항쟁하다가 원종 11년(1270)에 몽고와의 강화로 100년간의 무신정권은 붕괴되고 王政이 복구되었다. 그러나 이 왕정은 몽고의 옹호로 회복되었기 때문에 이 이후 고려는 원의 간섭을 받게 되지 않을 수 없었다.

이러한 고려후기사회의 지배세력으로는 元의 세력에 편승하여 성장한 권문세족과 능문능리로써 중앙정계에 진출한 신흥사족의 두 세력이 나타나게 되었다.

권문세족은 정치적으로는 이미 고위관직을 차지하였고, 경제적으로는 광대한 농장을 차지한 보수적인 사회세력인데 반하여 신흥사족들은 대체로 권력의 핵심에서 거리가 있는 관직과 중소지주에 불과하였다. 그러므로 이들은 권문세족들의 정치권력의 독점과 농장 확대에 따른 정치·경제·사회적 혼란을 시정하기 위하여 개혁을 주장했으므로 권문세족과 신흥사족 사이에 대립이 나타나게 되었던 것이다.

또 사상적으로는 당시 불교가 권문세족과의 一體 하에 막대한 농장을 소유하고 심지어는 고리대나 양조를 통해서 富를 축적하였으며, 승려는 세속화하여 그 비행이 사회의 지탄을 받기에 이르렀다. 이와 같이 타락된 불교가 신흥사족들의 이념적 指向에 적응 될 수 없었음은 너무나 당연한 것이었다.

이 시기에 安珦이 성리학을 최초로 도입 전파시킨 것이다. 이때 수용된 초기 성리학은 형이상학적 사변적 이론이 아니라 현실적 사회윤리였던 것이다.

이렇게 안향에 의해서 받아들인 성리학은 그 후 白頤正이 직접 元에 가서 배워와 李齊賢·朴忠佐에게 전수하였고 고려 말에는 李穡·鄭夢周·李崇仁·權近·鄭道傳·吉再 등이 이를 더욱 발전시켰다. 이들은 麗末의 혼란상을 극복하는 방법으로 불교를 배격하고 성리학을 정신적 지주로 받아들여 무너진 도의와 질서를 회복하고자 하였던 것이다. 그러기 위해서는 추상적인 형이상학적 이론이나 세계관보다는 현실적이고 구체적인 규범의 실천과 확립이 절실히 요구되었던 것이다. 이때 실천적 사회윤리로 이론적 무장을 한 신흥사족들은 불교를 공격하고 나아가서는 권문세족들을 공격하였던 것이다.

이러한 결과 결국 고려왕조는 멸망하고 조선왕조가 탄생되었다. 이는 불교에 대한 주자성리학의 이론적 승리이며, 동시에 정치적·경제적 승리였던 것이다.

주자성리학은 조선왕조의 국가이념으로 확정되었을 뿐 아니라 학문적 사상적으로 지배적 위치를 차지하고 일반국민의 일상생활에 규범이 되게 되었다.

이렇게 발전하기 시작한 성리학은 조선 중기에 이르러서는 趙光祖·李彦迪을 거쳐 李滉·李珥 등이 배출되어 우주와 인생에 관한 철학적 이론을 전개시켜 그 전성기를 이루었다. 이러한 사실을

토대로 하여 볼 때 안향이 우리나라에 최초로 성리학을 도입 전파
시킴으로써 한국 유학의 발달에 큰 기여를 하였던 것이다. 첫째,
삼국시대 이전부터 전래되어 온 漢唐訓詁 사장학이 居敬窮理를
위주로 하는 성리학의 학풍으로 바꾸어졌고, 둘째로는 종래 고려
의 유학이 불교와 老莊의 절충성을 보여 주었던데 반하여 성리학
을 수용함으로써 불교와 老莊을 이단으로 취급하는 경향이 나타나
조선조에 들어와서는 崇儒排佛정책을 확립케 하고 조선 중기에 이
르러서는 한국 성리학의 전성기를 형성하는데 기여하였던 것이다.

제3장

성리학 정착과 權溥의 사상

Ⅰ. 사회적 위치와 활동

權溥는 초명은 永, 자는 耆卿이었는데 후에 이름을 溥, 자를 齊萬을 고쳤으며, 본관은 安東이다. 그는 아버지 權㫜이 福靈寺 水月菩薩像에 기도를 드려 원종 3년(1262) 11월 11일 晡時(申時)가 될 무렵에 태어나서 충목왕 2년(1346) 10월 己巳에 세상을 떠난 사람이다.[1]

안동 권씨 가문의 시조는 權幸이다. 權幸은 본래 신라 宗姓인 金氏였는데 국초(927)에 甄萱이 신라를 침입해 오자 견훤의 군사를 맞아 싸우고, 金宣平(안동 金氏의 始祖), 張吉(안동 張氏의 始祖) 등과 함께 태조 王建을 도와 후삼국통일에 공을 세웠다.

이에 태조가 기뻐하여 이들에게 三韓壁上亞部功臣 三重大匡太師를 제수하고 金幸에게는 '能炳機達權'이라 하여 權으로 姓을 내리고 高昌郡을 安東府로 승격하여 食邑으로 하사하였다[2] 한다. 또 이외『高麗史』지리지에도 이와 같은 사실이 기록되어 있다.

> 安東府 본래 신라의 古陀耶郡으로 경덕왕이 고쳐 古昌郡이라 하였다. 태조 13年에 후백제왕 견훤으로 더불어 郡地에서 싸우다가 패하니 郡人 金宣平, 權幸, 張吉이 태조를 도와 공이 있어 선평을 大匡으로 제배하고 幸·吉은 각기 大相으로 삼았으며 郡을 올려 安東府로 삼았다.[3]

---

1)『益齋亂藁』卷7, 碑銘, 推誠翊祚同德輔理功臣三重大匡脩文殿大提學領都僉議使司事永嘉府院君贈諡文正公權公墓誌銘(『高麗名賢集』2, 296쪽).
2)『安東權氏世譜』참조.

이것으로 볼 때 후삼국시대 왕건과 견훤이 신라를 중간에 두고 각축전을 벌이고 있을 때 안동지방은 고려에 있어서는 매우 중요한 전략지로 간주되었다. 뒷날 安東府의 속현인 豊山의 下枝縣 장군 元奉이 태조 5년(922) 6월에 고려에 투항한데 이어 11월에는 眞寶城主 洪術이 귀부하는 등 경북일원이 고려의 세력권에 들어갔다. 그러나 태조 10년(927) 9월에 견훤이 신라 왕도를 함락한 여세를 몰아 경북일대를 휩쓸었다.[4] 이때 왕건이 확보했던 지역이 다시 후백제 세력권으로 넘어갔다.

이에 왕건은 다시 견훤과 일대 결전을 하게 되었는데, 그것이 즉 태조 13년(930) 정월의 瓶山大戰이었다. 이 瓶山(在安東府北)戰의 승리는 王建으로 하여금 후삼국통일에 결정적인 계기를 제공하게 되어, 그 여파로 안동 주위의 30여 군현이 차례로 고려에 투항하게 되었다. 곧 이어 경순왕이 사신을 고려에 보내어 相見을 청했는가 하면 신라이동의 연해 州·郡이 모두 내항하였는데, 그것이 강릉에서 울산에 이르기까지 무릇 110여성이나 되었다.[5]

瓶山戰의 승리는 무엇보다 당시 古昌(안동)지방을 장악하고 있던 古昌城主 金宣平과 郡人 權幸·張吉 3인의 공로가 컸던 것이다. 그래서 왕건은 城主 김선평을 大匡에, 권행과 장길을 大相에 각각 제수하고 그들의 본관인 古昌郡을 安東府로 승격시켰다. 이

---

3) 『高麗史』 卷57, 志 地理2 安東府. "安東府 本新羅古陁耶 景德王 改爲古昌郡 太祖十三年 與後百濟王甄萱 戰於郡地 敗之 郡人金宣平·權幸·張吉 佐太祖有功 拜宣平爲大匡 幸·吉各爲大相 陞郡爲安東府 後改爲永嘉郡"

4) 『高麗史』 卷1, 太祖 5年 및 10年 참조.

5) 『三國史記』 卷12, 新羅本紀12 敬順王 4年 正月. "太祖與甄萱 戰於古昌郡瓶山之下 殺虜甚衆 其永安·河曲·直明·松生等三十餘郡縣 相次降於太祖 二月 太祖遣使告捷 王報聘 兼請相會 秋九月 國東沿海州郡部落 盡降於太祖" 및 『高麗史』 卷1, 世家 太祖 13年 正月과 2月條 참조.

들 3인은 安東府 3大 토성의 首長으로서 뒷날 안동金·안동權·안동張氏의 시조가 되었고 그들은 왕건으로부터 삼한공신의 칭호를 받았다. 이로부터 안동은 이 3인의 씨족집단이 향리로서 지방행정을 장악하고, 이들은 고려왕조의 변화에 따라 在地吏族과 上京官人으로 분화되어 갔다. 그런데 이 안동 호족 3인은 近畿地方 호족처럼 고려에 귀순함과 동시에 곧 상경하여 在京官人이 되지 않고 그대로 토착하면서 삼한공신이란 칭호와 고급의 鄕職을 받아 본관을 지배하는데 만족하였기 때문에 그들의 후예들은 중앙관계로의 진출이 늦어졌던 것이다. 이에 安東權氏도 예외는 아니었다.

『고려사』에 의하면 안동권씨가 중앙에 진출한 시기는 고려중기부터였다. 즉 예종조에 出仕한 權適이 있다. 權幸의 후손 世系는 成化譜와 權迪의 墓誌를 근거하여 다음과 같이 재구성할 수 있다.[6]

A) 成化譜

①	②	③	④	⑤	⑥	⑦	⑧	⑨
權幸 →	仁幸 →	册 →	均漢 →	子彭 →	先蓋 →	廉 →	利興 →	仲時 →
三韓功臣	郎中	戶長	戶長	戶長	戶長同正	戶長同正	戶長	副戶長中尹
三重大匡	(兵正)	正朝	陪戎校尉	正朝	翼牙校尉	陪戎校尉		保勝別將

⑩	⑪	⑫	⑬
守平 →	韙 →	旺 →	溥
樞密院副使	翰林學士	文淸公	永嘉府院君

B) 權迪墓誌

①	②	③	④	⑤	⑥	⑦	⑧	⑨
權幸 →	仁幸 →	册 →	均漢 →	佐暹 →	德輿 →	適 →	敦禮 →	濬
(上同)	(上同)	(上同)	(上同)	(追封正朝)	(檢校太子詹事)	(右僕射)	(御史)	(樞密副使)

위의 표를 보면 權幸의 후예들의 職銜을 통하여 고려시대 郡縣

---

6) 이수건, 1984,『韓國中世社會史硏究』, 일조각, 204쪽에서 權幸 後孫의 世系表를 재인용하였음.

戶長層의 신분적 지위와 직역을 엿볼 수 있다. 權幸이 삼한공신이
면서 그 아들 仁幸은 성종조 鄕職 개편 전의 '兵正'에 해당되는
'郎中'이었다. 그 손자 册의 직함이 戶長正朝는 戶長에다 正朝란
향직을 겸대한 것이며, 그의 증손 均漢의 '戶長 陪戎校尉'이고, 5
대손 先蓋는 '戶長同正 翼牙校尉', 6대손 廉은 '戶長同正陪戎校
尉', 8대손 仲時는 '保勝別將副戶長中允' 등은 모두 戶長으로서
무산계, 州縣軍의 장교직과 향직, 동정직을 겸대한 것이다.

權適은 權幸의 6대손으로 그의 증조부가 均漢이고, 그의 조부는
佐遷이고 그의 父는 德輿이다. 權適과 權溥는 權幸의 曾孫 均漢을
공통의 선조로 한 친족관계에 있었다. 權適은 비록 戶長의 자손이
었지만 文才가 뛰어나 과거급제함과 동시에 宋의 制科까지 합격
하여 문명을 떨친 자로서 그 후 출세하여 당대의 귀족과 통혼하였
고 그의 여러 아들들은 僧俗 양계로 진출하였다.[7] 그의 아들 敦禮
는 父의 文風을 계승하여 중견 관인까지 되었으나 무신란을 계기
로 원주에 은거하면서 후진양성에 종사하였다.[8]

그러나 權溥 가문은 權適 가문의 후광은 입지 못했던 것 같다.
『고려사』열전에 의하면 權守平은 "跡微 不知其族譜"라 하였듯이
그의 선조가 중앙관직에 진출하게 된 것은 權守平代에 이르러서였
다. 앞서 말한 대로 權守平의 가문은 대대로 戶長과 鄕職을 갖고
지방에 있었던 것 같다.

權溥의 증조부 守平은 일찍이 隊正이란 무반으로 빈한하게 살
았는데 牽龍으로 보임이 되었으나 가난하여 사양하니 친구들이
"易妻求福"하여 출세하라고 하였지만 그는 "貧富天也 何忍弃二十

---

7) 金子儀,「權適墓誌」毅宗 2年(『韓國金石全文』中世上, 668～671쪽).
8)『西河集』卷4, 寄山人悟生書. "代李湛之寄權御史敦禮書"(『高麗名賢
   集』2, 38쪽 및 47쪽 참조).

年糟糠之妻 以求富室耶”이라 하여 거절하였다 한다. 牽龍은 중앙군의 장교로 출세의 지름길이었는데 이를 거절한 것을 보아도 그가 얼마나 도덕적이었던가 하는 것을 알 수 있다. 이러한 성품은 신흥사족들의 특징을 잘 나타내고 있다. 그러나 그는 그 후 추밀원 부사까지 지냈다.

權溥의 조부 韙는 翰林學士이다.『고려사』백관지에 보면, 한림원이란 詞命을 제찬하는 관부로 국초에 元鳳省 學士院 등으로 불렀고 判院事는 재신이 이를 겸하고 학사승지 1인이며 정3품이고, 학사는 2인이며 정4품직이었지만 후에 학사승지와 학사는 모두 정3품으로 하였다고 한다. 한림학사란 고려시대의 淸要職으로 문신 중에서 才學이 있는 자를 선발하였다. 그러므로 그가 한림학사직을 가졌다면 그 또한 才學이 있는 자로 보았기 때문에 그로 하여금 당시 최고의 집권자인 崔沆에게 예를 가르치게 하였다고 한다.9)

權溥의 父 胆은 처음 柳璥의 권고로 과거에 임하여 급제하였다. 그 때가 고종 41년(1259) 6월이고 知樞密院事 趙脩와 좌부승선 尹克敏이 試官이었다. 그 또한 충렬왕 10년(1284)에 동지공거가 되어 權漢功・崔誠之・金元詳・蔡洪哲・白頤正 등을 뽑으니 그들이 다 그의 문생이면서 명사였다. 그는 중앙관료로 여러 관직을 두루 역임하여 知僉議府事로 致仕하였다. 그 후 贊成事 致仕로 충선왕 3년(1311)에 세상을 떠나니 나이 84세였다. 權胆의 성품은 청렴검소하고 겸손하였으며 불교를 믿어 육식을 40년 간이나 하지 않았다. 자손들이 새 옷을 사주면 반드시 전에 입었던 헌옷은 가난한 사람에게 주어 궤 속에는 여벌옷이 없었다 한다.10)

權溥의 외가는 交河 盧氏이며, 그의 외조부 盧演은 左諫議大夫

---

9)『高麗史』卷129, 列傳42 崔忠獻附 崔沆.
10)『高麗史』卷107, 列傳20 權胆.

라고 李齊賢이 쓴 權溥의 墓誌에 씌여 있고,11) 또『고려사』세가 고종년조를 보면, 盧演은 '式目錄事', '北界兵馬使'의 관직을 갖고 있었다. 이로 미루어 보아 과거급제하여 관료로 진출하였던 것 같고, 여러 관직을 거치면서 左諫議大夫가 된 것이라 생각한다. 左諫議大夫는 諫官으로 이 또한 淸要職으로 儒林 집안의 출신자제들이 차지하였던 관직이다. 그러므로 盧演의 가문도 儒林家門이었던 것 같다.

權溥의 처가는 본관이 儒州인 柳氏이다. 이 柳씨의 선조는 大丞 柳車達이며 국초에 태조를 도와준 공이 있는 者이다. 그의 6세손인 公權이 柳부인의 고조부이다. 柳公權은 고려 중기의 명신이며 어려서 학문을 사랑하고 초·예서를 잘 섰다. 문과급제하여 누천하여 右散騎常侍知奏事로, 또 同知樞密院事까지 승진하였다. 그러나 병으로 사퇴를 청했으나 왕은 그의 학문을 아껴 놓아주지 않아 3차례나 글을 올려 허락을 받았으나, 1년이 지나 병이 더하자 왕은 특별히 政堂文學·參知政事를 제수하고 나이 65세에 세상을 떠났다.

아들 澤은 柳부인의 증조부이고 그는 과거에 급제한 후 벼슬이 尙書右僕射 翰林學士 承旨에 이르렀고, 澤의 아들이 璥이다.12) 柳璥은 고종조 과거급제하고 누천하여 國子 大司成에 이르렀다. 시호는 文簡이다. 한 번 國子監試를 맡고, 세 번 禮闈(禮部試)를 典掌하였으며 문장을 논할 때는 체제를 먼저하고 글 짓는 솜씨를 그 다음으로 보았으며 그가 선발한 자는 모두 명사들이니 李尊庇·安珦·安戩·李混이 모두 璥의 문생이었다. 충렬왕 15년(1289)에 세상을 떠나니 나이 79세요 文正이라 諡하였다. 아들은 陞이다. 柳陞

---

11)『益齋亂藁』卷7, 永嘉府院君贈諡文正公權公墓誌銘.
12)『高麗史』卷99, 列傳12 柳公權附 柳澤.

은 柳夫人의 아버지이고 權溥의 장인이다. 관직은 僉議參理에 이르렀고, 이때에 禮文이 산실되어 陞이 新儀를 편찬하였는데 그 내용이 아주 상세하였으므로 후세 사람들이 그대로 본받아 쓰게 되었다 한다. 충렬왕 24년(1298)에 세상을 떠나니 나이 51세이고 貞愼이라 諡하였다.[13]

이들은 모두 과거급제한 학문이 뛰어난 관인가문이었다. 이와 같은 환경에서 자란 權溥는 충렬왕 2년(1276) 8월, 15세에 國子監試에 합격하고,[14] 충렬왕 5년(1279) 6월에 18세의 나이로 과거급제하였으며 이듬해 또 殿試 합격자 9명 중 한 사람이었다. 이때의 지공거는 朴恒 동지공거는 郭汝弼이었다. 동년으로서는 趙簡·李瑱·李世琪 등이다.[15] 權溥가 과거급제한 후 그의 관료생활을『고려사』기록을 중심으로 살펴 보도록 하겠다.

그는 누천하여 僉議舍人이 되었고, 충선왕 즉위년에는 왕의 개혁정치 추진의 뒷받침이 된 詞林院의 설치와 함께 詞林侍講學士 試衛尉卿으로 제수되면서 충선왕을 도와 朴全之·崔呂·吳漢卿·李瑱 등과 함께 새 정치를 시도하려고 하였다.[16] 그는 같은 해 7월에 다시 密直司右副承旨禮賓尹 知工曹事 詞林侍讀學士로 임명되면서 개혁정치에 깊이 관여하였다.

---

13)『高麗史』卷105, 列傳18 柳璥附 柳陞.

14)『高麗史』卷74, 選擧志2 國子監試 忠烈王 2年 8月. "判秘書事朱悅 取詩賦李之桓等三十九人·明經三人" 및『益齋亂藁』公年十五擧進士(『高麗名賢集』2, 298쪽).

15)『高麗史』卷73, 選擧志1 科目1. "忠烈王五年六月 贊成事朴恒 知貢擧 典法判書 郭汝弼同知貢擧 取進士 賜趙簡等三十三人 明經二人 恩賜八人 及第" 및『高麗史』卷29, 世家 忠烈王 6年 5月 癸卯. "以詩賦 親試文臣 取書籍店錄事趙簡等九人 賜黃牌" 및『益齋亂藁』卷7, 文正公權公墓誌銘. "公年十五擧進士 及己卯第中簾殿試"(『高麗名賢集』2, 289쪽).

16)『高麗史』卷33, 世家 忠宣王 卽位年 5月 辛卯.

당시 충선왕의 詞林院의 설치는 권문세족들이 원세력을 배경으로 많은 불법, 부정 등을 저질렀기 때문에 권문세족의 숙청과 政房의 혁파가 단행되면서 충선왕의 광범위한 개혁의 일환으로 새 권력기관으로 삼으려 했던 것이다.[17] 사림원은 충선왕이 정방을 폐지하고 문한서에 選法을 맡긴 얼마 후 文翰署를 고쳐 詞林院이라 하였다.[18] 문한서는 한림원을 지칭하는 것으로 충렬왕 원년에 원이 고려의 관제를 간섭하면서 제반 관제를 개혁할 때 고쳐진 것이다. 왕명출납도 승지방이 맡고 있던 것을 충선왕이 이를 파하고 사림원으로 이관하였고,[19] 또 왕이 사림원에 나아가 朴全之 등 여러 학사 등과 정치를 도모했다고 하였다.[20] 이는 사림원의 여러 학사들이 충선왕의 시정에 고문의 역할을 하고 있음을 알 수 있다.

이 詞林院의 구성원들은 모두 과거급제하여 출세한 사람들이며 대부분 지방 출신의 신흥사족들이었다. 이들에게는 선비의 기질인 淸廉이 공통으로 나타났다. 이는 기존의 권문세족 중심체제를 부인하는 충선왕의 정치체제에서는 이들이 충선왕의 개혁을 뒷받침할 수 있었던 것이다. 그러나 개혁은 성공을 거두지 못하였지만 이들은 권문세족의 부정·불법에 대한 개혁의 의지는 계속 갖고 있었던 것이다. 즉, 충목왕 대의 개혁에 그의 후손들이 참여한 것으로 알 수 있다.

---

17) 忠宣王의 改革에 대해서는 이기남, 1971, 「忠宣王의 改革과 詞林院의 設置」『歷史學報』52 참조.

18) 『高麗史』卷76, 百官志1 藝文館. "(忠烈王) 二十四年忠宣命直史館一人 直文翰一人 更日直文翰署 又罷政房 使本署主選法 尋改雨詞林院 委以 出納之任"

19) 『高麗史』卷81, 百官志2 諸司都監各色. "承旨房掌出納之任 忠烈王二十四年 忠宣罷承旨房 以其任委詞林院"

20) 『高麗史』卷107, 列傳22 朴全之. "王常屛左右 幸詞林院 與全之等 謀議政理"

權溥는 이후 충렬왕 24년 8월 갑술에 그는 左副承旨로써 右司議 趙簡·摠郎 金台鉉·前司諫 金祐 등과 더불어 選法을 주재하였다는 世家의 기록이 있지만, 『고려사』 선거지 국자감시조에는 충렬왕 24년 8월 갑술조의 기사는 없고 다만 충렬왕 25년 9월 金台鉉 등이 李蒨 등 70여인을 취하였다는 기사만 있어 어느 것이 정확한지 잘 모르겠지만 여하튼 權溥는 다시 등용되어 選法도 주관하였던 것 같다.

그의 나이 40세에는(충렬왕 27년) 密直司事로서 지공거가 되어 동지공거 좌부승지 趙簡과 함께 盧承縮 등 33인을 뽑기도 하였다.21) 이후부터 그는 좌주로서 그의 문생도 있으며 중앙관료로서의 웅지도 펼 수 있었던 것이다. 41세(충렬왕 28년) 8월에는 知密直司事로서 聖節 축하의 임무를 띠고 원나라에 가서 새로운 문물을 보고 견문도 넓혀갔다. 충렬왕 29년 12월 임신에는 知密直司事에 임명되었고, 충렬왕 30년 정월 병자에는 密直司使에, 충렬왕 31년 2월 무인에는 判密直司事에, 같은 해 6월 신축에는 知都僉議司事에, 충렬왕 31년 7월 기사에는 都僉議參理에 임명되어 모든 정치 운영을 담당하게 되었다.

충선왕이 복위되자 그 해 4월에 곧 평리가 되어 11월 무신에는 賀正使로 다시 원에 갔다. 나이 49세(충선왕 2년) 9월에 贊成事가 되었다. 재상으로서 모든 정책을 입안하고 협의하게 되었던 것이다. 그의 나이 50세(충선왕 3년) 11월에는 찬성사로서 大藏經을 가지고 원나라에 갔다. 52세(충선왕 5년) 3월에는 永嘉君으로 봉해짐으로써 아들·사위 등 일가에 9사람이 君으로 봉해지니 이를 경사라 하였다. 53세(충숙왕 원년) 정월에는 贊成事로 致仕한 閔漬와

---

21) 『高麗史』 卷73, 選擧志1 科目1 選場. "二十七年五月 密直司事權永 知貢擧 左副承旨趙簡 同知貢擧 取進士 賜盧承縮等三十三人及第"

함께 태조이래의 실록, 즉『世代編年節要』를 修撰하기도 하였다.

이와 같은 기록이 閔漬의 열전에도 보인다. 즉 "충렬왕이 閔漬에게 명하여 鄭可臣이 지은『千秋金鏡錄』을 증수케 하였으나 국가에 사고가 많아 여가를 얻지 못하다가 이때에 權溥와 더불어 함께 校閱 撰成하니 이름을 世代編年節要라 하였다"[22]한 기록이 보인다. 같은 해 6월 경인에 그는 贊成事로써 새로 구입한 책을 李瑱·權漢功·趙簡·安于器 등이 성균관에 모여서 새로 구입한 서적을 考閱한 후 그것을 기념하는 경학 시험을 실시하였는데 그는 그러한 행사를 주관하던 최고위 관료이기도 하였다.

충숙왕 7년(1320) 4월 정사에 僉議政丞이 되었고, 그 해 7월에 上王(충선왕)이 모함에 의해 西蕃으로 가서 여러 원로들에게 자신의 억울함을 이야기하면서 편지를 보낼 때 權溥도 원로로서 이 편지를 받았던 것이다.[23] 같은 해 11월에 上王이 또 權溥 등 여러 신하들에게 편지를 보내자,[24] 이들은 끊임없이 원나라에 상서하여 충선와이 풀려나는데 온갖 정성을 다하였다.

이와 같이 權溥는 충선왕의 억울한 吐蕃의 유배생활을 여러 신

---

22)『高麗史』卷107, 列傳20 閔漬. "忠烈嘗命漬增修鄭可臣所撰千秋金鏡錄
　　國家多故未暇及焉 後與權溥 同校撰成 名曰世代編年節要"
23)『高麗史』卷35, 世家 忠肅王 8年 7月. "上王 至西蕃獨知里 寄書崔有
　　渰·權溥·許有全·趙簡等云 予以命數之奇 懼玆憂患 子爾一身 跋涉
　　萬五千里 向于吐蕃 辱我社稷 多矣 寢不安枕 食不知味 想諸國老 亦勞
　　心焦思 심增惶愧 國王 年少無知 向之憚我群小輩 必幸我如此 肆其奸巧
　　焉知不聞我父子乎 幸諸國老 同心恊力 敷奏于帝 俾予速還 於是 有全
　　與閔漬等 如元 請王還國 爲瀋王之黨所沮 竟不能達而還"
24)『高麗史』卷35, 世家 忠肅王 8年 11月 壬午. "上王 寄書崔有渰·權溥·
　　裴挺·李瑱·許有全·金琚·趙簡等曰 予 以十月六日 到吐蕃撒思結
　　似聞帝許予還國 其言若實 公等 無以爲念 不然 與柳淸臣·吳潛議 以高
　　王之於聖武 元王之於世皇 率先歸附 佐運樹功 先考忠烈王 得尙公主 予
　　於帝室 亦有微勞之意 表請于帝 奏記丞相 俾予無久於此"

하들과 원나라에 끊임없이 上書하여 왕이 풀려나는데 일익을 담당하였고, 또 악소배 즉 申淸·吳潛 등을 원나라에 상서하여 탄핵하였다.25)

이렇게 하여 權溥의 관료생활은 정방에 종사한지는 13년이고, 재상의 직에 있은 지는 22년이나 되는 오랜 관료생활을 하였지만, 스스로 만족해하지 않았다 한다. 그리고 늙어도 無恙하다가 85세에 병이 나자 左右에 명하여 붙들어 일으키게 하고 단정히 앉아서 세상을 떠나니 이때가 충목왕 2년(1348) 10월 기사일이다. 시호는 文正이다. 爵은 永嘉府院君이고, 또 推誠翊祚同德輔理功臣號를 받았다.

부인 柳氏와의 사이에 5남 3녀를 낳았다. 5男은 準·宗頂·皐·煦·謙이고, 準은 吉昌君·皐는 文化君·煦는 雞林君·謙은 福安君이고 2男 宗頂은 출가하여 兩街都摠攝이 되면서 廣福君이다. 맏딸은 代言 安惟忠에게 출가하였고, 둘째 딸은 府院君 李齊賢에게 출가하였고, 셋째 딸은 順正大君 璹에게, 넷째 딸은 淮安大君 珣에게 출가하였으며 이들 두 사람은 모두 왕족이다. 이들이 다 君으로 봉해졌기 때문에 한 집안에서 9封君이 나왔으니 옛날에도 없었던 일이라 하였다. 부인은 卞韓國大夫人으로 봉하여졌다.26)

權溥는 당시 학계 및 정계 거물이었던 權㫜의 아들이었고, 白頤正·崔誠之·權漢功이 모두 權㫜의 문생이었다. 權溥의 문인으로서는 사위인 이제현을 비롯하여 李穀·白文寶·李仁復·崔文度·閔思平·李俀·全信·朴元桂 등이 꼽힌다.27) 또 權溥는 『桂苑錄』을 편찬하였다. 『桂苑錄』이란 예부시 급제자의 명단이다. 또

---

25) 『高麗史』 卷124, 列傳37 申靑 및 『高麗史』 卷125 列傳38 吳潛.

26) 『益齋亂藁』 卷7. 推誠翊祚同德輔理功臣三重大匡脩文殿大提學領都僉議使司事永嘉府院君贈諡文正權公墓誌銘(『高麗名賢集』 2, 298쪽).

27) 『菊齋實記』 下卷, 門人錄 참조.

장원급제자는 그들끼리 龍頭會를 만들어 모든 사람들의 선망의 대
상이 되었고, 동년급제자들은 집단의식이 강하여 그들 동년의 명
단을 소장하고 그들의 주소·현직·생사여부 등 동태를 파악하였
다. 당시 이들에 대한 자료는 공사를 막론하고 풍부하게 남아 있었
는데 이러한 자료들을 토대로 고려후기에 權溥가『桂苑錄』을 편
찬하였던 것이다.[28] 이때는 좌주·문생이라 하여 그 결속이 굉장
히 심화되었던 때이다.

그는 성리학을 도입한 안향에게서 성리학을 사사받았으며, 白頤
正·禹倬 등과 함께 교류하며 성리학을 수용·전수에 중요한 역
할을 하였고 또 그의 사위이면서 문인인 李齊賢·白文寶 등에게
성리학을 전수하였다. 이들은 대체로 성리학을 수용한 과거급제자
들로서 새로 성장한 신흥유신층이며 권문세족과 대립되는 정치적
성격을 지녔다. 또 그는 성리학을 연구하여『사서집주』·『효행록』
을 편찬 간행하였다.

Ⅱ. 학술적 업적과 思想

權溥는 찬성사 權㫜의 아들이며 고려말 대문호 이제현의 장인
이고 안향의 문인이기도 하다. 그는 일찍이 문과에 급제하고 충렬
왕 28년·충선왕 원년·충선왕 3년 등 3차례나 원에 다녀와서 학

---

28)『牧隱詩藁』卷26, 詩 門生掌試圖歌 幷序. "菊齋權政丞 集光廟設科以來
　　座主壯元姓名　爲一卷　又集父子孫相繼掌試者及座主　無恙門生掌試者
　　爲圖於後題　其目曰桂苑錄"(『高麗名賢集』3, 651쪽).

식과 견문을 넓혔고, 당시 중국에서는 주자학이 官學이 되어 科擧 試目에서 『四書集註』가 채택되고 있음을 중시하여 이를 간행·보급하였다.

性理學이 고려에 수용된 이 시기는 원의 세조 代로 중국을 지배하기 위한 기본적이고 제도적인 장치가 이루어지고, 따라서 관료체제를 유지·강화하는데 필요한 이념을 제공한 관학도 그 기본골격이 어느 정도 갖추어진 것이다. 그러면 이 이념의 형성은 당시 유목민족의 국가인 몽고가 南宋을 정복하는 과정에서 초기에는 많은 사람들을 도륙하고 노예로 잡아갔다.

그러나 국가가 안정되고 국가재정이 江南 의존도가 높아질수록 원 조정은 어떻게 하면 가장 효율적으로 수취체제를 재정비하여 강화·유지시키느냐 하는 문제와 또 江南의 농민을 통제·안정시켜 국가의 경제기반 확보가 가장 절박한 기본문제로 대두하게 되었다. 농촌을 안정 유지하여 세수를 늘이기 위해서는 당시 지주·전호간의 극도로 첨예화된 모순을 해결해야 한다. 그것을 해결하는 방법은 변혁으로서가 아니라 지주·전호간의 상호협력으로써 이루어지게 하였다. 그것은 봉건적인 분수를 지키는 도덕을 합리화하는 이론을 전개하고자 하였다.[29] 이를 위한 이념제공자들이 당시에 北傳하여 亡金의 북방 漢人儒者들에 의해 수용되면서 관학화했던 것이 원대의 성리학이었다.

그러므로 원의 儒宗 許衡 및 그 제자들을 중심으로 수용·전개되었던 관학으로서의 성리학은 성리학 그 자체의 이론적·철학적인 '窮理'의 측면보다는 당연히 실천적·윤리적인 '居敬'을 통한 修己

---

29) 『朱子文集』 卷99, 勸農文. "佃戶旣賴田主給田 生借以養活家口 田主亦籍佃客耕田 納租以供贍家計 二者相須 方能存立 今仰人戶 遽相告戒 佃戶不可侵犯田主 田主不可搖虐佃戶"

의 측면을 위주로 하는 특성을 지니게 되었고, 결국 修己로 守分하는 사회기능적인 측면을 강조한 이러한 학풍이 원 일대의 사상계를 지배하게 되었던 것이다. 이 성리학이 지주·전호간의 상호협력관계를 토대로 하는 수취질서를 이념적으로 규정한 그 명교적 성격 때문에 충선왕 5년(무종2년 : 1313)년에 마침내 왕조지배를 위한 체제 교학, 곧 방대한 관료체제의 운영이념을 제공하는 관학으로 채용되었다. 그리고 그 이듬해인 충숙와 원년(1314)년에는 이를 학문적으로 뒷받침하기 위하여 충선왕이 만권당을 설치하여 강남의 서적을 대규모로 수집하고 학자들을 초빙하여 연구·토론하였고 그 다음해인 1315년에는 과거제도를 부활하게 되었던 것이다.

원나라의 과거제도는 儒術로서 選士하는 제도인데 이 제도는 蒙古人·漢人·南人을 구분하고 고려인은 漢人에 속하게 하였다. 과목은『論語』,『孟子』,『大學』,『中庸』중에서 출제하고 朱子章句集註를 병용하였으며, 五經은『詩經』은 朱子註,『尙書』는 蔡氏註,『周易』은 程朱의 註로 하였으며 春秋三傳은 胡氏傳,『禮記』는 古注疏로 하였다.30) 그리고 원에서 과거가 시행하게 된 데는 충선왕의 건의가 주효하였다고 하며, 고려인이 많이 응시하여 급제한 것도 또한 이런 까닭이라고 한다.31)

특히 충선왕은 元京에 머물면서 만권당을 짓고 원의 학자 閣復·姚燧·虞集·趙孟頫 등을 招致하여 더불어 놀며 典籍으로 自娛하면서 또한 侍從의 臣으로 하여금 윤번으로 시종하게 하였다.32) 충선왕을 수행한 고려의 문신들은 모두 好文之士였으며, 또

---

30)『元史』卷81, 選擧志 科目 참조.
31) 徐亮之,『中韓關係史』9 蒙古帝國與高麗章. "王璋(忠宣王) 乃一個中國學術的迷戀者 他寧願不做國王 只願留中國: 萬卷堂落成之年 他召置高麗的名理學家李齊賢於左右 和元朝的學者 閣復·姚燧·虞集·趙孟頫 等交遊來往 他曾建議元朝恢復科擧"

그들로 하여금 성장의 기회를 갖게 하였다. 그러므로 이곳이 고려 학술문화의 요람이라고 할 수 있을만큼 영향이 컸던 것이다. 그리고 이러한 과거제도가 고려에서는 30여 년이나 뒤진 충혜왕 5년에야 본받아 개정되어[33] 사실상 주자학이 관학이 되고 朱子章句集註가 科目의 주가 된 것은 『四書集註』의 간행이 있었기 때문이라고 생각된다.

주자의 『四書集註』의 간행은 고려유학이 주자학에 의해 획일화되는 전기가 되었다[34]고 하였다. 그것은 『四書集註』본이 간행 보급되기 이전의 고려 민간에서는 상당히 중국 남방의 王安石 계열의 학문이 유포되었던 것 같다. 다음 기록을 보면,

일찍이 神孝寺의 堂頭 正文은 나이 80이었는데 논어·맹자·시경·서경을 잘 강설하였다. 그는 유학자 安社俊에게 배웠다고 말하였다. 옛날에 한 선비가 宋나라에 들어가 王荊公이 물러나서 금릉에 산다는 말을 듣고 찾아가서 毛詩와 七傳을 배우고 돌아왔다. 사준은 그런 까닭으로 시경의 강설은 王氏의 해설한 뜻을 전용하였고, 논어·맹자·서경의 강설은 다 朱子章句와 蔡氏傳을 합한 것이었다. 이때에 朱子章句와 蔡氏傳의 두 서적은 아직 우리나라에 들어오지 않았다. 사준이 어디에서 그 뜻을 배웠는지 알 수 없다.[35]

---

32) 『高麗史』 卷34, 世家 忠宣王 5年 3月 甲寅. "元帝命上王留京師 上王構萬卷堂于燕邸 招致文儒 閻復天壽趙孟頫虞集等 與之從遊 以考質自娛 令從臣輪番而代"

33) 『高麗史節要』 卷25, 忠惠王後 5年 8月. "改定科擧法 初場試六經義四書疑 中場古賦 終場策問"

34) 김충렬, 1984, 『高麗儒學史』, 고려대출판부, 165쪽.

35) 『櫟翁稗說』 前集 2. "嘗見神孝寺堂頭正文 年八十善說語孟詩書 自言學於儒者安社俊 昔一士人 入宋聞荊公退處金陵 往從之 受毛詩七傳而至社俊故詩則專用王氏(王安石)義 語孟及書 所說皆與朱子章句蔡氏傳合當是 時二書未至東方(二書는 王氏蔡氏書를 말함) 不知社俊何從得其義"(『高麗名賢集』 2, 356쪽).

이라 하였듯이 당시 고려에서는 민간, 즉 산간 사원에서 중을 따라 배우는 학자들에게는 이미 宋에서 유행한 당시의 학설이 유포되고 있었음을 짐작할 수 있다. 이러한 폭넓은 학문세계는 權溥로 하여금 『四書集註』본을 간행·반포케 하였다고 본다. 이것이 동양성리학이 溥로부터 시작되었다[36]고 까지 하였다. 이와 비슷한 이야기는 이제현의 『櫟翁稗說』에도 있다.

> 나의 장인 정승 국재 권공이 『사서집주』를 구하여 판을 새겨서 널리 전파하니 다시 도학이 있음을 알게 되었다.[37]

그러므로 權溥는 고려에 성리학 보급에 크게 기여한 사람이며, 그의 제자 백문보는 그로부터 『四書集註』의 강의를 통해 성리학의 기본지식을 전수받았을 것이라 생각된다.

당시 조정에서는 박사 柳衍과 학유 兪迪을 강남에 보내어 經籍 10,800권이나 구입하였으며 또 성균관에 모여서 구입한 서적을 考閱한 후 그것을 기념하는 경학 시험을 실시하였는데, 그는 이러한 행사를 주관하던 최고위 관료이었다.[38] 또 같은 해에 원나라 황제가 왕에게 43,00여 책을 포함, 17,000권을 기증하여 왔는데 이것은 모두 송나라 비각의 장서들이었다.[39] 이들 새로운 서적이 어떤 종

---

36) 『高麗史』 卷107, 列傳20 權㫢附 權溥.

37) 『櫟翁稗說』前集 2. "其後白彝齋 從德陵留都下十年 多求程朱性理之書 以歸 我外舅政丞 菊齋權公 得四書集註 鏤板以廣其傳 學者又知有道學 矣"(『高麗名賢集』2, 356쪽).

38) 『高麗史』 卷34, 世家 忠肅王 元年 6月 庚寅. "贊成事權溥 商議會議都監 事李瑱 三司使權漢功 評理趙簡 知密直安于器等 會成均館 考閱新購書 籍 且試經學 初 成均提擧司 遣博士柳衍 學論兪迪于江南 購書籍 未達 而般敗 衍等 赤身登岸 判典校寺事 洪瀹 以太子府參軍 在南京 遣衍寶 鈔一百五十錠 使購得經籍一萬八百卷而還"

39) 『高麗史』 卷34, 世家 忠肅王 元年 7月 甲寅. "賜王書籍四千三百七十一

류의 것이었는지 그 세목 명칭은 자세히 알 길이 없으나, 그 중에
는 반드시 奇書·珍籍과 함께 성리학에 관한 책들도 있었을 것은
물론이다. 이러한 상황 하에서 당시 성리학이 유포되었을 것이다.

그리고 權溥는 朱子의 『四書集註』를 간행하여 성리학을 널리
보급하였으며, 『孝行錄』을 찬집하였다. 또 權溥가 충목왕 2년(1346)
에 편찬·간행한 『孝行錄』은 우리나라에서 만든 최초의 유교 교화
서이다.

고려는 건국초부터 교육에 관심을 가지게 되었다. 즉 태조의 즉
위교서 가운데 "朕資群公推戴之心 登九五統臨之極 移豊易俗 咸
與惟新云云"[40]이라 하였고 다시 4일 뒤 백관을 제수하는 조서에서
"設官分職 爲國所先 化俗安民 用賢爲急 云云"[41]을 강조하였다.
이러한 太祖의 '移風易俗'·'化俗安民'은 태조의 교육과 직결되는
것으로 태조가 즉위초부터 교육에 대한 지대한 관심을 가져 신라
의 제도를 준용하여 국학을 계승하였고, 성종 11년에 국자감을 설
치하였다.

이렇게 초기 교육제도의 확충은 民의 교화에 있었다. 民을 교화
하기 위해서는 孝를 중시하였고 孝의 규범은 결국 군주에 대한 忠
의 규범으로 받아들여 집권적 관료제에 적합한 유교 정치이념을
제공한 것이었다.

그러나 무신정권기에 이르러 유교 교육은 퇴락하게 되고 유교는
정치이념으로서 적극적인 기능을 갖지 못하였다. 더구나 몽고와의
전쟁이 계속되는 상황에서는 유교 교육에 관심을 기울일 수 없었
다. 그러다가 유교에 대한 관심은 원간섭기라는 특수한 상황 하에

　　册共計一萬七千卷 皆宋秘閣所藏"
40) 『高麗史』卷1, 太祖 元年 6月 丁巳.
41) 『高麗史節要』卷1, 太祖 元年 6月 및 『高麗史』卷1 世家 太祖 元年 6月
　　辛酉 참조.

서 어느 정도 정치적 안정이 이루어졌기 때문에 이 시기에 주자성리학의 도입이 이루어지고 관료들에 의해 『孝經』교육에 관심을 가지게 되었고,[42] 그들에 의해 『孝行錄』이 편찬 간행되었던 것이다.

이와 같이 『孝行錄』의 편찬 간행은 고려 전기부터 『孝經』교육의 성과 위에서 이루어진 것이며, 『孝經』의 孝사상을 이념적 배경으로 하여 이루어진 것이었다. 그러나 『孝行錄』은 『孝經』과는 다른 특징을 가진 교화서였다. 이 둘 사이의 관계에 대해서는 權近의 「孝行錄序」에 다음과 같은 내용을 참고 할 수 있다.

> 예전에 孔子가 『孝經』에서 위로는 귀한 天子로부터 아래로는 미천한 庶人에 이르기까지 처음에는 터럭과 피부를 상하지 않는 것으로부터 마지막에는 돌아가서 부모를 편안히 모시는 것까지 모두 들어 말씀하시어 자식이 부모를 섬기는 만세의 도리를 가르침에 남김이 없었다. 이 『孝行錄』도 귀천과 終始의 윤리의 변치 않는 도리를 모두 갖추었으며, 또 인륜의 변과 예기치 않은 환난을 당했을 때의 일과 같이 『孝經』에서 미처 언급하지 못한 것도 모두 실었다.[43]

라 하여 이 『孝行錄』은 『孝經』에서 말하지 않은 것까지도 언급하였다고 하였다.

『孝行錄』은 충목왕 2년에 權溥와 그의 아들 權準, 사위 李齊賢에 의해 편찬·간행되었다. 이 『孝行錄』의 내용은 모두 64명에 달하는 중국인들의 유교윤리 실천 사례가 62항목에 걸쳐 수록되어 있다. 이 62항목 중에서 53항목은 부자윤리에 따른 효행 사례이고,

---

42) 『高麗史』 卷110, 列傳23 李齊賢. "上書都堂曰 今我國王殿下 以古者元子入學之年 … 今祭酒田淑蒙已名爲師 更擇賢儒二人 與淑蒙講孝經·語·孟·大學·中庸 以習格物致知·誠意正心之道"

43) 『陽村集』 卷20, 孝行錄後序. "昔孔子於孝經 上自天子之貴 下至庶人之賤 始自髮膚之不傷 終至宅兆安着 靡不備擧而悉言之 以訓萬世 子事父母之道 無餘蘊矣 此錄之於貴賤 終始倫理之常 靡所不備 又於人倫之變 患難不測之事 孝經之所未及言者"

7항목은 형제윤리의 실천 사례이고, 나머지 2항목은 부부윤리의 실천 사례이다. 그러므로 이 책은 부자윤리 뿐만 아니라 형제윤리·부부윤리를 포함하는 유교적 가족윤리 전체를 포괄하는 것이라고 볼 수 있다.

이 가족윤리는 나아가서는 사회윤리를 강조하는 것이다. 이것은 朱子가 내세운 도덕질서와 같은 현실적 사회윤리였다. 인간은 현실을 떠나서 살수가 없다. 이는 權溥의 스승인 安珦이 國子監 學生들을 敎諭하는 글 속에서도 다음과 같이 말하였다.

> 聖人의 道는 일상생활의 이론에 지나지 않는다. 자식이 되어서는 孝를 해야 하고 신하가 되어서는 忠을 해야 하며 禮로써 가정을 규솔하고 信으로써 친구를 사귀어야 한다.[44]

라고 하였다. 이와 같이 현실적인 윤리를 강조함으로써 가족질서를 바르게 하고 나아가서 국가질서도 바르게 하고자 하였던 것이다. 그런데 유교적 국가질서의 회복은 家禮의 시행에서 출발하지 않으면 안되었다. 家禮에 대해서는 주자는 명분(질서)의 지킴과 함께 관혼상제 등 일상의식 또한 닦아야 함을 말하고 있다.[45] 權溥가 이러한 입장에 크게 공감하였기 때문에 그의 아들과 함께『孝行錄』을 편찬하였던 것이다.

이와 같이 유교적 정치질서의 확립과 이를 통한 왕권강화라는 이 시기의 과제에 부응하고 있었다. 더구나 權溥는 이러한 과제를

---

44) 『晦軒先生實記』卷1, 文 諭國子諸生文. "聖人之道 不過日用倫理 爲子當孝 爲臣當忠 禮以制家 信以交朋 修已必敬 立事必誠而己"

45) 『朱子大全』卷75, 序 家禮序. "凡禮有本有文 自其施於家者言之 則名分之守愛敬之實其本也 冠婚喪祭儀章度數者其文也 其本者有家日用之常體 固不可以一日而不修 其文又皆所以紀綱人道之終始 雖其行之有時施之有所然 非謂之素明習之素熟 則其臨事之際 亦無以合宣而應節 是不可以一日而不講且習焉者也"

성리학의 명분과 질서를 가지고 해결하고자 하였던 것이다.

신흥사족들이『孝行錄』을 찬술한 궁극적인 목적은 그들이 佃戶農民을 토대로 한 지주적 토지소유제를 지양하고 있었다. 그러므로 佃戶農民의 확보는 무엇보다 중요하였다. 위로 중앙 권력이 佃戶에 대한 수탈을 막아야 하는 동시에 농민 자체가 토지로부터의 유망을 제지하여야 하고, 그렇게 함으로써 佃戶는 어디까지나 지주에게 충실한 복무자가 되어 주어야 한다. 지주적 토지 소유의 사적 발전에 필수적인 조건이었기 때문이다. 朱子는 일찍이 도덕질서를 말하면서 君과 臣, 父와 子, 夫와 婦에 뒤이어 地主와 佃戶를 같이 말하였다. 君臣·父子와 같이 地主·佃戶도 일정 불변의 도덕질서 속에 위치시켜 놓았다. 주자성리학의 명분론·의리론은 地主에 대한 佃戶의 의무로 연장된 것이다. 뿐만 아니라 朱子는 그의 勸農文에서 地主와 佃戶의 상호 관계를 구체적으로 말해 놓기도 하였다.

　　佃戶는 地主의 땅을 빌려 家口를 養活시키고 지주는 전호로부터 地代를 받아 가계를 풍요케 한다. 양자가 相須하여 바야흐로 존립한다. 佃戶는 地主를 침범해서는 안되고 地主는 佃戶를 학대해선 안된다.

이것은 地主·佃戶間의 중세적 생산관계를 합리적으로 발전시키자는 논리이다. 고려 후기의 신흥사족들이 성리학의 명분론·의리론을 받아들인 밑바닥에는 지주로서의 대 전호 관계의 도덕질서 확립이 필요했음을 간과할 수 없는 것이다. 또한 그들은 중세적 생산 관계의 합리적 발전을 위해서 朱子의 이론을 그대로 준용했던 셈이다.

1391년 즉 고려왕조가 끝나기 바로 전에 신흥사족들이 전제를 개혁하고 과전법을 제정할 때의 지주와 전호에 관한 규정은 위에

인용한 朱子의 이론을 그대로 나타낸 것이다.

고려후기 신흥사족들, 즉 중소지주들의 대농장주에 대한 견제 내지는 소규모의 토지를 합리적으로 경영하기 위해서는 지주·전호간의 관계를 개편하여 생산 관계를 구축하지 않으면 안되었던 것이다. 그러기 위해서는 신흥사족들은 이러한 현상에 대한 개혁을 주장하고 나섰다. '罷政房 復科田'으로 요약되는 개혁 슬로건은 바로 인사권·상벌권의 행사와 수조지 분급제도에 있어서 관료제의 정상적인 군신관계를 회복하고자 하는 것을 의미하는 것이기도 하였다. 그리고 이들의 유교윤리에 대한 관심 역시 이러한 개혁운동과 밀접한 관련이 있는 것으로 보아야 할 것이다. 유교윤리의 기준에 비추어 비판하는 태도로 볼 수 있을 것이기 때문이다.

『孝行錄』의 贊을 지었던 李齊賢 역시 그의 문학작품 속에는 孝와 友愛, 烈女 등의 도덕규범을 실천한 인물들과 함께 君主에 대한 忠義의 도덕규범을 실천한 인물들을 소재로 한 것이 많이 있다.46) 이 가운데 忠義의 인물들을 소재로 한 작품들은 관료제의 정상적인 운영을 바라는 신흥사족들의 이념을 표현하는 것으로 보아도 좋을 것이다.

『孝行錄』이 편찬·간행될 무렵까지 신흥사족들의 정치세력은 극히 미약한 것이었다. 그들의 세력은 아직 개혁을 주도할 수 있는 정도까지 성장하지 못하였다.

이러한 사회적 성격을 지닌 신흥사족인 權溥는 당시 성리학이 들어오고 이 새로운 학문을 즐겨 연구하면서 전수 방법으로『孝行錄』을 편찬·간행하였던 것이다. 신흥사족들은 이『孝行錄』을 통해 보급하려 했던 유교윤리, 즉 현실적 도덕윤리를 강조함으로써

---

46) 김혈조, 1990, 「益齋의 古文倡導와 그 歷史的 意義」『民族史의 展開와 그 文化』上, 創作과 批評社.

성리학 전파에 적극적이었다. 이렇게 하여 신흥사족들은 권문세족의 이해관계와 대치되었던 것이다. 먼저 그들이 내세운 '개혁론'은 권문세족 중심의 지배체제에서 파생되는 부정적 측면을 우선 제거하고, 다음 단계에 개혁을 단행함으로써 그 지배체제를 안정된 기반 위에서 운영하려는 성격의 것이었다.

그러면 『孝行錄』의 편찬·간행하여 유교 윤리 보급의 주체와 대상을 생각해 보기로 하자.

『孝行錄』의 편찬·간행이 당시 한문교육을 제대로 받은 유생·관료층을 대상으로 한 교화서가 아니고, 李齊賢의 「孝行錄序」에 의하면『孝行錄』은 '田野之民'들이 읽기 쉽도록 하기 위하여 쉬운 문장으로 씌어졌다고 한다.[47]『孝行錄』의 내용이 유교윤리의 실천 사례들로 구성되어 있는 것도 보급 대상과 관련이 있다. 유교윤리에 대한 이론적 교설이 아니라 유교윤리을 모범적으로 실천한 인물들의 이야기를 통해 유교윤리를 보급하려는 것이었다. 그러므로 '田野之民'에게도 쉽게 보급될 수 있었을 것이다. 그러면 이 '田野之民'이 어떤 대상인가 생각해 보도록 하자.

'田野之民'은 최소한『孝行錄』을 구해서 읽기 위해서는 漢文에 대한 소양은 갖추고 있어야 한다. 아무리 쉬운 한문이라 하더라도 千字文도 모르는 사람이 그 책을 읽을 수는 없는 것이다. 따라서 '田野之民'을 마치 전체 농민들을 대상으로『孝行錄』이 보급된 것처럼 생각하는 것은 곤란하다. 유교 교화서를 통해 농민들에게 유교윤리를 보급할 수 있었다면 그것은 극히 제한된 대상에 그칠 수밖에 없었다. 비록 제한된 대상이라고 하더라도 당시 민중들의 의식세계는 상당한 수준에 이르지 않았나 생각된다.

---

47) 『益齋亂藁』拾遺 孝行錄序. "其辭語未免於冗且卑 盖欲田野之民 皆得易讀而悉知也"(『高麗名賢集』 2, 376쪽).

고려 중기의 무신란을 고비로 하여 고려사회의 귀족적 지배질서를 하루아침에 무너지고 그것을 계기로 하여 소위 농민·천민의 난이 일어났다. 이 농민·천민 난의 지도층이 왕후장상의 씨가 따로 있느냐고 외친 것과 같이 지금까지 거의 역사의 표면에 나타나지 못하였던 농민층과 천민층까지도 사회의식과 정치의식이 높아져 갔던 것이다.

이와 같이 민중의 새로운 움직임은 무신정권의 독재와 탄압으로 일단 기세가 꺾이었으나 이후 몽고의 침입에 대항하고 또 그것에 굴복하는 과정을 통하여 오히려 자의식이 한층 더 높아져 갔던 것이다. 몽고와의 전쟁과정에서도 무신정권의 지배층은 강화도에서 안일과 타락에 빠져갔고 전국토를 휩쓴 몽고군의 횡포에는 본토에 남은 일부 하급 무장들과 농민군만이 이를 감당하였다. 그러나 피난정권은 지배권력의 내부분쟁으로 결국 몽고에 항복하였을 때 민중들에 있어서 그것은 지배층의 배신 행위로 밖에 보이지 않았을 것이다. 이와 같은 과정으로 당시 민중의 의식은 상당히 성장하였던 것이다.

당시 신흥사족들은 이같이 의식수준이 높아진 민중들의 의식을 孝, 즉 가족윤리라는 도덕질서를 구심점으로 하여 민중의 마음을 모으려는 것이 아닐까 한다. 이러한 상황 하에서 '田野之民'에 대한 교화서 보급은 일정한 역사적 의미를 가지는 것이다. .

권부 또한 『孝行錄』을 편찬·반포하여 신흥사족들의 가족윤리 나아가서 정치윤리를 확립하려는 것이라고 생각된다. 즉, 신진관료로서 발신한 신흥사족들은 녹봉지급이 순조롭지 못하였기 때문에 권문세족들이 소유하고 있는 대토지를 혁파하여 국가 경영을 안정시켜 관료제의 정상적인 군신관계를 회복하여 중앙집권화 관료체제를 유지하는 동시에 농장에서 불법적으로 사역당하던 많은 민들을 국가의 공민으로 해방시켜 지주·전호제로 개편함으로써 봉건적 생산관계를 보다 합법화·합리화시키려고도 하였다. 그러기 위해서는 당시『孝行錄』을 간행·반포시키는 것이 옳다고 생각하였기 때문이다.

『孝行錄』보급은 유교적 가족윤리를 생활 규범화함으로써 신흥사족들의 사상적 이념을 무장한 것이라고 보는 것이 그 주된 목적이다.『孝行錄』의 내용을 가족윤리는 나아가서 사회윤리·정치윤리에까지 갈 수 있어 결국 신흥사족의 승리인 조선왕조 개창에까지 이르렀다.

그러나 당시 고려 사회에 비록 제한적이나마 관료·유생 이외의 '田野之民'계층에까지 교화서가 보급되었다는 사실 자체는 유교윤리 보급의 전개과정에서 중요한 의미를 지닌 것이다.

이처럼 權溥가 유교적 정치질서의 확립과 이를 통한 왕권강화라는 이 시기의 과제에 호응하고 있었다. 이러한 과제 해결은 성리학의 명분과 질서를 가지고, 또 성리학적 禮制를 가지고 해결하려고 하였다. 이후 성리학의 수용 확대 방향은 益齋 李齊賢을 비롯한 고려말 관인들에 의해서 정착되어 갔던 것이다.

Ⅲ. 小 結

이상에서 고려 후기 성리학 受容期의 한사람인 權溥의 생애와 학술적 업적을 살펴보고 이를 통해 수용기의 유학자로서 그 사상적 위치를 알아본 것이다.

원 간섭기에 활동하였던 權溥는 안동권씨로서 그의 조부 權守平은『고려사』에 문적이 한미하여 그 족보는 알지 못한다고 되어 있었고, 父 權㫜은 재상 柳璥이 문학이 있으니 吏屬이 됨은 마땅치 않다고 하여 과거급제하여 중앙관직을 두루 거쳤을 뿐만 아니라 또 그의 門生 중에는 명사가 많았던 것이다. 權溥도 과거급제자로서 중앙관료로 진출한 新興士族으로 성리학 수용·전수에 중요한 역할을 한 사람이었다. 이로써 안동 권씨가 權溥 代에 이르러서야 비로소 名門으로 대두되기 시작하였던 것 같다.

權溥는 성리학을 도입한 安珦의 門人으로 그에게서 성리학을 사사 받았으며, 白頤正·禹倬 등과 교류하면서 성리학의 수용·전수에 중요한 역할을 하였다. 또 그의 사위이면서 문인인 李齊賢과 또 그의 문인인 白文寶 등에게 성리학을 전수하였다. 이들은 대체로 성리학을 수용한 과거급제자들로서 새로 성장한 신흥 유신층이며 권문세족과 대립되는 정치적 성격을 지녔다. 그러므로 그는 당시 고려 사회의 누적된 문제를 성리학적 예를 가지고 해결하려고『四書集註』·『孝行錄』을 편찬 간행하였다.

그는『四書集註』를 간행·보급함으로써 朱子가 강조하고 있는 유교적 질서의 정당성에 대해 철학적·윤리적 사고를 명확히 하여 주었을 뿐만 아니라『孝行錄』도 간행·보급함으로써 성리학적 가치가 확대 수용되는 계기를 마련하였음은 분명하다고 하겠다. 그러므로『고려사』에서도 '東方性理之學이 權溥로부터 번창했다'고 한 것은 그의 功을 인정하고 있는 것이다. 다시 말한다면 성리학에서 내세운 人倫, 특히 孝·忠·禮·信은 신흥사족들이 중소 지주로서의 가족도덕과 신진관료로서의 정치도덕·사회도덕이었다.

이처럼 權溥가 유교적 정치질서의 확립과 이를 통한 왕권강화라는 이 시기의 과제에 호응하였다. 뿐만 아니라 그는 이러한 과제를 성리학의 명분과 질서를 가지고 해결하고자 하였다. 이후 성리학의 수용 확대 방향은 그의 문인인 익재 이제현을 비롯한 麗末 官人學者들에 의해서 정착되어 갔던 것이다.

제4장

李集의 생애와 학문

Ⅰ. 생애와 정치적 歷程

李集은 14세기 후반기 외세의 지배와 극복, 그리고 고려의 멸망이 눈앞에 다달았던 격동의 시대에 살았던 사람이다. 李集은 충숙왕 14년(1327) 6월 2일에 廣州에서 태어나 우왕 13년(1387)에 61세의 나이로 세상을 떠났다.

『廣州李氏世譜』에 의하면 시조는 신라 내물왕 때 內史令을 지낸 李自成이라 하였다. 그러나 내사령이란 벼슬은 고려 성종때 종1품의 관직이고 신라시대에는 그러한 관직이 없었던 것으로 보아 世譜의 기록이 잘못된 것 같다. 또 李自成의 후손들은 대대로 漆原(경남 함안)에서 살았는데, 935년에 경순왕이 태조에 귀부하자 그들은 이에 불복하고 절의를 지키자 태조는 그들을 삭탈관직하고 漆原에서 淮安(경기도 광주)으로 옮겨 살게 하였다 한다. 이후부터 李集의 선대는 淮安을 본거지로 삼고 살았던 향리였던 것 같다. 그 이유는 李集의 父 李唐이 향리였다고 기록되어 있기 때문이다.

향리는 세습직이며 조선조와 달라서 사회적으로나 법제적으로 별로 신분상의 규제를 받지 않았다. 양반이 따로 존재하지 않았던 고려시대의 지방사회에 있어서 향리층은 그 지방의 유력자이었다. 지방의 유력자인 향리층은 대개 중소지주로서, 또한 지방행정의 실무담당자로서 착실히 성장하여 고려후기로 접어들면서 그 子弟들은 과거를 통하여 중앙관료로 진출하여 신흥사족이라는 정치세력으로 성장하였던 것이다.

李集도 이러한 역사적 추이 속에서 그 父, 唐은 국자감시에 합격하였고 그 자식 代에 이르러서는 仁齡·元齡·希齡·自齡·天齡의 다섯 아들이 모두 문과급제하는 영광을 누리게 되었다.

李集은 唐의 둘째 아들이며 초명은 元齡이고 자는 成老, 호는 墨巖子 또는 南川이라 하였다. 그의 부인은 黃碩範의 女 郈州 黃氏였고 슬하에는 之直·之剛·之柔의 세 아들와 딸 하나를 두었다.[1]

李集의 문과급제는 『廣州李氏世譜』에 의하면 21세 충목왕 3년(1247)으로 되어 있다. 이는 문과급제가 아니고 국자감시에 합격하였을 것이다. 충목왕 3년 4월에 대언 鄭思道가 詩·賦로써 朴形 등 52명과 十韻詩로 金得濟 등 46명을 선발하였다[2]는 기록이 있다. 그러므로 그도 이때 국자감시에 합격한 것 같고, 공민왕 4년(1355)은 29세로 지공거 李公遂·동지공거 安輔에 의해서 문과급제하였다. 이는 이색이 찬한 「雞林府尹諡文敬公安先生墓誌銘」[3]의 기록을 있어 정확하다.

李集이 과거급제한 후 처음의 관직은 寧州(천안)을 맡아 다스린 것 같고,[4] 그 가정생활은 매우 어려웠던 것 같다. 그의 詩 「贈鄭三峯」에서 "鄭선비는 꼭 나를 닮았는지 집도 없이 자주자주 옮겨 산다네"[5]한 것을 봐서 미루어 짐작 할 수 있다.

이때의 고려의 정국은 오랫동안 원간섭기에 있었기 때문에 모순이 누적되어 그 피해가 극심하였으므로 공민왕이 즉위한 후 諸制度의 모순을 인식하고 개혁을 추진하던 무렵이었다. 이때의 개혁은 안으로는 권문세족을 억압하고 밖으로는 그들의 배후세력인 원

---

1) 『廣州李氏世譜』 참조.
2) 『高麗史』 卷74, 選擧志2 國子監試.
3) 『牧隱文藁』 卷19, 雞林府尹諡文敬公安先生墓誌銘(『高麗名賢集』 3. 955쪽).
4) 『遁村遺稿』 卷1, 詩 寄寧州琴李兩生. "昔守天安日…"(『高麗名賢集』 4. 428쪽).
5) 『遁村遺稿』 卷1, 詩 贈鄭三峯. "鄭生應似我 無屋屢遷移"(위의 책. 435쪽).

을 축출하는 것이었다. 공민왕 5년에는 奇轍·盧頙·權謙 등 부원세력을 전격적으로 몰아내고, 정동행성이문소를 혁파하고, 동시에 군사를 일으켜 쌍성총관부의 舊土를 회복하였다. 또 諸軍의 萬戶·千戶·百戶牌를 몰수하고, 至正 연호사용을 정지하고, 원에 의해 강등 변모된 관제는 문종 때의 것으로 환원하였다. 이것은 자주권의 회복운동인 것이다.

대내적인 개혁은 忠勇衛의 설치와 政房을 혁파하였다. 위의 諸改革의 주도세력은 외척 洪彦博을 위시하여 공민왕이 入元宿衛할 때 시종한 사람들이었다. 그러므로 개혁 추진세력의 성격은 사회경제적인 면에 있어서는 제한적일 수밖에 없었다. 그 이유는 洪彦博은 외척으로서 고려 최고 귀족가문이며 이들은 또한 대토지소유자였기 때문이다.

그러므로 공민왕 5년 개혁은 외세에서 벗어났다는 점에서는 일단 성공이라 할 수 있지만 전반적으로 볼 때는 성공이라 할 수 없다. 또 공민왕 8년과 10년의 두 차례에 걸친 홍건적의 침입은 왕이 福州(안동)로 피난을 하게 되었고, 복주에서 개경으로 돌아오는 길에 홍왕사에서 왕을 시해하려고 한 홍왕사의 변이 일어났다. 이 사태를 수습한 것은 무장세력들이었다. 이들 중에서도 崔瑩이 권력의 핵심에 서게 되고 王은 거듭되는 위협으로부터 벗어나기 위해서는 軍功을 세운 무장들에게 대대적인 공신책봉이 이루어져 무장들의 정치권력은 더욱 더 강화되었고, 이때 권문세족들도 별다른 타격을 받지 않고 여전히 정치적 지위를 유지하였다. 이후부터 都評議使司의 권한이 강화될 뿐만 아니라 재상의 수도 많아져서 때로는 왕권을 제약할 정도까지 되었다.

이러한 상황에서 공민왕은 辛旽을 등용하여 강력한 개혁을 추진함으로써 왕권을 회복하고자 하였다. 공민왕은 신돈에게 守正履順

論道變理保世功臣・壁上三韓三重大匡・領都僉議使司事・判重
房監察司事・鷲城府院君・提調僧錄司事 兼判書雲觀事라는 특이
한 관직을 주어 개혁을 추진하게 하였다.

이때의 개혁 중에서 정치개혁으로는 첫째, 내재추제의 신설이다.
이는 권문세족이 중심이 된 도평의사사가 크게 확대된데 따른 왕
권의 약화를 만회해 줄 수 있는 기구였다. 둘째, 여러 가지 폐해를
끼치고 있는 외방의 산관들을 군사조직에 편성시키거나 赴京宿衛
게하여 그들을 통제케 하는 것이다. 셋째, 순자격제를 채용하여 관
인간의 능력차를 인정하지 않고 근무 연한에만 의거하여 승진시키
는 것이다.

사회경제적인 개혁으로는 田民辨整都監을 중심으로 이루어졌
다. 토지 탈점 등 사회경제적 모순은 이미 12세기부터 시작하여 무
신집권기와 원간섭기를 거치면서 점차 누적되어 왔던 것이다.

이에 원간섭기에도 여러 차례 개혁이 실시되었고, 또 공민왕대
에도 원년・5년・12년에 각각 개혁교서가 반포되었지만 사회경제
적 모순은 시정하지 못하였다. 그 이유는 추진세력이 갖는 한계성
때문이었다. 이때 추진세력들은 주로 국왕 측근세력이나 권문세족
들이었기 때문에 이들에 의해서 사회경제적 모순을 시정한다는 것
은 처음부터 기대 할 수 없는 일이었다.

신돈은 世臣大族이나 草野新進, 儒生 어느 누구에도 관여되지
않는 離勢獨立之人이기[6] 때문에 이전의 개혁정치와는 달리 실질
적인 성과를 거둘 수 있었던 것이다. 전민변정도감에서는 권문세
족이 탈점하고 있던 토지를 본래 주인에게 돌려주고 권문세족에
의해 노비가 된 자는 다시 양인으로 환원하였으므로 이때 사람들
은 신돈을 가리켜 聖人이라고 칭송도 하였다.[7] 이러한 개혁은 권

---

6)『高麗史』卷132, 列傳45 辛旽.

문세족의 경제적 기반을 와해시키는 것이었으므로 권문세족들은 맹렬하게 반대하였다.

이에 공민왕과 辛旽은 왕권을 뒷받침하고 개혁을 추진할 수 있는 정치세력을 필요로 하였다. 여기서 권문세족과 정치적 입장을 달리하는 세력으로는 신흥사족들이 있었다. 이들은 아직은 토지탈점의 사회경제적 폐단에는 개입하지 않고 있었기 때문에 개혁정치에 동조 할 수 있었다. 그러므로 신돈과 신흥사족들의 정치적 제휴가 가능하였으며 이를 통하여 신흥사족들은 정치적으로 성장할 수 있었던 것이다.

다음의 개혁으로는 국학인 성균관의 중영이다. 공민왕 16년(1367) 林樸의 건의로 崇文館 舊址에 성균관을 重營하여 학생 수를 늘리고 四書 五經齋를 분리하였다. 즉 성균관의 중영은 충렬왕 30년(1304)에 안향에 의해 국학 재건이 있은 후 공민왕대에 이르기까지 교육에 대한 국가적·사회적 관심이 등한시되고 파쟁만 거듭하여 국가 기반은 기저로부터 침식되어 갔다. 공민왕대에는 국제정세의 변동으로 새로운 기운이 조성되어 학교를 진흥시키고 따라서 과거제도를 개혁하여 많은 신흥사족들을 등용하고자 하였다.

이는 권문세족을 제어하고 왕권을 강화하려는 생각이었다. 이렇게 등용된 이들은 성균관에서 학관으로서 經學을 가르치고 이를 배운 학생들은 또 과거시험에도 합격하여 좌주·문생관계로 결속하여 공민왕대에는 상당한 세력으로 성장하였으며 이 성균관을 중심으로 성리학도 크게 성하게 되었기 때문에 신돈도 ‘文宣王天下 萬世之師也’라 하였다. 이는 상당한 세력으로 성장해있는 신흥사족들을 보다 적극적인 자기의 지지세력으로 끌어들이려는 의도가 있지 않았을까 한다.

---

7) 『高麗史節要』 卷28, 恭愍王 15年 5月.

이들 신흥사족들은 아직은 하나의 독자적인 정치세력으로 형성
되어 있지 못하였지만 상당한 잠재능력을 가진 주목되는 사람들로
서 공민왕이 신돈을 전위로 삼아 개혁을 착수할 때 이를 지지하고
이끄는 입장에 섰던 것이다. 신돈집권기에 허다한 모순은 지니고
있었지만 이들은 견실한 정치세력으로 성장하였다.[8]

신돈의 집권 후 신흥사족들이 그를 발판으로 성장하였지만, 李
集은 신돈에 대한 감정은 좋지 않았다. 그것은 좌주인 李公遂가 신
돈의 집권 후 면직당하고,[9] 또 그 이듬해 동년인 鄭習仁이 知榮州
事로 있을 때 榮州에 無信이란 자가 佛塔을 헐고 그 벽돌로 賓館
을 수리한 일이 있었다. 신돈이 이를 듣고 鄭習仁을 雞林獄에 가
두었다가 다시 개성의 典法獄으로 옮겨 죽음에 이르게 하려다가
주위의 구원으로 庶人으로 폐하였다.[10] 李集은 좌주인 李公遂의
불행과 동년 鄭習仁의 화를 목격하고 公憤하고 있었던 차에 신돈
은 점차 야심과 사욕이 많아져서 독자적인 세력기반을 구축하면서
군소배들을 결집시켰다.

이에 李集은 신돈을 논박하고 나라의 장래를 한탄하였다. 공민
왕 17년에 신돈의 문객중 李集과 동향인 蔡判書란 자가 이 사실을
신돈에게 고자질하자 닥쳐 올 화를 우려하여 微服으로 부친을 업
고 처자를 데리고 낮에는 산속에 숨고 밤에는 길을 걸어 비바람과
굶주림 등 온갖 고생에 시달리면서 동년 사간 崔元道가 있는 멀고
먼 경상도 영천까지 갔다. 이 집은 그곳에서 신돈이 주살될 때까지
4년 간 온갖 고초를 겪으면서 피난생활을 하였던 것이다. 피난 1년
만인 공민왕 18년에 그의 老父가 세상을 떠나자 崔元道는 자신의

---

 8) 민현구, 1980,「辛旽의 執權과 그 政治的 性格(上)」『歷史學報』38.
 9)『高麗史節要』卷28, 恭愍王 15年 6月.
10)『高麗史』卷112, 列傳25 鄭習仁.

땅인 永川郡 蘿峴에 안장케 하였다.[11]

이때 崔元道는 다음과 같은 詩「贈遁村」을 지어 李集을 위로하였다. 즉,

慷慨傷時淚滿襟　　流離孝墾達幽陰

漢上沼遞雲煙阻　　蘿峴盤回草樹深

天占後先雙馬鬣　　誰知君我兩人心

願言世世長如此　　須使交情利斷金

강개하게 시국을 한탄하여 눈물로 옷깃 적시고, 정처없는 나그네의 효성은 幽陰에까지 사무쳤네.
漢上은 멀고 멀어 雲煙속에 아득한데 蘿峴은 굽이 돌아 초목과 풀로 묻혔네.
앞뒤의 두 馬鬣(묘소)은 하늘이 선택해 준 것인데 그대와 나 두 사람의 마음을 그 누가 알 것인가.
바라노니 대대로 이와 같이 하여 모름지기 우정의 예리함이 쇠라도 끊게 하자.[12]

이 詩의 내용을 보아서 李集과 崔元道 사이의 두터운 우정과 또한 李集의 지극한 효성을 알 수 있으며, 이로서 그가 성리학에서 가장 중요시하는 孝의 실천자임을 알 수 있다.

공민왕 20년(1371)에 그가 45세 때에 신돈이 축출되자 이집은 개성 龍首山 아래 玄化里 옛집으로 돌아와서 새로운 삶을 얻었다는 뜻에서 이름을 바꾸고자 하였다. 즉 李崇仁이 쓴「送李浩然赴合浦幕序」에서 李集이 말한 것을 옮겨 보면 다음과 같다. 즉,

내가 오늘 서울에 돌아와서 여러 친구와 더불어 모이게 되니 어렴풋이 꿈에서 깨어난 것 같고 죽었다가 살아난 것 같다. 참으로 내 몸

---

11)『遁村遺稿』卷4, 附錄 墓碣文(『高麗名賢集』4, 467쪽).
12)『遁村遺稿』卷3, 附錄 贈遁村(위의 책, 460쪽).

이 다시 태어난 것만 같다. 몸이란 이름이 붙어 깃들어 있는 곳이니 지금 재생한 마당에 이름만 유독 옛것을 지켜야 하는고 내 이름이 元齡이었는데 지금은 集으로 고치고 자는 浩然이라 하였다.[13]

이름과 자를 고친 것은 사경에서 몸이 재생하였으니 몸에 붙어 있는 이름과 자도 다시 지어야 한다는 뜻에서 그렇게 하였다는 것이다.

또 李集이 고친 이름과 자는 孟子의 말에 근거를 둔 것이며, 그것은 그가 맹자에서 '味而樂之'한 학자임을 알 수 있을 뿐만 아니라 당시 孟子書의 연구가 상당히 이루어지고 있음도 알 수 있다. 또 호를 고친 이유를 말한 것은 李穡이 쓴 「遁村記」에 있다. 즉,

　　내가 이미 이름과 자를 모두 고쳤으니 이것은 내가 처음부터 다시 시작하려는 것이다. 그러나 遁이 나에게 德이 되게 한 것을 장차 내 몸을 마치기까지 잊을 수가 없다. 그런 까닭에 내가 사는 곳을 遁村이라고 했는데 이는 遁을 德이라고 생각한 까닭이며 또한 위험한데서 빠져 나왔어도 위험한 것을 잊지 않으려는 뜻에 붙여서 스스로 권면하고자 하는 것이다. 대개 遁이란 것은 知言중의 하나이나 뜻은 거기에서 취한 것이다.[14]

라고 하였는데, 위의 문장은 이색이 쓴 「遁村記」의 일부인데 李集이 말한 내용이다. 이 내용으로 보아 어려운 4년 간의 도피생활에서도 낙심하거나 원망하기보다는 오히려 爲己之學에 매진하여 자아성찰에 더욱 치중하였음을 알 수 있다. 그의 강개하고도 도덕을 겸비한 군자의 성품이 잘 나타내고 있다.

---

13) 『陶隱文集』卷4, 送李浩然赴合浦幕序. "吾今日得以入京都 與諸友會 怳若旣夢而覺 旣死而蘇實吾身之再初也 身者名所寄也 而今再初矣 名獨可以仍舊乎 吾名元齡 今改以集字浩然"(위의 책, 408쪽).
14) 『牧隱文藁』卷1, 遁村記(『高麗名賢集』3, 803쪽).

李集은 공민왕 23년 48세 때에 경상도순문사 田祿生을 따라 合浦에 출진하였으며,[15] 그후 奉順大夫判典校寺事에 제수되었다.[16] 典校寺는 經籍·祝文·上疏文 등에 관한 사무를 맡아보는 곳이며 판사는 正3品 관직이다. 그러나 곧 사직하여 여주 川寧縣으로 물러나 독서로 세월을 보냈다. 이렇게 은둔생활을 하게 된 원인은 공민왕이 피살되자 정국의 혼란을 예상하여 관료생활에도 혐오감을 느껴 은둔생활을 한 것이 아닌가 한다.

또 다음 시 「杏村書事」는 고려 말의 시대적 모순을 우회적으로 표현한 것이다.

宦路崢嶸幾太行　　　眼看車轂易催傷
靑山白水柴門逈　　　明月淸風野服凉
彌勒坪頭念尊佛　　　觀音浦上問漁郞
無人共說村中事　　　獨把閑愁倚夕陽

벼슬길 높고 험함은 太行山과 비슷하니, 수레바퀴 쉬이 꺾여 상하는 것 이 눈으로 보았다오.
푸른 산 하얀 물가에 사립문은 그윽하고 밝은 달 맑은 바람에 野服은 서늘하다.
彌勒坪 머리에서 부처님 생각하고 觀音浦 위에서 어부를 찾는구나.
마을 안 사정 함께 얘기 할 사람 없어 홀로 쓸쓸히 시름을 안고 夕陽에 기대섰노라.[17]

당시의 정국은 공민왕이 살해되고 우왕이 즉위 한 후 외교정책의 변화가 나타났다. 지금까지는 친명정책에서 권력을 잡은 李仁任이 北元에서 사신이 오자 그들을 영접하려고 하니 李崇仁·金九容·鄭道傳·權近 등은 상소하여 北元의 사신영접을 극력 반대하였다.

---

15) 『陶隱文集』 卷4, 序 送李浩然赴合浦幕序(『高麗名賢集』 4, 408쪽).
16) 『遁村遺稿』 卷4, 附錄 師友淵源錄(위의 책, 466쪽).
17) 『遁村遺稿』 卷1, 詩 杏村書事(위의 책, 440쪽).

그럼에도 불구하고 慶復興·李仁任 등은 상소를 받아들이지 않고 鄭道傳을 北元 사신 영접사로 임명하였으나, 그는 '我當斬使首而來 不爾則縛送于明'이라고 하면서 거절하자 이에 노한 경복흥과 이인임은 그를 會津으로 유배시켰다. 또 성균관 대사성 鄭夢周도 상소하여 우왕에게 北元 사신 영접을 물리칠 것을 청하였고 朴尙衷도 같은 뜻을 상소하였고 李詹·全伯英도 상소하였다. 이때 李集은 관직을 버리고 은둔하였지만 그의 동료 친구, 특히 그와 절친하였던 鄭夢周·李崇仁·金九容·田祿生·朴尙衷·鄭道傳 등은 모두 귀양가고 田祿生·朴尙衷은 귀양 도중 길에서 죽었다.[18)]

그리하여 李集은 그의 詩에서 "수레바퀴가 쉽게 꺾여 상하게 된다"는 표현을 함으로서 부당한 현실의 정황을 깊이 인식하여 더욱 더 현실에 염증을 느끼고 외면하였던 것 같다. 당시 신흥사족들의 진보적인 현실대응 자세를 권문세족들은 수용하려는 의지가 없었으므로 이상과 부조리한 현실사이에서 겪는 갈등은 극복하기가 어려웠다. 정계에서 한 걸음 물러선 李集은 이 화에서 벗어날 수 있었겠지만 그에게 있어 현실은 이상 실현을 위한 장이었다.

그러나 이와 같은 현실이 그 의미를 상실하고 손상되어 무질서한 곳으로 인식되었던 것이다. 그래서 혼탁하고 부정한 현실에서 벗어나고자 은둔생활을 한 것이 아닌가 한다. 그리하여 그는 공명이나 부귀가 부질없음을 그의 詩에서 말하고 있다. 그가 52세에 지은 詩「次牧隱 見寄詩韻」6首중에서 4, 5, 6째 수를 보면,

(4째수)

世間富貴等雲浮 　　寄傲閒居穩送秋
午睡覺來聞剝啄 　　滿山黃葉下書樓

---

18)『高麗史節要』卷29, 禑王 元年 7月.

世間의 부귀는 뜬구름 같은 것   閒居에 오정을 부치며 가을을 보내노라.
낮잠에서 깨어보니 剝啄소리 들리는 듯 만산홍엽이 書樓에 떨어지는 소리였구나

(5째수)

十年旅食帝王州　　　桂玉艱難賦百憂
莫道海山無去路　　　從今辟穀學留侯

십 년 세월 帝王州 객식을 하다 桂玉의 모진 고생으로 온갖 근심 겪었네.
바다이건 산이건 갈길 없다 말을 마오. 지금부텀 辟穀하고 留侯나 배우리.

(6째수)

淵明歸去絶交遊　　　生事蕭條地轉幽
紅葉蒼苔尋古寺　　　淸風明月弄漁舟

陶淵明처럼 돌아와서 교유를 끊고 보니, 사는 모양 쓸쓸하지만 地境은 더욱 그윽하네.
紅葉蒼苔의 옛 절도 찾아보고 청풍 명월에 고깃배도 저어보네.[19]

또 다른 詩「次陶隱詩韻」3首를 보면

頭上駸駸歲月奔　　　老來唯解睡昏昏
吾衰不合人間世　　　要與龐公入鹿門

日涉中園 獨詠詩　　　寂寥門巷鎖蛛絲
鼓琴莫謂知音少　　　千載那無一子期

遊宦神州心已灰　　　矛簷會向碧江開
旅牕風雨重陽過　　　三復一篇歸去來

---

19)『遁村遺稿』卷2, 詩 次牧隱見寄詩韻(위의 책, 435쪽).

머리 위엔 빨리도 세월이 흘러가는데 老來에는 잠만이 혼혼할
뿐이로다.
노쇠한 나는 인간 세상에 맞지 않으니 아무래도 龐公따라 鹿門
山에나 가야겠네.

날마다 뒤뜰 거닐며 외로이 詩만 읊으니, 적막한 門巷은 거미줄
로 엉켜있네.
거문고 타면서 知音없다 말하지 말라, 千載후엔 어찌 한 사람의
子期야 없으랴

神州에 벼슬살이 마음은 이미 식어, 碧江 향하여 일찍이 띠집을
지었다네.
旅憁의 비바람에 중양절 지나가니, 한편의 귀거래사 세번 겹쳐
외우네.[20]

　　이 詩에서 李集 자신은 당시 시대 상황과 맞지 않으니 초야에
묻혀 살아가지만 책과 이야기하고 또 친우와 詩·文을 주고 받으
면서 삶의 진실한 道를 구하고자 하였다. 陶淵明처럼 전원에서 窮
耕樂天하는 소박한 삶은 추구하고자 한 것이다.
　　이러한 사실은 이색이 이집의 전원생활에 대해 언급한 시 「李浩
然將歸舊居僕欲從之發爲長歌」에서 구체적으로 확인할 수 있다.

浩然志雄才又雄	老矣始知時不容
携持婦兒長固窮	高談睥睨諸鉅公
春風吹來土脉融	又欲歸田尋老農
自幸虛職籍不通	笑彼棧豆麋追風
靑山丹丹雲淡濃	驪江之水何溶溶
江邊野僧詩語工	示有諸過心則空
芒鞋竹杖日相從	逃禪引滿琉璃鍾
老牧邁來廢前功	黑白中間探舊蹤
甚矣衰也病在躬	自有豪傑扶儒宗

---

20) 『遁村遺稿』 卷1, 詩 次陶隱詩韻(위의 책, 436쪽).

<table>
<tr><td>風從虎兮雲從龍</td><td>魚躍鳶飛開辟雝</td></tr>
<tr><td>斯文萬世耀天東</td><td>我身去就鴻毛同</td></tr>
<tr><td>毛輶有倫我在有無中</td><td>殘生哀哉如蟪蠓</td></tr>
<tr><td>浩然往矣修釣筒</td><td>我行亦趁桃花紅</td></tr>
</table>

浩然은 뜻도 높고 재능도 뛰어났는데 늙어서야 비로소 시세에 용납되지 못함을 알았지.

妻子를 거느리고 길이 固窮하며서 高談으로 모든 鉅公 흘겨 보았네.

봄바람 솔솔 불어 土脉이 풀어지니 또 다시 시골로 돌아가 老農을 찾겠다네.

허직에 通籍 못됨을 되레 다행으로 여기고 棧豆에 얽매여 時流에 추종함을 비웃는다.

靑山은 둥실둥실 구름은 엷고 짙고 하는데 驪江물은 어찌 저리도 출렁이는지.

강가에 野僧은 詩語에 工程이 있어 많은 허물 있지만 마음은 비어 있음을 보이네.

竹杖芒鞋로 날마다 상종하며 유리잔에 넘치도록 마시며 逃禪하겠지.

老牧은 요즘와서 前功은 그만두고 黑白의 중간에서 옛 자취를 더듬는다네.

너무도 쇠하여 몸에는 병뿐인데, 호걸있어 儒宗을 부식케 되겠지.

바람은 범을 따르고 구름은 용을 따르기 마련이니 물고기 뛰놀듯 솔개 날듯 辟雝을 열지.

斯文은 만세토록 동국에 빛나리니 이 몸의 거취쯤이야 鴻毛와 같도다

깃털은 그래도 有倫하지만 나는 있는 둥 마는 둥 하니 애달픈 남은 生이여 하루살이 신세로다.

浩然은 돌아가 낚시 통이나 손보아 두게나 이 사람도 복사꽃 붉기 전에 따라 가겠네.[21]

위의 詩에서 이색도 이집의 전원생활이 곤궁한데도 오히려 그는

---

21) 『牧隱詩藁』 卷31, 詩 李浩然將歸舊居僕欲從之發爲長歌(『高麗名賢集』 3, 730쪽).

청아한 자세를 잃지 않은 채 시류에 편승하는 사람들을 백안으로
바라보며 안빈낙도하며 살아가는 것은 그의 고결한 성품에서 비롯
되었다고 하였다. 다시 말하면 세상에서의 지나친 물욕을 끊고 초
야에 은둔하여 세상을 관조적으로 바라 볼 수 있는 삶이 가치 있는
삶이라 할 수 있다.

다음 詩「城南村舍書懷」4首 중에서 3, 4째首를 보면,

田家豈云樂	來往爲營生
茅屋山前白	松燈雨外明
漁樵相解笑	僮僕亦歡迎
老婢勸饘粥	可憐丘壑情
病裏逢佳節	將誰上翠微
秋醪新氣味	霜菊晚光輝
解印陶明府	携壺杜紫薇
古人惜此日	不醉欲何歸

시골살이 뭐가 즐겁다하리 오가는 건 모두 營生때문이지.
띳집은 산 앞에 희고 간솔 불 빗속에서 밝네.
어부와 초부들과 환하게 웃고 僮僕들도 기쁘게 맞아 주누나.
계집종이 죽을 권하는데 丘壑의 정경이 정다웁구나.

病중에 佳節을 맞으니 누구와 함께 산에 오를가.
햅쌀 술은 새 입맛 돋구고 국화는 늦게야 빛을 내누나.
도연명은 印綬를 풀었고 두보는 술병을 차고 다녔지.
옛사람들은 이 날을 아까워 했는데 취하지 않고 어찌하겠는가.[22]

이 詩에서는 현실에 대한 미련이나 동경은 찾아 볼 수 없고, 漁
夫와 樵夫, 僮僕과 같은 이웃들과 정을 나누면서 사는 모습이 안온
하고 여유스럽다. 즉 자연을 통하여 삶의 의미를 찾으려 한 것이고
그의 안빈낙도의 사상을 다시 엿 볼 수 있다.

---

22)『遁村遺稿』卷1, 城南村舍書懷 4首(『高麗名賢集』4, 439쪽).

李集은 자연으로 돌아가 자연을 벗삼아 책 읽고 詩를 지으며 고려왕조의 앞날을 걱정 근심하다가 우왕 13년(1387)에 川寧에서 그의 나이 61세로 생을 마쳤다.

李集의 슬하에 3남 1녀를 두었는데, 장남 之直은 우왕 6년에 문과급제하여 校理를 거쳐 관동·관서 등지의 안찰사를 역임하였다. 경진년(조선 정종 2년) 昭悼의 變때 寶文閣直提學으로 極諫하다가 화를 당하게 되었으나 태종의 강경한 저지로 화를 면하고 廣州의 炭川에 은거하였다. 그래서 당시 사림들은 炭川先生으로 불렀으며, 세종이 즉위한 후 형조 참의에 임명되었으나 부임하기 전에 죽었다. 뒤에 淸白吏로 추봉되었다. 슬하에는 3남 4녀를 두었다.

2男 之剛은 우왕 8년에 문과급제하여 조선조에 들어와서 禮曹參議·戶曹判書·議政府左參贊兼知經筵成均館事·藝文館提學을 지냈고 시호는 文肅이다. 슬하에는 1남 1녀를 두었다.

3남 之柔는 공양왕 원년에 문과급제하였다. 경진년(조선 정종 2년)의 昭悼의 變때 사간으로서 극간하다가 貶黜되어 성주목사로 임명되었으나 그 후 오래지 않아 죽었다. 슬하에 4남 1녀를 두었다.

李集의 사위는 劉敞이다. 그는 공민왕 20년에 문과급제하여 成均館司藝·戶曹議郎을 역임하였다. 조선조에 와서는 藝文館大提學을 거쳐 영의정이 되고 玉川府院君으로 봉해지고 시호는 文僖이다.

李集의 사상과 지절은 조선시대에 와서도 그대로 이어져 성종조에 의정부 좌찬성에 贈職되었으며, 현종 10년에는 廣州 嚴寺江邊에 龜巖書院을 세우고, 숙종 23년에는 사액서원으로 승격되었다.

지금까지 李集의 가계와 생애를 살펴보았다. 李集은 자신의 학문적 실력을 바탕으로 과거에 급제하여 관직에 나아갔지만

신돈의 출현으로 관직생활은 얼마하지 못하고 숨어 지내다가 신돈이 주륙된 후 개성으로 돌아왔지만 얼마 있지 않고 곧 자신의 연

고지인 남한강변 川寧으로 낙향하였다. 그러나 완전히 세상과 인연을 끊은 것이 아니라 당시 성리학자들과 교류도 하고 또 그들과 함께 세상일을 이야기하면서 살았던 것이다. 그의 은둔자로서 전원생활은 아마도 중소지주정도의 물질적 토대를 지니고 있었던 것으로 보인다. 그의 관직생활이 오래지 않아 부를 축적한 것 같지는 않지만 그가 전원생활을 할 수 있었던 것은 그의 부친 唐이 중소지주로서의 부를 가지고 있었기 때문이 아니었을까 한다. 그것은 가을이 되면 新米를 친우들에게 보낸 것으로도 알 수 있다.

그러나 그의 생활태도는 신흥사족다운 청빈함은 견지한 것 같다. 요컨대 李集은 고려후기의 전형적인 신흥사족이었던 것이다. 조선조에 들어와서는 그 후손들은 명성을 크게 떨쳐 여타의 신흥사족 가문과 같았음은 물론이다.

Ⅱ. 學問과 思想

李集이 문과에 급제한 것은 29세인 공민왕 4년(1355)에 지공거 李公遂, 동지공거 安輔에 의해서였다.[23] 문과급제를 계기로 李集은 李公遂와 安輔와 좌주·문생관계를 맺게 되니 학문적으로나 인간적으로 이 두 사람의 영향을 많이 받게 되었으며, 또 두 좌주도 여러 문생 가운데서 李集을 가장 사랑하고 소중히 여겼던 문생이었던 것 같다.[24]

---

23) 『高麗史』卷73, 選擧志1 恭愍王 4年 2月 및 『牧隱文藁』卷19 雞林府尹諡文敬公安先生墓誌銘(『高麗名賢集』 3, 955쪽).

李集은 좌주인 李公遂와 安輔에 관해서 살펴보면, 李公遂(충렬왕 34년~공민왕 15년)는 문장과 도의는 한 시대의 사표로써 일찍 문과에 급제하여 벼슬이 찬성사를 거쳐 領都僉義에 이르렀고, 推忠守義同德贊化功臣號를 받고 益山府院君에 봉해지고 시호는 文忠이다.[25]

安輔(충렬왕 28년~공민왕 6년)는 安珦의 친족이며 安軸의 弟로서 19세에 문과에 급제하고 원의 制科에도 급제하여 政堂文學에 이르렀고, 元에서는 遼陽行中書省照磨廉承發架閣庫를 지냈으며 李穀(李穡의 父)과는 동년으로 가장 친숙하게 지냈고, 성품은 剛直廉潔하였으며 문장은 去華取實하여 사리를 통달하였고 시호는 文敬이다.[26]

이와 같이 이들은 당대의 유명한 성리학자들로서 존경의 대상이었다. 그러므로 李集도 이들로부터 학문적·사상적인 교육을 받았기 때문에 고려 말의 성리학자들로부터 신뢰를 받아 교류가 이루어져서 학덕을 쌓는데 매진하였다. 그 중에서 李穡·鄭夢周·李崇仁·金九容·鄭道傳·朴宜中 등과 또한 元天錫·許衡·吉再·李養中·金子粹·徐甄 등과도 교류관계가 있었던 것이다.

먼저 李穡과의 관계를 살펴보면 이색은 이집보다 나이는 한살 적었으나, 문과급제는 2년이 빠른 공민왕 2년이었다. 이들은 문과급제 시기가 비슷하고 李穡의 좌주는 李齊賢이며, 李齊賢은 또 安輔의 좌주였기 때문에 李集에 있어서는 좌주의 좌주였다. 또 安輔와 李穡의 父 李穀은 가장 절친한 친우관계였기 때문에 李集과 李

---

24) 『陶隱文集』 卷4, 李浩然赴合浦幕序. "李文忠公安文敬公道德文章師表一世 而知人之明求士 之急 雖古人莫及是以豪俊多出其門焉 兩公所愛重者 廣李君有尤也"(『高麗名賢集』 4, 408쪽).

25) 『高麗史』 卷112, 列傳25 李公遂.

26) 『高麗史』 卷109, 列傳22 安軸附 安輔.

穡의 교류는 각별한 것이었고 학문적으로도 매우 돈독하였다는 것은 왕래 詩·文이 50여편이라는 것으로도 알 수 있다.

그 중에서 李穡이 李集의 인품과 학문 그리고 우의를 읊은 詩 「李浩然携子翰林以酒食來入夜而歸吟成」 1首를 보면,

浩然豪氣簁儒林　　蹭蹬風塵直至今
只有斯文恩義在　　每談迎日淚沾襟
論交我又非他此　　得句誰能輿子吟
牛酒特過情更重　　携來況復是千金

浩然의 호방한 氣簁 儒林을 뒤덮더니 험난한 풍진세상 지금에 이르렀네.
오직 斯文이 있어 은의를 간직하였네 매양 앞날을 말하며 옷깃을 적혔네.
교분으로 말하자면 다른 이에 비할 바 아니지만 시구를 짓는데는 누가 능히 그대와 같이 읊을까.
牛酒로 찾아주신 정 더 없이 두터운데 더구나 천금같은 아들까지 데리고 옴이랴.27)

이 詩만 보더라도 이색과 이집의 관계를 능히 짐작할 수 있으며 아울러 우의도 돈독하였음을 알 수 있고, 또한 이집이 당시 성리학자들과 학문적 토론을 많이 하였음을 알 수 있다.

李集이 이색에게 준 詩 「寄呈牧隱」 3首를 보면,

林亭深處日相過　　扶杖看山至日斜
別後鬢絲添幾許　　江頭二見菊開花

投老江村孰輿偕　　吟風詠月是生涯
只應牧老知蕭索　　數寄新詩慰病懷

---

27) 『牧隱詩藁』 卷33, 詩 李浩然携子翰林以酒食來入夜而歸吟成一首(『高麗名賢集』 3, 760쪽).

世事那堪病耳聞　　　雲翻雨覆日紛紜
眼前白鳥蒼波闊　　　欲理扁舟更憶君

林亭의 깊숙한 곳 날마다 찾아가서 막대 집고 산을 보노라면 해
가 기울곤 했네.
이별 뒤로 센 鬢毛 얼마나 늙었는지 江頭에서 국화 꽃피는 것 두
번째 보았네.

江村에서 老境을 보내자니 뉘와 지내는가 吟風詠月이 바로 생애
이로다.
牧老만은 이 쓸쓸함을 알았음인지 新詩도 자주 부쳐 병든 마음
위로해 주네.

病中에 듣는 世事 어찌 감당하겠는가 구름 번득이고 비 쏟아지
듯 날로 시끄럽구려.
눈앞에 흰 물새 푸른 파도 넓다란데 조각배 저어가자니 그대 생
각 다시 나네.[28]

　이집은 이색이 자주 詩를 지어 부쳐주니 어지러운 세상의 일을
알 수 있어 그 고마움과 또 이색을 그리워하는 간절한 마음을 읊은
것이다.
　다음 圃隱 鄭夢周와의 관계를 보면, 정몽주는 이집보다 나이는
10세가 적었고 문과급제는 5년이 늦은 공민왕 9년이었다. 그러나
두 사람의 우의는 매우 돈독하여 『圃隱文集』에 실려 있는 「答遁
村書」를 보면,

　　칠월 스무하룻날 문득 佳章을 받들었습니다. 두번 세번 읽는 동안
　物外에 超然한 사람은 그 하는 말씀도 灑然하여 속인들의 미칠 바가
　아니란 것을 알았습니다. 驪江은 나의 좋아한 바요. 先生 역시 아시는
　바이지만 先生께서 나보다 먼저 着鞭하실 줄은 몰랐습니다. … 川寧
　에 들려 하룻밤 묵으며 이야기를 나누게 될 것입니다. 해마다 보내주

---

28) 『遁村遺稿』 卷1, 詩 寄呈牧隱三首(『高麗名賢集』 4, 429쪽).

신 햅쌀은 참으로 고맙습니다.29)

李集이 세속을 초월하여 고결한 경지에 자적함을 치하하고 뒤이어 그의 처소인 川寧에 들려 밤새워 이야기 할 것을 기약하며 해마다 보내주는 햅쌀을 매우 고맙다고 말하고 있다. 이것으로 두 사람의 돈독한 우의는 입증하고도 남음이 있다. 정몽주가 이집이 살고 있는 川寧을 찾은 것은 한 두 번이 아니었던 것 같으며, 또 이집이 매년 햅쌀이 날 때 잊지 않고 보낸 것은 정몽주에게만이 아니라 이색에게도 보낸 것 같다. 이색이 햅쌀을 보내준 것에 대해 사례하는 詩가 있다.30)

그러나 정몽주와 이집의 관계는 三隱 중에서도 우의가 가장 두터웠다는 것은 왕래 詩·文이 제일 많은 60여 편이라는 사실에서 알 수 있다. 이집이 세상을 떠나자 정몽주는 詩「哭李浩然」을 지어 애도하였다.

> 屈指論交三十年　　　　清談幾度共燈前
> 白頭失此知心友　　　　誰謂無從涕泫然

세어보니 論交한지 30년인데 몇 번을 清談으로 등잔 앞에 마주했던가.
白頭에 이 마음 통한 벗을 잃었는데 그 누가 無從의 눈물을 흘렸다 이르리.31)

---

29) 『圃隱文集』 卷3, 雜著 答遁村書. "七月二十一日忽奉佳章讀之 再三乃知 超然於物外者 其出語 亦能灑然 非俗人之所可及也 驪江吾所樂也 亦先生之所知 不圖先生之先吾著鞭也 … 川寧當作一夜話也 歲受新米之惠 敢不銘感"(『高麗名賢集』 4, 263쪽).

30) 『牧隱詩藁』 卷25, 詩 謝遁村送新米. "漢江江上又秋風 高臥黃雲靄靄中 玉粒分來問何意 祇應 惱殺未歸翁"(위의 책, 622쪽).

31) 『圃隱文集』 卷2, 詩 哭李浩然(위의 책, 255쪽).

이 詩는 이집이 세상을 떠나자 정몽주가 30년의 우의를 회고하면서 하염없이 눈물을 흘렸다는 것이다.

이집이 鄭夢周에게 준 詩「次呈圃隱」을 보면,

白頭失此知心友　　誰謂無從涕泫然
奉使能專對　　　　還家亦好音
世塗相得喪　　　　天日伴晴陰
園圃有眞趣　　　　憂來快活吟

책에 탐익하여 성역을 窮究했고, 射策은 儒林을 진동했도다.
使命을 받들고는 專對를 하였고, 돌아와서는 좋은 소식도 전하였지.
世塗는 항상 得喪이 있는 법, 天日 또한 晴陰이 있도다.
園圃를 다스림에 진취가 있나니, 시름이 일 때면 시원스럽게 詩를 읊어 보게나.[32]

이 詩는 이집이 정몽주의 성리학적 소양을 찬양한 詩이다. 정몽주는 성리학의 道統을 이어오고 사류들을 모아 강론하고 전도하였다. 그리하여 이색은 정몽주의 이론은 어떠한 문제에 대한 논란에 있어서도 이치에 맞지 않음이 없기 때문에 그를 東方理學의 祖라고 하였다. 이 말은 후대사람이 한 것이 아니라 당대 그것도 大儒인 이색이 말한 것으로 그가 얼마나 성리학에 대한 지식이 깊었음을 이집도 잘 알아 위의 詩를 지었던 것이다.

다음 李崇仁과의 관계를 살펴보면, 이숭인은 이집보다 나이는 22세가 적으나 문과급제는 7년밖에 늦지 않은 공민왕 11년이다. 이집과의 교류는『陶隱文集』에 실려 있는「送李浩然赴合浦幕序」에 보면 자세히 알 수 있다. 즉,

---

32)『遁村遺稿』卷1, 詩 次呈圃隱 3首(위의 책, 434쪽).

내 李君의 이름을 들음이 제법 오래 되었으나 한번도 만나서 정답
게 이야기 해 보지 못했다. 내가 벼슬길에 나아가 서울에 오자 牧隱
李先生의 門下에서 배움에 하루는 선생을 뵈려고 찾아온 손님이 있
어 용모가 번듯하고 기색과 언사가 놀라웁고 선생님이 禮로써 접대하
므로 내 이를 기이하게 여겨 좌우에 물어 보았더니 이가 바로 廣州
李君이었다. 이로부터 우리 두 사람은 대개 서로 떨어져 있지 않고 날
마다 강습과 討論으로 일을 삼았다. 혹 인물을 評하다가 기개 높은 高
世의 선비를 얻게 되면 이마에 손을 얹고 탄복했으며, 옹졸하고 진부
한 者에 대해서는 침을 뱉으며 꾸짖기를 그만 두지 아니하였으니 대
개 우뚝히 節義로써 자처한 것이로다.33)

라고 하였다.

이집과 이숭인의 사이는 일찍부터 잘 알지 못하다가 이숭인이
벼슬하기 시작하여 이색의 문하에서 이집을 처음 만났으며 서로
알게 된 후에는 단 하루라도 떨어지지 않을 정도로 가까이 지내면
서 강습과 토론에 열중하였다는 것이다. 또 이집은 용모가 번듯하
고 기개가 있고, 언어는 경색하여 보는 사람으로 하여금 숙연케 하
였으며 성품이 강개하여 인물을 논평할 때 활달한 선비를 발견하
면 이마에 손을 얹고 탄복하였고, 옹졸하고 진부한 자를 발견하면
침을 뱉고 꾸짖기를 마지 않았다는 것이다.

이것을 볼 때 이집은 학문을 할 때 있어서 나이는 문제삼지 않았
던 것 같다. 그것은 李集이 이숭인보다 22세가 연상인데도 함께 강
습과 토론에 열중하였다는 것을 보면 알 수 있다. 이때의 강습과
토론은 성리학에 관한 것도 있었을 것이다. 또 두 사람의 문집을
보면 왕래 詩·文이 약 40여 편이 된다.

---

33) 『陶隱文集』 卷4, 送李浩然赴合浦幕序. "予聞李君名頗久 未得一接殷勤
之懽 及予筮仕來京都 游牧隱先生之門 一日客有謁先生者 容貌充滿無
歉餒色 出辭氣警策先生禮貌之 余奇之 訪之左右 則廣李君也 自是予二
人者 率不相離 日以講習討論爲事 或至可否人物 得個儻高世士 手加額
歎賞 其罷驚腐爛者 唾罵不能休 盖落落以節義自許"(위의 책, 408쪽).

그 중에서 李集이 李崇仁에게 보낸 詩「復用前韻呈諸君子」를
보면,

暮年京國識陶翁　　　文彩風流翰墨中
却臥遁村心有愧　　　詩壇酒席每相同

늙으막에 서울에서 陶翁을 알았는데 우아한 문채 풍류 한묵을
두루 갖추었지.
물러나 遁村에 사는게 부끄럽지만 시단이건 주석이건 늘 함께
하였다오.34)

이집은 은퇴생활을 하면서 文彩·風流·翰墨을 두루 갖춘 이숭
인을 부러워 하는 것 같다. 이숭인도 이집을 그리워 한 詩「李浩然
送唐詩以詩答之」가 있다.

漢山南望路透迤　　　有底花時久別離
二月已過三月盡　　　苦吟多是憶君詩

漢山을 남으로 바라보니 길은 꾸불꾸불 어떻게 꽃시절에 오래
헤어질 수 있단 말인가.
이월은 벌써 가고 삼월도 다 되었는데 괴로운 吟詠에 그대 그린
詩 많다오.35)

이렇듯 이숭인은 멀리 여주의 둔촌을 바라보며 그를 그리워 하면
서 지은 것이다. 이것으로 보아 이집과 이숭인의 두터운 우의를 알
수 있다. 또 이숭인은 이집이 세상을 떠나자 다음과 같은 詩「哭遁
村」을 읊어 슬퍼하였다.

---

34)『遁村遺稿』卷2, 詩 復用前韻呈諸君子(위의 책, 445쪽).
35)『陶隱文集』卷3, 詩 李浩然唐詩以詩答之 2首(위의 책, 399쪽).

屈指誰知我　　　　傷心欲問天
若齋會萬里　　　　遁老又重泉
慷慨驚人語　　　　清新絶俗篇
卽今俱已矣　　　　嗚得不潸然

손꼽아 헤어 보니 나를 아는 이 그 누구인가 아픈 마음 하늘에 묻고 싶네.
傷若齋는 일찍이 萬里를 떠나버리고 遁村 또한 황천에 가셨던가.
강개한 말씀은 사람을 놀라게 하고 청신한 글은 세속을 벗어났네.
이제는 모두 가고 말았으니 어찌 울지 않으리.36)

李崇仁은 李集이 세상을 떠나자 그 강개한 말과 청신한 글을 상기하면서 슬퍼하며 哭하였던 것이다.

그리고 이집과 김구용과의 관계를 살펴보면, 김구용은 이집보다 나이는 17세가 적고 문과급제는 2년이 늦은 공민왕 6년이다. 이집과의 왕래 詩·文이 40여 편이 있다. 이 詩를 각각 한 수씩 보면서 이집과의 우의를 살펴보도록 하자. 이집이 김구용에게 준 詩「次敬之韻」4首를 보면,

遠樹依依夕照明　　　　凉蟬咽咽報新晴
酒闌客去山堂靜　　　　欹枕唯聞澗水聲

山扉閴寂少人過　　　　邂逅逢君喜有加
留得高軒永今夕　　　　猶嫌冷淡一盃茶

挑燈話舊到天明　　　　夜雨連簷久未晴
興罷出門還握手　　　　日沈煙寺暮鍾聲

投閑能有幾相過　　　　末路交情老更加
江月乘舟須載酒　　　　山秋遊寺卽煎茶

---

36)『陶隱文集』卷2, 詩 哭遁村(위의 책, 385쪽).

먼 숲은 울창하고 저녁 노을 밝게 비치는데 쓰르라미 목메 울며
新晴을 알리네.
술자리 거나하자 손님 가고 山堂은 고요한데 베개 베고 누웠으
니 개울물소리만 들리네.

쓸쓸한 山扉에 찾는 사람 없더니 뜻밖에 만난 그대 즐거움 더해
주네.
高軒을 만류해 놓고 이 한밤 지새려는데 도리어 싱거운 차 한잔
이 민망스럽네.

등잔불 돌아가며 옛 얘기로 날을 새우는데 처마 끝에 연이은 밤
비는 갤 줄을 모르네.
興罷하자 문에 나서 작별을 하려 하니 해질 녘의 절간에서 저녁
종소리 들리네.

조용한 곳에 오고 나서 몇 번이나 찾았던가 末路에 사귄 정 늙을
수록 새로워지네.
달 밝은 강에 배 띄울 때는 어김없이 술을 실었고 가을 산 절에
노닐 때는 곧바로 차를 다렸지.37)

　　이렇게 남한강변 川寧에서 서로 만나 보지 못하는 안타까움을
호소하고 늙을 막에 사귄 정이 새로워짐을 말하면서 뒷날 江鄕을
벗어나 김구용 곁에 살게 될 것을 기대하면서 외로운 마음을 달래
던 것이다.
　　한편 金九容은 「寄遁村」이란 詩에서

庭前碧梧秋露棲　　　草底喞喞寒蛩蹄

怊悵何須效兒女　　　只爲年來無與語

閉門欹枕一燈靑　　　夜半瀟瀟萬山雨

뜰 앞의 벽오동에 가을 이슬 맺히는데 풀 밑에는 찬메뚜기들 찌
르륵 우네.

---

37)『遁村遺稿』卷1, 詩 次敬之韻 4首(위의 책, 436쪽).

> 서글프다고 아녀자 본뜰 수야 있겠는가 다만 年來에는 더불어
> 말 할 사람없기에.
> 문닫고 베개에 기대니 등불만 푸르구나 한밤중에 산에 산에 빗
> 소리 요란도 하네.[38]

金九容은 가을 밤의 외로운 심정을 호소하면서 이집과 만나 정담을 나누고 싶다는 뜻을 표시하였다.

鄭道傳은 李集보다 나이는 10세가 적고 문과급제는 7년이 늦은 공민왕 11년이다. 이집과의 왕래 詩·文이 10여 편이나 되어 그 교류가 친밀하였다는 것을 알 수 있다. 정도전의 「李浩然名字後說」을 보면,

> 이군은 義士이다. … 우환이 닥쳐도 義로써 마음의 안정을 찾아 마치 태산의 무거움처럼 남들이 그 동정을 엿볼 수 없었고 용기로써 걱정을 털어 버려 마치 鴻毛가 燎原의 불길에 사그러지듯 형적조차 남김이 없었던 것이다. 곤경을 겪을수록 더욱 그 뜻을 굳게 하기는 마치 精金 良玉이 비록 烘爐로 녹이고 沙石으로 쳐도 그 精剛하고 溫潤한 본질은 더욱 나타냄과 같았으니 마음 속에 기른 바가 없는 사람이 능히 그럴 수가 있었겠는가 이로 보면 李君이 이름과 자를 바꾼 것은 아마 앞으로 가꿔야 할 바탕과 굳게 지켜야 할 것이 무엇인지를 알았기에 더욱 거기에 힘쓰려 함이었을 것이다.[39]

정도전은 이집을 義士라고 전제하고 우환이 닥쳐도 의로서 마음의 안정을 찾고 용기로서 걱정을 털어버리며 곤경을 겪을수록 그 뜻을 더욱 굳게 하는 것이 바로 이집이라고 하였다. 또 이집이 기

---

38) 『惕若齋學吟集』 卷下, 詩 寄遁村(위의 책, 158쪽).
39) 『三峯集』 卷4, 說 李浩然名字後說. "李君義士也 … 故於憂患之來 其安之以義也 若泰山之重 人不見其動靜 其去之以勇也 若鴻毛之於燎原之火 泯然無跡 其愈困而愈堅 其志也如精金良玉 雖有烘爐之爍 沙石之攻 而其精剛溫潤之質 愈益見也 非中有所養者 能然乎 由是言之 李君之更名字 蓋將識其養之素 而守之固 而加勉之也"

르려하는 것은 浩然 즉, 천지의 정기로서 자를 浩然이라 한 그 뜻
이 바로 여기에 있기 때문이라고 하였다.

위에 말한 사람들은 三隱을 비롯한 고려말기의 성리학자들로서
이집과의 교우관계를 대강 살펴보았다. 이들은 공민왕 16년에 성
균관이 중영되고 이색이 大司成이 되었을 때 학관이었던 사람들이
었다. 그러므로 학관인 이들과 친숙한 이집도 자연 성리학 사상에
깊이 심취하였으며, 또한 그 사상에 상당한 조예가 깊었으리라는
것도 알 수 있다.

그래서 이색도 "遁村은 孟子에 대하여 진실로 맛보고 즐거워하
니 그 聖人의 道를 구하여 보는데에 이르렀다"40) 하여 이집이 聖
人의 域에 이르렀음을 말하고 있다. 정몽주는 "遁村은 세속을 초
월하여 고결한 경지에 있어 속인이 미칠 바가 아니다"41)라 하였다.

이숭인은 "孟子가 浩然之氣를 논하면서 '이는 義가 모여서 그
속에 생겨나는 것이다' 하였다. 遁村은 이 浩然의 氣를 평소부터
길렀고 험난한 변을 당할 날에 시험하였다. 또 文忠・文敬公의 강
론으로 그 氣의 깊이를 들어 얻은 바가 많을 것인데 무슨 말을 하
랴"42) 하였다.

정도전은 "遁村은 義로서 안정을 찾아 태산같아서 남들이 그 동
정을 엿볼 수 없고 용기로써 걱정을 털어 버려 홍모가 불길에 사그
라지듯 형적조차 없다. 공경을 겪을수록 그 뜻이 굳은 것은 이 浩
然의 氣를 기를 바가 없는 사람은 그렇게 할 수가 없다"43)하였다.

이와 같이 이집의 사상도 이색・정몽주・이숭인과 같이 우주만
물의 궁극적인 실체는 氣에 있다는 氣論者와 같다고 할 수 있다.

---

40) 『牧隱文藁』卷1, 遁村記(『高麗名賢集』3, 803쪽).
41) 『圃隱文集』卷2, 詩 浩然卷子(『高麗名賢集』4, 250쪽).
42) 『陶隱文集』卷4, 送李浩然赴合浦幕序(위의 책, 408쪽).
43) 『三峯集』卷4, 說 李浩然名字後說.

또 그는 성리학자이기 때문에 난마와 같은 정국에 대해서는 비판적이고 생활에 있어서는 논리적이고 실천적이다. 먼저 孝에 대해서 살펴보도록 하자.

『遁村遺稿』·『東國輿地勝覽』 등에 의하면 이집은 공민왕 17년에 신돈의 횡포를 논박하다가 그 화가 닥치자 동년에 경상도 영천의 사간 崔元道의 집으로 피신하였는데 이때 老父를 등에 업고 낮에는 산 속에 숨고 밤에는 걸어 온갖 고생을 하면서 崔元道의 집에 이르러 그 어려운 처지에서도 노부에게 효성을 다 하였다. 그 다음 해에 그의 노부는 피신처인 永川에서 세상을 떠나자 그곳 蘿峴에 안장하였다. 이때 사간 崔元道는 「贈遁村」이란 詩를 지어 李集을 위로하고 또 그의 효성을 높이 치하하였다는 것을 앞장에서 이야기 하였다.

이집이 경상도로 피신한데 대해서는 이색의 「遁村記」와 이숭인의 「送李浩然赴合浦幕序」, 정도전의 「遁村字後說」 등에서 그들은 한결같이 노부를 등에 업고 온갖 고난을 겪으면서 멀리 경상도로 피신하였음을 말하고 있다. 이집의 이러한 효행은 평소의 그의 생활철학이었다 하겠다. 그러므로 그는 성리학에서 가장 중요시하는 孝의 실천자임을 알 수 있다.

또 이집의 백성을 생각하는 마음 즉 애민사상에 대해서 살펴보도록 하자. 즉, 이집은 은둔생활을 하고 있었지만 당시 어지러운 정국에 대해서는 비판적이었다. 다음 詩 「黃驪江」 2首를 보면,

一帶長江繞郭斜　　　樓臺如畫是入家
如何載酒春風裏　　　看盡船頭兩岸花

狂豎焉知大義斜　　　宰臣憂國便如家
江頭遊女猶多事　　　緩緩行歌陌上花

한줄기 긴 강물 성곽을 돌아 흐르는데 그림같은 樓臺들 人家가
분명하네.
어찌하면 봄바람에 술 가득 싣고 배를 저어 양 기슭 꽃들을 모조
리 보겠는가.

미친 사람들 어찌 대의틀어진 줄 알리오 재상은 나라걱정 제집
같이 해야는데.
강 옆의 遊女들 호사롭게 치장하고 느릿느릿 거닐면서 陌上花만
부르네.

　위의 詩는 재상들은 남한강변에서 꽃구경으로 세월을 보낼 것이
아니라 정세를 정확히 판단하여 정사를 살피고 백성을 돌봄이 자
기집 돌보듯이 해야 함이 마땅하나 遊女들과 한가롭게 놀이에 빠
져 있음을 비판하고, 그들을 狂豎라 표현하면서 질타하고 있다.
　또 다음 詩「己未九月十六日雪中書懷」는 한층 더 비판적인 이
집의 사상이 강하게 표현되어 있다.

漢陰九月雪如席	亂飄密灑山川白
階平庭滿尺有餘	掩關獨臥無來客
此是無乃豊年祥	玉樹參差明屋脊
爲向隣家問老農	老農罪歲語刺刺
雖云履霜至堅氷	秋天大雪異疇昔
今年霜雪何太早	至今未畢種麰麥
菽粟盈疇何暇收	縣官租稅方急索
三年不熟民艱食	又至於此眞可惜
病夫所慮塡溝壑	更聞此語心煎迫
經霜萬木已凋零	耐寒靑靑見松柏
歲暮相期共婆娑	水雲深處聊自適

漢陰의 구월 달에 눈이 자리를 편 듯 깔렸는데 어지럽게 나부끼
고 빽빽이 뿌려 山川이 하얗구나.
섬돌도 마당도 가득히 한자 넘게 쌓였는데 문닫고 홀로 누웠으
니 찾는 사람 없구나.

이것은 아마도 풍년의 조짐이 아닐는지 눈 덮힌 나뭇가지 들쑥
날쑥 용마루도 환하구나.
이내 이웃집 향하여 늙은 농부에게 물어보니 늙은 농부는 시절
을 탓하며 투덜댔도다.
서리를 밟고 나면 굳은 얼음이 언다고야 했지만 가을 하늘에 큰
눈이라니 옛날과 다르도다.
올해의 서리와 눈은 왜 이리도 빨리 오는지 지금은 아직 보리 파
종도 다 끝내지 못했는데.
갈보리며 콩·조는 밭 둔덕에 가득한데 어느 겨를에 거둬들일까
縣官의 조세 독촉만 바야흐로 급하구나.
삼년 동안 흉년 들어 백성들은 끼니도 못 잇는데 또다시 이 지경
에 이르다니 참으로 가엾기도 하여라.
병든 나는 시체가 溝壑에 널려 있을까 염려했던 터인데 다시금
이런 말 듣고 보니 가슴이 타는 것 같네.
서리맞은 온갖 수목들 이미 凋零했으나 추위를 견디며 싱싱한
松柏을 볼지니라.
歲暮를 기약하고 함께 너울거리다가 구름과 물 깊은 곳에서 自
適하고 있네.44)

위의 詩에서 때 이른 霜雪은 3년 동안의 흉년 때문에 피폐해 질
대로 피폐해진 백성들의 삶을 더욱 비참하게 만든다는 것이다. 이
와 같은 절기와 기후의 부조화는 일반적으로 失政을 하게 되면 백
성들의 억울하고 원통함이 천재지변 등의 재앙을 가져온다는 것이
고래로부터 내려오는 사상이다.

즉 흉년이 들어 백성들이 溝壑에서 구르고 있는데도 官에서는
조세만을 독촉하니 살 수 없다고 하였다. 이것은 그의 백성들에 대
한 정을 엿 볼 수 있으며 이들을 깊이 이해하려는 애민사상임을 알
수 있다.

그의 또 다른 詩 「贈鄭三峯」2首를 보면,

---

44)『遁村遺稿』卷1, 詩 己未九月十六日雪中書懷(『高麗名賢集』4, 441쪽).

地震山崩已可憂　　　秋來水溢亦何由
書生憤悱終安用　　　獨酌村醪自獻酬
漢水容舸可釣魚　　　三峯如畵合騎驢
爲隔岸成茅宇　　　　敎子耕田且讀書

땅이 진동하고 산이 무너진 것만도 이만저만 걱정이 아닌데
가을 들어 바다 물 넘쳐드니 또 무슨 까닭인가.
書生이 분통을 터뜨린들 끝내 무엇에 쓸 것인가
홀로 막걸리 딸아 스스로 주고받고 하노라.

漢水는 배 띄울 만 하니 고기를 낚을 수 있겠고
三峯은 그림 같으니 나귀 타기에 알맞으리.
만약 언덕을 사이하고 떳집을 짓게 된다면
자식에게 밭갈며 글이나 읽어라 해야겠네.[45]

　위의 詩는 전쟁으로 온 나라안이 황폐해 졌는데 거기에 가을 들
어 바닷물까지 넘쳐 드는 재해를 당하게 되는 최악의 상태까지 다
다른다. 이것은 고려 말의 정치사회의 모순이 극에 달했음을 제 2
句의 '가을 들어 바닷물 넘쳐드니 또 무슨 까닭인가'에서 그 원인
을 국가가 잘못한 것으로 간접적으로 시사하고 있다. 이것은 위정
자들의 정치를 잘못한 결과는 결국 백성들의 삶이 힘들어 지고 이
힘든 백성을 생각하는 것이 바로 애민인 것이다.
　이와 같이 백성을 생각하는 마음뿐만 아니라 왜구가 우리나라에
침입해 오자 자신은 병들어 어쩌지 못하여 그 안타까운 심정을 읊
은 詩「奉寄牧隱」을 보면,

倭騎長驅耗幾州　　　漢南無處可淹留
川寧江上僧牕畔　　　臥病看山又一秋

---

45)『遁村遺稿』卷1, 詩 贈鄭三峯 2首(위의 책, 440쪽).

倭騎가 침입하여 몇 고을 휩쓸었던
漢南은 어디가나 머무를 곳 없네.
川寧 江上의 승방의 창가에서
앓아 누워 산만 보고 또 한해를 보내네.46)

　이 시는 왜구가 침범하여 온 나라를 노략질하여 백성이 살 수 없음을 말한 것이다. 또 다음 詩「元日叙悔呈牧隱」2首를 보면,

肉食何人憂歲歉　　　藜羹有客苦村飢
春寒雨雪那堪喜　　　世亂江山不可期

고기 먹는 사람이야 누가 흉년을 걱정하리
藜羹먹는 나그네 하나 村飢를 괴로워 하네.
봄이 추운데 눈비를 어떻게 즐기겠는가
세상이 시끄러우니 江山도 기약할 수 없구려.47)

　이 당시 권력가라든지 부호가들은 굶주리고 핍박받는 백성들의 사정을 알 수 없음을 말하였다. 또 다음 詩「病中書懷」를 보면

病臥無情思　　　僑居轉寂寥
敢希霑爵祿　　　自喜老漁樵
鳳闕凌霄漢　　　龍舟趁海潮
紅裙不解事　　　爭唱太平謠

병으로 누웠으니 아무런 생각도 없고
나그네사리는 갈수록 쓸쓸해지네.
벼슬 살고 녹 받는 건 감히 바랐겠는가
고기잡고 나무하며 늙는 게 스스로 즐겁구려.
鳳闕은 하늘 높이 솟았고
龍舟는 바다 위를 달리네.

---

46)『遁村遺稿』卷1, 詩 奉寄牧隱(위의 책, 429쪽).
47)『遁村遺稿』卷2, 詩 元日叙懷呈牧隱 2首(위의 책, 444쪽).

> 紅裙들은 세상 물정 모르고서
> 다투어 태평가만 불러대네.[48]

　이 詩에서는 우왕은 굶주리는 백성은 생각지도 않고 궁녀들과 향락을 즐기는 모습에서 고려왕조의 붕괴를 예감하게 된다.

　李集은 그의 도덕적 삶의 모습을 晉의 陶淵明의 삶에서 찾으려 했으나 어지러운 세상일을 방관만하고 있을 수 없어, 그의 애국·애민사상을 詩로써 표현하고 있다. 그 뿐만 아니라 그는 후세에 부끄럼이 없는 인생을 살아가고자 하여 자식에 대한 訓導도 잊지 않았다. 즉 다음 詩「示三子」를 보면,

> 遺子滿籯金　　　不如敎一經
> 此言雖淡薄　　　爲爾告丁寧

> 자식에게 金을 광주리로 준다 하여도
> 經書 한 권 가르침만 못하느니라.
> 이 말은 비록 쉬운 말이나
> 너희들을 위해 간곡히 일러두노라.[49]

　또 「長兒遊學佛國寺以詩示之」에는,

> 讀書可以悅親心　　　勉爾孜孜惜寸陰
> 老矣無能徒自悔　　　頭邊歲月苦駸駸

> 讀書는 어버이의 마음을 기쁘게 하는 것이니
> 시간을 아껴서 부지런히 공부하여라.
> 늙어서 무능하면 공연히 후회만 되느니
> 머리맡의 세월은 괴롭도록 빠르기만 하도다.[50]

---

48) 『遁村遺稿』 卷1, 詩 病中書懷(위의 책, 438쪽).
49) 『遁村遺稿』 卷2, 詩 示三子(위의 책, 449쪽).
50) 위와 같음.

위의 두 편의 詩는 가정교육을 위한 교훈적 내용의 작품이다. 자식들은 국가의 동량이니 교육도 허술히 할 수 없으므로 치밀하고 철두철미하게 시키자는 것이다. 이 또한 신흥사족의 삶의 하나이다.

李集은 성리학자로서 애국·애민의 사상이 투철하였던 이론가이며 실천가이다. 그는 고려 멸망 이전(우왕 13년)에 세상을 떠났지만 그와 교류를 가졌던 많은 사람들, 즉 성리학자들도 애국·애민의 사상뿐만 아니라 忠臣不事二君의 사상에도 철저하여 불우하게 지냈던 것이다. 이색은 이성계 일파에 의해서 끝까지 핍박을 받았고, 포은 정몽주는 고려왕실과 함께 목숨을 끝냈으며, 도은 이숭인도 이성계 일파에 의해서 정몽주당이라 하여 유배되어 유배지에서 杖殺당하였다.

또 許衢의 「孤松亭會同志聯句」를 보면 李集과 더불어 詩句를 맞춘 사람들을 살펴보도록 하자,

故國三盃酒	慇懃共盍簪
瘦篁迎雪穩	晚菊傲霜馣
天日元無二	人生儘有三
剛薇澄肺腑	禿柳織監毛毿
珍重無瑕玉	浮沈不染藍
孤臣餘故舊	良友盡西南
愴懷憑落照	跧塾掩松菴
衰鋮春秋義	農桑日夕談

元天錫 : 고국의 석잔 술은 남몰래 합잠에 대비함이었네.
許 衢 : 여윈 대나무는 눈 속에 의젓하고 늦게 핀 국화는 서리 앞에서 향기롭구나.
吉 再 : 天日은 본래 둘이 있을 수 없고 인생은 모두가 셋이라네.
李崇仁 : 뻣뻣한 고사리는 폐부를 맑게 하고 모지랑 버들가지는 짜놓은 듯 늘어졌네.
李 集 : 진귀하고 소중함은 티없는 玉이요 浮沈에 물들지 않는 건 쪽빛이라네.

李　養 : 孤臣은 故舊들만 남았는데 良友는 西南에서 다 모였구려.
徐　甄 : 아픈 마음은 落照에 의탁하고 엎디고 묻혀서 松菴에 숨었
　　　　노라.
金自粹 : 衰鍼은 춘추의 뜻인데 農桑은 조석의 이야기라네.[51]

　이렇게 句를 맞추어 詩를 짓는다는 것은 그들과 친분관계가 돈
독하였기 때문에 가능한 것이 아니었던가 한다. 여기서 元天錫·
吉再·李養中·金子粹·徐甄은 조선왕조 개국 후 조정에서 불렀
으나 유신으로서 '忠臣不事二君'의 절의사상이 강하여 끝내 거절
하였다. 이숭인은 정몽주당이라 하여 유배되어 개국 다음달(8월)에
유배지에서 杖殺당하였다. 이렇듯 李集과 교류관계에 있던 많은
사람들은 절의사상이 투철하여 끝내 조선왕조에는 굴복하지 않았
지만 정국이 안정된 후 세종조에 이르러서는 朝臣으로 出仕도 하
고, 자식들도 관료로 나아갔던 것이다.
　이와 같이 이집은 오로지 애국·애민과 자녀의 교육 등 성리학
적 사상이 철저하였다. 뿐만아니라 난마와 같은 당시의 현실과는
타협하지 않고 은둔하여 고고한 삶을 살다간 사람이다.

Ⅲ. 小　結

　李集은 廣州李氏로써 그 시조는 李自成으로 되어 있지만 그의
아버지인 李唐이 지방향리로 국자감시에 합격하고 그의 다섯 아들

---

51)『遁村遺稿』卷1, 詩 孤松亭會同志聯句(위의 책, 438쪽).

이 모두 문과 급제함으로써 이때부터 廣州李氏의 가문이 드러나게 되었던 것이다. 李集은 그 둘째 아들로 문과급 제하여 관리로 나아 갔다. 이때의 고려의 정국은 오랜 동안 원간섭기였기 때문에 모순이 누적되어 있었다. 그러므로 공민왕은 제 폐단을 개혁하기 위하여 辛旽을 기용하여 개혁을 시도하였지만 당시 권문세족들의 세력도 만만치 않아 쉽게 이루어 질 수 없었다. 그리고 또 신돈도 자신의 세력부식에 급급하여 공민왕의 기대에 부응하지 못하였다. 이에 이집은 신돈의 잘못을 신랄하게 논박하였던 것이다. 당시 신돈은 최고의 지위를 가지고 있었기에 그 禍가 미칠 가하여 먼 경상도 영천으로 피신하기를 주변에서 권하였다. 그는 영천으로 피나하였다가 공민왕 20년(1371) 신돈이 피살된 이후 풀려나와 곧 개경으로 돌아와 새사람이 된다는 의미에서 이름과 字와 號를 모두 고쳐, 이름은 李集이라 하고, 호는 遁村이라 하고, 자는 浩然이라 하였다. 이렇게 모두 고쳤지만 그가 개경으로 돌아와서 관직생활은 얼마하지 않고 남한강변의 川寧으로 낙향하여 그곳에서 생을 마쳤다.

이집은 官歷은 뛰어나지는 않았지만 그의 문우관계에 있어서 목은 이색·포은 정몽주·도은 이숭인·척약재 김구용·삼봉 정도전·박상충·정재 박의중 등과 교류관계를 맺었다. 이들은 당대의 신진관료로서 현실정치에 기여한 바가 적지 않았음은 물론 고려 말의 신흥사족들의 중심적 위치에 있었음은 주지의 사실이다.

이집은 은둔 후에도 계속하여 이들과 함께 문학적 교류를 가졌을 뿐만 아니라 세상일에 대해서도 토론도 하였다. 무엇보다도 당시의 대표적 지식인이자 관료였던 三隱과의 돈독한 유대관계를 맺었던 사람이다.

이집의 평가는 후세의 공론에 따라 그를 재조명해 보려한다.

성현의 『용재총화』에서는 '그의 孝友의 행실은 집안에서 나타났고 忠義의 기절은 나라에 다하였으며 學問과 才器는 조정에 드러났고 당대 호걸인 목은·포은·도은이 서로 敬重하였다'고 하였다.

퇴계 이황은『五世孫守震碣銘略』에서 '그의 문장과 절의는 수립되었지만 직위는 덕에 어울리지 못하였다'고 하였다. 또 壺谷 南龍翼은『壺谷詩話』「箕雅序」에서 '문장이 精練되고 規範이 있다'고 하였다.

李集은 고려 말 성리학자로서 성리학을 바탕으로 한 도덕적 삶의 실천가이며, 도연명을 사모한 은둔자로서의 호방한 삶을 영위한 사람이다.

제5장

李崇仁의 생애와 性理學

Ⅰ. 려말의 정치 사회적 상황과
  그의 位置

　李崇仁은 14세기 후반 고려의 운명이 풍전등화와 같은 어려운 시대에 살았던 사람이다. 李崇仁은 충목왕 3년(1347)에 星州 龍山 里에서 태어나 조선왕조 개국 다음 달인 8月에 유배지에서 46세의 나이로 세상을 떠났다.[1]

　이숭인은 자를 子安, 호를 陶隱이라 하여 고려말 三隱[2] 중의 한 사람이다. 三隱은 잘 알다시피 牧隱 李穡 · 圃隱 鄭夢周 · 陶隱 李崇仁으로서 고려 말에서 조선 초의 變易期를 대표하는 성리학자이며 정치가로서 다소 의견의 차이와 행적의 상위가 없지 않았지만 고려왕조를 위하여 節義를 함께 하였던 사람들이다.

　이숭인의 가계 배경을 살피기 위하여 『星州李氏族譜』를 보면 星州李氏의 시조는 李純由라고 되어 있다. 중흥 시조인 李長庚은 京山府의 吏屬으로 그는 공검하고 위엄이 있어 鄕人이 모두 두려워 하였다.[3] 아들은 5형제를 두었는데 百年 · 千年 · 萬年 · 億年 · 兆年으로 아들 모두가 등제하였다는 것이다.[4]

　『星州李氏族譜』에 의하면 李長庚의 長子인 百年은 이숭인의

---

1) 『星州李氏族譜』 및 『太祖實錄』 卷1, 太祖 元年 8月 壬申.
2) 三隱을 牧隱 李穡 · 圃隱 鄭夢周 · 陶隱 李崇仁을 꼽는 학자가 있는가 하면, 또 牧隱 李穡 · 圃隱 鄭夢周 · 野隱 吉再를 꼽는 학자도 있다. 필 자는 앞의 이론을 따르기로 한다.
3) 『高麗史』 卷109, 列傳22 李兆年.
4) 『新增東國輿地勝覽』 참조.

증조부이며 관직은 奉翊大夫密直司使5)이고, 처는 재신 宋和의 女이다. 李百年의 子(李崇仁의 祖父) 麟起는 平壤尹이었고, 7녀를 두었는데 사위 중에는 시중 崔英·尹碩·재신 金世丘·상서 吳世興 등이 있다. 李麟起의 子 元具(李崇仁의 父)는 공민왕대 大護軍을 제수받아 경상·강원도 찰방사가 되었다가 누천하여 判大僕事가 되었다.6) 이숭인의 母는 언양 金氏로 典書 金禑의 손녀이자 小尹 金敬德의 女이다.7) 언양 金氏는 당시 世臣大族이다. 그의 子는 崇仁과 崇文이 있다. 崇文은 판서를 지냈고, 사위들은 당시 명문 李壽山의 子 李恬·侍中 廉悌臣의 子 廉廷秀·左司諫 金士廉의 子 金湔 등이다.

李崇仁은 2남 4녀 중 맏이로 태어났다. 그의 母 金氏夫人은 본래 효성이 뛰어난 분으로 華侈를 배격하고 紡績에 힘쓰며 첫닭이 울 때 새벽에 일어나 앉아서『金剛船若經』의 華嚴行願品을 외우는 것을 일과로 삼아 崇仁에게는 "항상 학문에 힘써 게을리 하지 말라"8)고 한 어머니의 영향으로 14세(공민왕 9년)에 監試에 합격하였다.9) 그는 어릴 때부터 총명이 남보다 뛰어나 15세에 지은 작품 「辛丑仲冬大駕南狩」이 文集에 수록되어 당시 사람들에게 推許하는 바가 되었고, 글을 읽으면 모두 암기하였다고 한다. 그는 강의를 들으면 조용히 알아듣고 마음으로 통하여 두 번 다시 묻지 않았다고 하였다.10) 또 그에게 인생의 즐거운 일을 말하라고 했을 때, 조용한 山房에서 詩를 짓는데서 즐거움을 찾는다고 한 것11)으로

---

5) 족보에는 密直司事라 하였음.
6)『高麗史』卷41, 世家 恭愍王 15年 6月.
7)『陶隱文集』卷5, 先大夫人行狀(『高麗名賢集』4, 417쪽).
8) 위와 같음.
9)『陶隱文集』卷4, 序 送李慕之赴淸州牧詩序. "桃村先生掌庚子監試 … 咸以予厠同年之列 俾序其卷端"(위의 책, 410쪽).
10)『陶隱文集』陶隱文集序(위의 책, 371쪽).

미루어 보아 조용한 성품이었음을 알 수 있다.

이숭인이 관계에 진출한 것은 공민왕 11년(1362) 16세에 지공거 洪彦博·동지공거 柳淑에 의해 과거에 급제하여[12] 肅雍府丞의 職을 받았다.[13] 그러나 그는 두 좌주의 도움은 받지 못하였다. 즉 그의 좌주인 洪彦博은 홍왕사의 변이 일어나던 때에 죽음을 당하였고, 또 柳淑은 신돈의 집권기에 모함을 받아 죽음을 당하였기 때문이다. 공민왕 16년에는 成均博士가 되었고 같은 해 공민왕은 成均館을 중영하고 이색으로 大司成을 삼고, 鄭夢周·金九容·李崇仁·朴尙衷·朴宜中과 함께 학관을 겸하면서 성리학이 크게 일어나게 되었다고 한 것으로 미루어 보아 이로부터 이숭인도 이색을 중심으로 한 신흥사족들과 교류가 시작되었던 것 같다. 이후로부터 이색의 문인으로서 이색과 같이 활동하였던 것 같다.

당시 정국은 홍건적의 두 차례 침입으로 개경이 함락되고 王이 福州(안동)로 피난까지 하였지만 安祐·金得培·李芳實·鄭世雲 등의 무장세력에 의해 격퇴되었다. 그러나 공민왕 11년 鄭世雲 및 三元帥殺害事件으로 홍건적 격퇴공신은 제거되고, 그 다음해 2월에 왕이 福州 피난길에서 還都하여 興王寺를 侍御宮으로 삼았다가 원세력과 연결된 金鏞 등에 의해서 왕이 살해될 뻔하였던 홍왕사의 변이 일어났던 것이다. 이 變으로 洪彦博 등은 제거되었다. 洪彦博은 공민왕의 외사촌형으로 공민왕을 도와서 공민왕 5년의 개혁을 주도하였던 인물이다.

공민왕 5년의 개혁은 먼저 부원세력인 奇轍과 盧頙·權謙 등을 제거하고, 정동행성이문소를 혁파하고, 印塘과 柳仁雨를 각기 서

---

11) 徐居正, 『太平閑話』.
12) 『牧隱文藁』 卷4, 陶隱齋記. "子安氏年十六 以詩賦中壬寅科"(『高麗名賢集』 3, 381쪽).
13) 『高麗史』 卷115, 列傳28 李崇仁.

북면과 동북면으로 파견하여 失地를 회복케 하고, 원에 의해 강등 변모되었던 관제를 문종 때의 상태로 환원시켰다. 또 이러한 개혁을 뒷받침하기 위하여 군사조직으로 忠勇衛를 설치하였다.[14] 이와 같은 반원정책은 원간섭기 동안 크게 위축되었던 자주성을 회복하고 고려 문종때 상태의 복귀를 목표로 하였던 것이다.[15]

이 웅대한 개혁은 추진세력이 지니는 제약성과 외세에 의한 혼란으로 별로 성공을 거두지 못하였다. 그러나 원의 영향권에서 벗어났다는 점은 개혁의 점진적인 달성이라는 목표에서는 긍정적으로 볼 수 있다. 그런데 이때 개혁의 추진세력인 洪彦博은 앞서 이야기한 興王寺의 變으로 제거되고 대신 보수적 무장세력이 핵심에 등장하였다. 그 대표적 인물이 崔瑩이었다.

이때 최영은 판밀직사사의 관직이었지만 흥왕사의 변에서 공민왕을 구출한 공으로 그의 정치적 실권은 대단히 컸다. 친정세력인 洪彦博을 잃은 공민왕은 이들을 신임하고 또 그에 의지하지 않을 수 없었던 것이다. 최영은 왕과 특수한 관계가 있었던 것도 아니며 다만 장수로서 병권을 장악하고 있었던 사실이 계기가 되어 권력의 중심에 위치하게 되었지만, 그는 당시 정국의 혼란을 忠誠으로 극복하였던 것이다.

최영의 정치적 위치를 더욱 더 높여 놓은 계기가 된 것은 원의 공민왕 폐위와 德興君의 내침이었다. 이때 이들 무장세력에 의해 덕흥군의 침입은 격퇴되고, 공민왕 13년(1364) 10월에는 공민왕 복위조서가 고려에 당도함으로써 공민왕의 정치적 지위는 안정되었으므로 공민왕은 14년부터 다시 개혁을 시도하였다.

---

14) 이영동, 1981,「忠勇衛考」『陸軍第三士官學校 論文集』13.
15)『高麗史』卷39, 恭愍王 5年 6月 乙亥. "敎曰 … 自今伊始 勵精圖治 修明法令 整頓紀綱 復我祖宗之法 其興一國更治"

즉 국가재정의 궁핍과 처참해진 백성들의 참담한 현실 앞에서 개혁은 필연적이었지만 보수적인 권문세족들의 권력구조 안에서는 어려웠던 것이다. 그래서 공민왕은 世臣大族·草野新進·儒生 모두를 비난하면서 '離世獨立之人'인 승려 遍照, 즉 辛旽을 등용하여 권력구조의 재편성과 일련의 개혁을 단행하였다.

먼저 정치적 개혁으로는 첫째, 내재추제의 신설이다. 이것은 권문세족이 중심이 된 도평의사사가 크게 확대된 것에 대해 왕권의 약화를 만회해 줄 수 있는 기구였다는 것이다. 둘째, 여러 가지 폐해를 끼치고 있는 외방 산관들을 군사조직에 편성시키거나 부경숙위케 함으로써 효과적으로 통제하는 한편 國防할 수 있는 병력을 강화할 수 있다는 것이다. 셋째, 순자격제를 채용하여 관인간의 능력차를 인정하지 않고 근무 연한에만 의거하여 승진시켜 극히 문란해진 관기를 바로 잡고자 하였던 것이다.16)

사회경제적인 개혁으로는 전민변정도감의 활동이었다. 이것은 권문세족이 탈점한 토지를 본주에 돌려주고 은닉한 민호를 국가의 공역 대상으로 삼는 한편, 쇄환에 의한 원상복구를 목표로 한 것이었다. 당시 권문세족들은 公·私田을 마구 탈점하고 백성들을 노예로 삼아 대규모의 농장을 경영함으로써 백성들에게 피해를 주고, 國庫가 고갈상태에 빠지는 폐단을 시정하기 위해 설치한 것이다. 신돈 자신이 판사를 맡는 등 이 사업에 진력하였다.

그러나 이때의 개혁은 구조적 모순은 그대로 두고 표면적인 문제만 처리하였던 것이다. 구조적 모순이란 당시 고려조정에서 토지겸병의 양태인 賜牌田이나 농장을 폐지하는 것이다. 이는 국왕이나 지배층의 기반을 스스로 허무는 것으로 결국 고려국가의 부정을 뜻하는 것이다. 그러므로 고려조정에서 토지정책의 기본입장

---

16) 박용운, 1987, 『高麗時代史』下, 일지사, 557쪽.

을 변경하지 않고 취할 수 있는 방도, 즉 국가재정의 확보와 유망하는 유민의 안집을 위해서 할 수 있는 최선의 방도가 전민변정사업이었다. 이것은 소극적인 대책이지만 당시 할 수 있는 가장 적극적인 방법으로 실천에 옮겨진 경우이다.[17]

다음 문화적인 개혁으로는 국학인 成均館의 중영이다. 공민왕 16년 임박의 건의로 崇文館 舊址에 성균관이 중건되고 학생수를 늘리고 五經四書齋를 분리하였다.[18] 즉 성균관 중영은 충렬왕 30년에 安珦에 의해 국학 재건이 있은 후 공민왕대에 이르기까지 교육에 대한 국가적·사회적 관심이 등한시되고 대내적인 파쟁만 거듭하여 사회경제적 퇴영으로 국가기반은 기저로부터 침식되어 갔다. 그러나 공민왕대에는 국제정세의 변동으로 새로운 기운이 조성되어 학교를 진흥시키고, 따라서 과거제도를 개혁하여 많은 신흥사족들을 등용하고자 하였다. 이에 중영 된 성균관을 중심으로 성리학이 성하게 되었다는 것이다.[19]

성리학은 인간의 도덕성을 사상의 기초로 삼는 유교의 갈래로서 종래 유교를 불교·도교의 이론을 원용해서 철학화·내면화한 것이다. 성리학은 당시 韓愈·李翶와 慶曆 년간의 정학운동, 그리고 周敦頤(濂溪), 程頤(伊川), 程顥(明道)를 거쳐 南宋의 朱熹(朱子)에 의해 집대성한 학문이다. 朱子는 四書를 중시하였고 四書는 朱子學에서 말하는 理氣心性·修己治人·道統·帝王의 學·爲學之法을 천명한다. 朱子는 그의 생애에서 모든 정력을 경서에 바쳤고 그 경서학의 대부분은 四書學이었다.[20]

---

17) 김기덕, 1994, 「14세기 후반 개혁정치의 내용과 그 성격 - 공민왕대 개혁안의 분석을 중심으로」『14세기 고려의 정치와 사회』, 민음사, 502쪽.
18) 『高麗史』 卷74, 選擧志2 學校 恭愍王 16年.
19) 『高麗史』 卷115, 列傳28 李穡.
20) 김충렬, 1984, 『高麗儒學史』, 고려대출판부, 145쪽.

이때 고려에 수용된 성리학의 영향으로 과거 시험과목도 바뀌게
되었다. 즉, 고려에서 인재선발의 중심적인 것은 역시 과거제도이
다. 양반의 자제들에게 유학을 교육시켜 과거제도를 통하여 그들
을 관료로 선발하였다. 따라서 교육제도와 과거제도는 밀접한 관
련을 갖고 있으므로 공민왕대에 교육제도의 개혁에 따라 과거제도
의 개혁도 같이 이루어지고 있었다. 그리하여 성균관의 교육도 四
書와 五經의 九齋로 바뀌고 과거시험도 親試에서는 經義를 시험
과목으로 채택하고[21] 또 처음으로 원의 鄕試・會試・殿試의 제도
를 실시하였다.[22]

이렇듯 신흥사족들은 학관으로서 經學을 위주로 강의하고 또 많
은 신흥사족들은 과거 시험에 합격하여 좌주・문생관계로서 결속
을 다져 나갔다. 이렇게 하여 공민왕대에는 신흥사족들은 이제 상
당한 세력으로 성장하였기 때문에 신돈도 '文宣王 天下萬世之師
也'라 하였다. 이는 당시 상당한 세력으로 성장해 있는 신흥사족들
을 보다 적극적으로 자기의 지지세력으로 끌어들이려는 의도가 있
지 않았을까 한다.

이들 신흥사족들이 아직은 하나의 독자적인 정치세력으로 형성
되어 있지 못하였지만 상당한 잠재능력을 가진 주목되는 사람들로
서 공민왕이 신돈을 전위로 삼아 개혁을 착수할 때 이를 지지하고
이끄는 입장에 섰던 것이다. 신돈 집권기에 허다한 모순은 지니고
있었지만 이들은 견실한 정치세력으로 성장하였다.[23]

그가 24세(공민왕 19년)때 나라에서 文士를 선발하여 원의 制科
에 응시하게 하는데 수석으로 선발되었으나 나이가 25세 미만이기

---

21) 『高麗史』 卷73, 選擧志1 科目 恭愍王 17年. "親試用經義."
22) 『高麗史』 卷73, 選擧志1 科目 恭愍王 18年. "始用元朝 鄕試會試殿試之
   制 定爲常式"
23) 민현구, 1968, 「辛旽의 執權과 그 政治的 性格(下)」『歷史學報』 40.

138 高麗後期 新興士族의 研究

때문에 가지 못하였다.[24]

辛旽의 몰락 후(공민왕 21년) 札儀散郎・藝文應敎・門下舍人
(正5品)을 제수받고[25] 27세(공민왕 22년)에는 成均館直講이 되었
다. 공민왕이 牟尼奴(우왕)를 후사로 삼고자 성균직강 이숭인에게
글을 가르치게 하려고 하니 大妃가 하지 않으려고 하면서 "아이가
아직 어리니 좀 더 큰 뒤에 공부시켜도 늦지 않다"고 하자 王은
"지금 後嗣 결정을 하지 않으면 社稷은 누가 맡겠습니까"라고[26]
하였다. 이와 같이 이숭인의 학문을 왕이 인정하여 太子의 사부로
삼고자 한 것이다.

28세(공민왕 23년)에는 典理摠郎(정4품)의 중견 관인으로서 銓選
도 관장하였고, 공민왕이 승하하여 세자가 즉위하면서 왕명을 받
들어 世子卽位表도 지어 바쳤다.

우왕이 즉위하면서 나타난 큰 변화는 외교정책의 변화이다. 지
금까지 반원친명정책이 우왕의 즉위와 동시에 권력을 잡은 李仁任
의 외교정책이 다르기 때문이었다.

이에 5월에 北元이 고려에 사신을 보내자 이인임과 지륜 등은
그들을 영접하고자 하자 典理摠郎 이숭인은 三司左尹 김구용・典
儀副令 정도전・藝文應敎 권근 등과 함께 도당에 상소하여 원의
사신 영접을 극력 반대하였다.[27] 그럼에도 불구하고 경복흥・이인

---

24) 『高麗史』卷115, 列傳28 李崇仁. 및 『高麗史』卷74 選擧志 2 制科. "(恭
　　愍王)19年8月 李仁復李穡爲考試官 通考三場文字 取李崇仁朴實權近 金
　　濤柳伯濡以充貢士 崇仁近 以年未滿二十五不遣"
25) 『高麗史』卷115, 列傳28 李崇仁.
26) 『高麗史節要』卷29, 恭愍王 22年 3月. "王 朝太后 欲以牟尼奴爲嗣 請就
　　學 以成均直講李崇仁授書 太后不欲 乃托辭曰 兒尚幼稍長就學 未爲晚
　　王曰 臣今數窮當死 今不立嗣 社稷誰托"
27) 『高麗史節要』卷30, 禑王 元年 5月. "李仁任池奫欲迎元使 三司左尹金
　　九容・典理摠郎李崇仁・典儀副令鄭道傳・藝文應敎權近 上書都堂"

임은 상소를 받아들이지 않고 정도전을 원 사신 영접사로 임명하였으나 그는 '我當斬使首而來 不爾則縛送于明'이라고 하면서 거절하자 이에 노한 경복흥과 이인임은 그를 會津에 유배하였다.28) 또 성균관 대사성 정몽주도 상소하여 우왕에게 北元 사신 영접을 물리칠 것을 청하였고, 박상충도 같은 뜻을 상소하였고,29) 간관 이첨·전백영도 상소하였다.30) 이와 같이 北元 사신 영접을 반대한 인물들은 거의 모두가 유배되고 심한 경우에는 죽는 이도 있었다. 이때 이숭인도 유배당해 귀양생활을 하였다.31)

이른바 신흥사족이라고 평가되는 이들은 공민왕대 성균관 학관을 지낸 경험이 있는 인물들로서 불리한 정국 속에서 서로간 단결을 한층 더 확고하게 다질 수 있는 계기가 되었던 것이다. 그러나 이들의 정치적 역량이 아직은 이인임을 중심으로 하는 권문세족들의 정치적 역량을 극복하기에는 역부족이었던 것이다.

31세(우왕 3년) 때는 그의 정치역량도 상당하여 귀양에서 풀려나 성균사성(종3품)을 제수받고 곧 右司議大夫(종3품)로 전임되었다. 이때 동료들과 함께 상소하였다. 그 내용은, 첫째 人君으로서 몸가짐을 정히 할 것, 둘째 守令의 임명과 교체는 3년만에 할 것, 셋째 각 도의 방어문제는 三元帥의 책임 하에 각 도에서 책임질 것, 넷

---

28)『高麗史節要』卷30, 禑王 元年 5月. "慶復興李仁任却其書不受 遂令道傳迎元使 道傳 詣復興第曰 我當斬使首而來 不爾則縛送于明 辭頗不遜 又白太后 以爲不可迎 復興仁任怒 乃流道傳于會津"

29)『高麗史節要』卷30, 禑王 元年 5月. "成均大司成 鄭夢周等 上書曰…" 및 "判典校寺事朴尙衷 亦上書言之"

30)『高麗史節要』卷30, 禑王 元年 6月. "諫官李詹 全伯英 上疏曰"

31)『高麗史節要』卷30, 禑王 元年 7月. "… 於是 下詹伯英獄 … 仁任曰 不須殺此輩 及流之 祿生尙衷皆道死 杖詹伯英及方旬閔中行 朴尙眞流之 又以鄭夢周金九容李崇仁林孝先廉廷秀廉興邦朴形鄭思傳李成林 … 謀害己 竝流之"

째 사패의 폐단이 많으니 함부로 사패를 남발하지 말 것, 다섯째 직무가 없는 관서는 혁파할 것, 여섯째 官爵이 眞添이 혼재하여 불명하니 반드시 문인은 典理司가 무인은 軍簿司에서 서명하여 발급한 것[32] 등을 지적하면서 자신의 정략을 피력하기도 하였다.

36세(우왕 8년) 때 4월에 국자감시에서 시관이 되어 李升商 등 99명을 뽑았다.[33] 그의 나이 40세(우왕 12년)에는 관직도 同知密直司事(종2품)로서 정책 입안에도 참여하였던 것 같다. 즉, 관복을 華制로 정해줄 것을 요구한 表文을 올리고[34] 9월에는 門下評理 金湊와 함께 賀正使로 중국에 갔다.[35] 다음해 귀국하여서는 백관의 관복이 정해졌다.[36] 또 사대부가 사당에 제사지내도록 건의도 하였던 것이다.[37]

42세(우왕 14년)에 僉書密直司事(종2품)로 전임되었는데 정월에 이인임이 京山府로 유배되자 그의 姻戚이라 하여 通州로 杖流당하였다.[38] 이때부터 李崇仁의 불우한 삶은 시작되었다.

이 당시 정국은 고려에 부당한 요구와 압력을 가하던 明은 다시 鐵嶺衛의 설치를 들고 나오자 이에 크게 반발한 최영은 강경대응책으로 요동정벌을 주장하였다. 이에 이성계는 攻遼四不可論을 앞세워 최영의 주장을 반대하였지만 최영은 우왕을 움직여 요동정벌

---

32) 『高麗史』卷115, 列傳28 李崇仁.
33) 『高麗史』卷74, 選擧志2 國子監試. "(禑王) 8年 4月 上護軍李崇仁取李升商等99人"
34) 『高麗史』卷136, 列傳49 禑王 12年 正月 및 8月.
35) 『高麗史』卷136, 列傳49 禑王 12年 9月. "遣門下評理金湊 同知密直司事李崇仁 如京師賀正"
36) 『高麗史節要』卷32, 禑王 13年 6月. "定百官冠服 一品至九品皆服紗帽團領 其品帶有差 主是義者 鄭夢周河崙廉廷秀姜淮伯李崇仁等也"
37) 『陶隱文集』卷5, 大夫士廟祭議(『高麗名賢集』4, 416쪽).
38) 『高麗史節要』卷33, 禑王 14年 3月. "杖流 … 簽書密直李崇仁于通州以仁任姻族也"

을 강행하였다. 이리하여 우왕 14년(1388) 4월에 최영은 팔도도통사가 되고 조민수는 좌군도통사, 이성계는 우군도통사로 삼아 5만여 대군을 거느리고 출정하였다. 이렇게 출정한 군사들은 5월 초순에 위화도까지 진군하였지만 도망하는 군사가 속출하고, 또 비로 인해 강물이 불어 압록강을 건너기도 쉽지 않았다. 이에 이성계는 두 차례에 걸쳐 군사작전의 어려운 여건을 설명하면서 회군할 것을 요청하였으나 최영이 받아들이지 않자 이성계는 조민수 등의 諸將을 설유하여 회군을 단행하였다. 개경에 돌아온 이성계는 최영을 잡아 高峰縣(고양)으로 귀양보내고,39) 우왕도 강화도로 축출하였다.40) 이것이 이른바 威化島回軍이다. 그 후 최영은 충주로 移配되었다가 그곳에서 斬刑을 당하였다.41)

위화도회군 후 조민수가 좌시중이 되고 이성계가 우시중이 되어 조정을 주도하였는데42) 後嗣問題로 두 사람은 대립하였다. 이성계는 종실 가운데서 한 사람을 택하여 왕으로 추대하고자 하고, 조민수는 우왕의 子 창을 세우고자 하였다. 이 문제는 당시 명망이 높은 이색의 조언으로 조민수의 案대로 6월에 9세의 昌王이 즉위하였다.

이숭인은 이해 10월에 문하시중 이색과 동지밀직사사 金士安과 함께 賀正使로 명나라에 갔다. 이때 이색은 王官으로 하여금 나라를 감시하여 주고 자제를 입학시켜 달라고 청하였다.43) 이는 위화도회군으로 兵權을 장악한 이성계의 세력이 커지고, 또 아부하는

---

39)『高麗史節要』卷33, 禑王 14年 6月. "遂流瑩于高峯縣"
40)『高麗史節要』卷33, 禑王 14年 6月 庚戌. "放禑于江華"
41)『高麗史節要』卷33, 禑王 14年 12月. "斬崔瑩 瑩鐵原人 惟淸五世孫也"
42)『高麗史節要』卷33, 禑王 14年 6月. "以曹敏修爲左侍中 我太祖爲右侍中"
43)『高麗史節要』卷33, 禑王 14年 10月. "遣侍中李穡簽書密直司事李崇仁
如京師賀正 請王官監國 于請子弟入學"

무리가 많음을 걱정하여 중국의 힘을 빌어 견제하려고 하였지만 황제가 듣지 않자 줏대 없는 황제라고 하였다. 이것이 이숭인이 탄핵을 받은 빌미가 되지 않았나 생각된다.

이숭인은 이후부터 스승인 이색과 뜻을 같이하였고 이로 인해 고려말 조선초의 역사적 변역 속에서 많은 시련을 겪게 되었던 것이다.

이숭인은 43세(창왕 원년)에 명에서 돌아오자 藝文館提學(正3品)을 제수받았다.[44] 9월에는 朴天祥·朴可興·河崙 등과 더불어 永興君 環의 진위를 논변하다가 무고에 坐罪되어 憲府가 극형을 청하니 그는 몸을 피하고 아들 次若이 대신 곤욕을 당하다가, 朴天祥 등은 遠地에 유배되고 이숭인은 書筵에 부임하였다.[45] 또 10월에 諫官 吳思忠 등이 藝文館提學 이숭인을 탄핵하여 京山府로 귀양보냈다.[46] 탄핵의 주내용은 不孝·不敬함과 국가를 욕되게 한 죄이다.

불효란 부모의 喪中에는 掌試를 못하는 것이 국가의 제도인데 이숭인은 母喪을 당하였는데 사망한지 겨우 100일만에 掌試를 맡았고, 육식을 하여 인륜의 기강을 훼손시켰다는 것이다. 불경이란 永興君 環의 진위에 旬月 동안 지체하고 나오지 않았다는 것과 이색과 같이 중국에 갔을 때 賣買의 일로 三韓士大夫의 체면을 떨어뜨렸다는 것이다.[47] 이 사건은 이숭인 一代에 중대한 사건이었다.

이색은 副使로서 함께 갔던 이숭인이 탄핵을 받아 귀양가자 두 번이나 書牋을 올려 그를 구하고자 하였지만 이루어지지 못하자

---

44) 『高麗史』 卷115, 列傳28 李崇仁.
45) 『高麗史節要』 卷34, 恭讓王 元年 9月. "於是流天祥等四人于遠地 崇仁 乃出赴書筵"
46) 『高麗史節要』 卷34, 恭讓王 元年 10月. "諫官吳思忠等 劾藝文館提學李 崇仁曰 … 流京山府"
47) 『高麗史』 卷115, 列傳28 李崇仁.

편안히 있을 수 없다하여 사직하고 長端 別業으로 갔었다.[48]

　권근도 이숭인 구출에 적극적이었다. 그는 "신은 차라리 崇仁으로 더불어 같이 중책을 입어 비록 죽어도 한이 없을 망정 앉아서 숭인의 무고로 得罪함을 보고도 지위를 탐하고 권세를 두려워하여 구차히 함구하지 않겠다"고[49] 하였다. 이렇게 적극적으로 논변하는 권근을 이숭인에게 편당하였다 하여 諫官 吳思忠이 탄핵하여 권근은 牛峯縣에 귀양갔다가 다시 寧海府로 옮겼다.[50]

　이 사건으로 이숭인이 무함을 입은 것이 아닌가 한다. 그 이유는 첫째, 『고려사』 이숭인 열전에 권근의 변호 이야기가 실려 있지만 앞서 이야기한 대로 兵權을 장악한 이성계의 세력이 커짐을 보고, 이색이 이숭인과 더불어 明의 힘을 빌어 견제하려고 하였지만 일은 뜻대로 이루어지지 못하였다. 당시 兵權을 장악한 이성계 일파는 이와 같은 일이 다시 일어나지 않기 위해서는 철저히 반대세력을 도태시켜야만 하였다. 그러나 이색을 도태시키기에는 당시 백성들이 추앙하는 바가 컸기 때문에 중간 官人인 이숭인이 지목된 것이 아닌가 한다. 이후부터 李成桂 일파의 李穡에 대한 정치적 공세는 본격적으로 이루어지고 있었다.

　둘째, 위의 내용이 처음 『고려국사』를 편찬할 때 삭제되었다가 후에 개찬할 때 편입되었다고 한 『태조실록』의 기사를 미루어 보아 이것은 『고려국사』 찬자인 정도전·윤소종 등이 "이숭인의 높은 재능을 질투하였고, 또 이색이 이숭인을 칭찬하면서 자기는 칭찬하지 않는 것을 시기하여 갖은 방법으로 讒訴하고 헐뜯었다"는 朝鮮 『太朝實錄』의 기사를[51] 미루어 짐작해 볼 수 있다.

---

48) 『高麗史節要』 卷34, 恭讓王 元年 10月. "李穡歸長湍別業"
49) 『高麗史』 卷115, 列傳28 李崇仁.
50) 『高麗史節要』 卷34, 昌王 元年 9月. "諫官吳思忠等 上疏論權近黨附崇仁之罪 流牛峯縣又徙寧海府"

위화도회군 후 군사력을 장악한 이성계 일파는 확고한 정치적 기반을 다져 놓기 위하여 전제개혁을 반대한 조민수를 창녕으로 귀양보내고,[52] 창왕도 다음해 11월 金佇事件[53]으로 폐위시켰다. 그리고 고려왕조를 진짜 왕씨로써 王統을 계승한다는 명목하에 李成桂·沈德符·鄭夢周·池勇奇·偰長壽·成石璘·趙浚·朴葳·鄭道傳 등 이른바 九功臣의 추대를 받아 공양왕이 즉위하였다.

공양왕이 즉위한 후부터 이 金佇事件의 확대를 시작으로 해서 이성계 일파는 보다 강력한 實權의 확보를 위하여 반대파에 대한 집요한 정치적 공세를 가속화하였다.

공양왕 즉위 다음달(12월)에 左司議 吳思忠과 門下舍人 趙璞 등이 疏를 올려 이색을 탄핵하였다. 탄핵의 죄목은 여러 가지 있지만 핵심적인 죄목은 王氏를 王으로 세우자는 의논을 막고 우왕의 아들 창왕을 추대하여 왕으로 세웠다는 것이다. 이 상소를 왕이 받아들여 이색 부자를 파면하고 조민수는 서인으로 강등시켰던 것이다.[54] 얼마 후 대간이 또 번갈아 疏를 올려 이색 父子와 李崇仁·河崙·李芬·文達漢 등을 탄핵하여 모두 귀양보내고 조민수는 삼척으로 옮겼다.[55]

---

51) 『太祖實錄』 卷14, 太祖 7年 8月.
52) 『高麗史節要』 卷33, 禑王 14年 7月. "流曺敏修于昌寧縣"
53) 昌王 元年 11月에 崔瑩의 생질인 金佇와 鄭得厚가 驪州에 禑王을 찾아 보았을 때 울면서 "울분속에 이곳에 지내기가 어렵다. 가만히 있다가 죽음에 나가기보다는 한 力士를 얻어 李成桂를 살해하면 된다. 나는 본래 札儀判書 郭忠輔와 사이가 좋으니 가서 만나보고 도모하라" 하면서 칼 한 자루를 주었다. 이 두 사람은 禑王이 시키는 대로 했지만 郭忠輔가 밀고하여 잡힌 바 되었다. 이때 鄭得厚는 스스로 목을 찔러 죽었지만 金佇는 문초받는 가운데 邊安烈·李琳·禹玄宝·禹仁烈·王安德·禹洪濤가 공모했다고 자백하였다. 이것이 이 事件의 전말이다.
54) 『高麗史節要』 卷34, 恭讓王 元年 12月. "命罷穡父子 廢敏修爲庶人"
55) 『高麗史節要』 卷34, 恭讓王 元年 12月. "流穡父子崇仁崙芬達漢 徙敏修

당시 신흥사족들에게 지대한 정신적 영향력을 미친 이색을 탄핵한 것을 시작으로 낭사, 대관들이 연이어 상소를 올려 반대파들을 탄핵하였다. 즉, 南陽府院君 洪永通·丹陽府院君 禹玄寶·判三司事 王安德·贊成事 禹仁烈·判慈惠府事 鄭熙啓 등을 극형에 처할 것을 두 번씩이나 청하고 있다. 이들의 탄핵에 대해 공양왕은 邊安烈만 귀양보내고 나머지 인물들은 다만 관직만 파직시키는 미온적인 태도를 취하고 있었다.[56] 그러나 연이어 大司憲 成石璘과 左常侍 尹紹宗 등이 邊安烈 베기를 청하므로 王도 어쩔 수 없이 그것을 승인하였다.[57] 공양왕은 邊安烈 죽이는 것을 승낙했음에도 불구하고 얼마 후에는 창왕을 폐하고 자신을 왕으로 세운 공이 있다는 이유로 禹玄寶의 子 禹洪壽와 郎舍에서 극형에 처할 것을 요구한 鄭熙啓를 공신으로 책봉하였다.[58] 이 공신책봉에 대해서 윤소종 등이 극력 반대하였지만 공양왕은 그대로 실행하였다.

이 문제는 이성계 일파가 공양왕을 쉽게 다룰 수 있을 것이라는 계산아래에서 왕으로 추대하였지만 공양왕은 이성계 일파의 요구에 순순히 응하지 않았던 것 같다. 그러나 중앙 정계내의 實權은 이성계 일파에 있었기 때문에 그들은 공양왕이 자신들의 뜻대로 움직여 주지 않아도 계속하여 반대파에 대한 정치적 공세를 가하였던 것이다. 그것이 공양왕 2년 5월에 발생한 尹彝·李初 사건이다. 그 내용은『高麗史節要』권 34 공양왕 2년 5월조에 기록되어 있다. 즉,

---

于三陟"

56)『高麗史節要』卷34, 恭讓王 2年 正月. "疏又上 只令削職 流于漢陽"
57)『高麗史節要』卷34, 恭讓王 2年 正月. "憲府卽牒漢陽府尹金伯興 誅安烈"
58)『高麗史節要』卷34, 恭讓王 2年 正月. "以門下評理尹虎·柳曼殊·簽書密直禹洪壽·同知密直兪光祐·商議門下府事崔允沚·密直副使柳龍生·判慈惠府事鄭熙啓 及我恭靖王·密直副使金仁贊·知申事李行·密直使姜淮伯·知密直尹師德 爲功臣 以有功於廢立之時也"

5월에 王昉과 趙胖 등이 남경에서 돌아와서 아뢰기를, "예부에서 신등을 불러 말하기를, '너희 나라사람 파평군 尹彝와 중낭장 李初란 자가 아서 帝에게 호소하기를 고려의 이시중이 王瑤(공양왕)를 세워 왕으로 삼았으나 요는 宗室이 아니고 곧 그 姻親입니다. 요가 이시중과 함께 병마를 움직여 장차 상국을 범하려고 하므로 재상 이색 등이 옳지 않다고 하자, 즉시 이색·조민수·이임·변안열·권중화·장하·이숭인·권근·이종학·이귀생들 살해하고, 우현보·우인열·정지·김종연·윤유린·홍인계·진을서·경보·이인민 등을 멀리 귀양보냈습니다. 귀양 가 있는 재상들이 몰래 우리들을 보내어 천자에게 고하고 이내 친왕이 천하의 군사를 거느리고 와서 토벌하여 주기를 청합니다. 하였다' 하면서 윤이와 이초가 기록한 이색·조민수 등의 성명을 꺼내어 보이므로 조반이 윤이와 대변하기를, '본국이 대국을 성심으로 섬기는데 어찌 이런 일이 있겠는가?' 하고 윤이에게 묻기를, '너는 지위가 봉군에 이르렀다니 나를 알겠느냐' 하니, 윤이가 깜짝 놀라서 얼굴빛을 변하였습니다. 예부의 관원이, '천자의 聖明으로 또한 그것이 무망인 것을 알고 있으니 네가 빨리 본국으로 돌아가서 왕과 재상에게 말하여 윤이의 글 속에 있는 사람들을 힐문하고 와서 보고하라' 하였습니다" 하였다. 이에 대간이 서로 잇달아 소를 올려 윤이와 이초의 무리를 국문하기를 청하니 그 글을 궁중에 두고 내려 보내지 않았다. 무술일 밤에 김종연이 도망하므로 경내를 크게 수색하였다. 국가에서 처음 조반의 말을 듣고 추국을 하고자 하면서도 의심하고 주저하여 결정하지 못하였는데 지용기가 종연과 잘 지내므로 종연에게 비밀히, "공의 이름이 윤이와 이초의 글 속에 있으니 공이 위태할 것이다" 하니, 종연이 두려워하여 도망하였다. 이로 말미암아 큰 옥사가 갑자기 일어나서 우현보·권중화·경보·장하·홍인계·윤유린을 순군옥에 가두었다. 옥관이 매우 엄급하게 먼저 유린을 국문하니 공사에 최공철·최칠석·조언·조경·공의·한성·김충 등이 관련되었으므로 모두 옥에 가두고, 이색·이임·우인열·이인민·정지·이숭인·권근·이종학·이귀생 등을 청주옥에 가두었다 ….59)

---

59) "王昉趙胖等還自京師啓曰 禮部召臣等曰 爾國人有坡平君尹彝中郎將李初者 來訴于帝言 高麗李侍中 立王瑤爲主 瑤非宗室乃其姻親也 瑤與李侍中謀動兵馬將犯上國 宰相李穡等以爲不可 卽將李穡 曺敏修李琳邊安烈權仲和張夏李崇仁權近李種學李貴生等殺害 將禹玄寶禹仁烈鄭地金宗衍尹有麟洪仁桂陳乙瑞慶補李仁敏等遠流 其在貶宰相等 潛遣我等來告天子 仍請親王 動天下兵來討 乃出彝初所記穡敏修等姓名 以示之 胖與

라고 하였다. 위의 史料를 볼 때 공양왕도 이 사건이 無妄이라고 생각하여 상소를 유보하였다는 것으로써 이성계 일파가 반대파에 대한 정치공세였다는 것을 알 수 있다. 그 후 국가에서 문하평리 尹虎·밀직부사 朴經 등을 보내어 국문하였는데[60] 국문하는 도중 큰 홍수가 나자 마을의 故老들이 "고을이 생긴 이후로 수재가 이와 같이 심한 적은 없었다"할 만큼 큰 피해를 겪었다고 하였다.[61] 이것은 당시 백성들은 天災는 정치를 바로 하지 못한 경우에 발생한다고 믿었는데 이 홍수를 이성계 일파가 무고하게 반대파를 제거하였기 때문에 나타난 현상이라고 생각하였던 것 같다.

그러므로 이해 6월에 金震陽은 "尹彝·李初의 일은 3세 어린이도 역시 그 무망함을 알 수 있는 것"이라 하였고,[62] 7월에 찬성사 정몽주는 "대관이 윤이·이초당을 논핵함이 심하므로 마땅히 4代를 추봉하는 기회에 큰 은혜를 내리소서"라고 하였다. 또 8월에 정몽주는 "彝·初의 당은 죄가 명백하지 않으며 또 용서를 받았으니 다시 죄를 논할 수 없다"고 하였다.[63] 왕도 여러 사람의 의논에 따

彝等對辨曰 本國事大以誠 安有是乎 因問彝曰 爾位至封君 頗知我乎 彝愕然失色 禮部官曰 天子聖明 亦知其誣矣 爾速還國 語王及宰相 將彝書內人等 詰問來報 於是 臺諫相繼上疏 請鞫彝初之黨 留中不下 戊戌夜金宗衍逃 大索境內 國初聞胖言 欲行推鞫 而遲疑未決 池湧奇與宗衍善 密語宗衍曰 公之名在彝初書中 公其危哉 宗衍懼乃逃 由是 大獄遽起 遂下玄寶仲和補夏仁桂有麟于巡軍獄 獄官先鞫有麟峻急 辭連崔公哲崔七夕曹彥趙瓊公義韓成金忠等 并下獄逮繫 禧琳仁烈二敏地崇仁近種學貴生等 于淸州獄 …"

60) 『高麗史節要』 卷34, 恭讓王 2年 5月. "遣門下評理尹虎密直副使朴經(中略)等 鞫異色于淸州"

61) 『高麗史節要』 卷34, 恭讓王 2年 5月. "故老謂自有州以來 未有水災如此其甚者"

62) 『高麗史節要』 卷34, 恭讓王 2年 6月. "左司議金震陽 嘗語同僚曰 彝初之事三歲小童亦知其誣"

63) 『高麗史節要』 卷34, 恭讓王 2年 7月. "贊成事鄭夢周 以臺諫論執彝初之

라 동년 11월에는 禹玄寶·李穡·權仲和·慶補의 죄를 사면하고 편리한 대로 거주하게 하였다.[64] 다음해 정월에 이성계 일파에게 탄핵받은 사람들을 사면하여 주었다. 또 職牒도 돌려 받았다.[65] 또 헌부에서 이색의 죄를 다스릴 것을 청하였지만 그 요구는 받아들여지지 않았다.[66] 그러나 곧이어 이색은 헌부의 상소로 또 귀양을 가게 되었다.[67]

이와 같은 사실들로 봐서 당시 정국은 이성계 일파와 반대파를 두둔하고 있는 정몽주의 정치세력이 백중세를 이루고 있음을 알 수 있다. 이성계와 정몽주는 공양왕을 세운 9공신으로써 당시 어지러운 세상을 바로 잡으려는 의도에서 손을 잡았지만 이성계 일파가 諸 제도개혁에 동참하였던 신흥사족들도 가차없이 제거하는 모습에서 역성혁명의 분위기를 파악한 정몽주는 그것을 저지하려고 하였던 것 같다. 한편 공양왕도 敎旨를 내려 신하들에게 直言을 구하고 있다.[68] 그리하여 정몽주는 공양왕 3년 7월에 여러 재상과 함께 상소하였다.[69] 그 내용은

党甚力 啓王 宜囚封崇四代 大霈鴻恩 從之, 8月 鄭夢周云 彝初之黨 罪
固不白 又經赦宥 不可復論"
64) 『高麗史節要』卷34, 恭讓王 2年 11月. "宥禹玄寶李穡權仲和慶補等 任
便居住"
65) 『高麗史節要』卷35, 恭讓王 3年 正月. "命還給 李穡·李崇仁職牒"
66) 『高麗史節要』卷35, 恭讓王 3年 6月. "憲府 請復治李穡王安德李種學李
乙珍李庚道等 不從"
67) 『高麗史節要』卷35, 恭讓王 3年 6月. "憲府上疏 復論李穡之罪 流于咸
昌…"
68) 『高麗史節要』卷35, 恭讓王 3年 4月. "下敎求言曰…"
69) 『高麗史節要』卷35, 恭讓王 3年 7月. "鄭夢周與宰相等上疏曰 賞罰國之
大典 盖賞一人 而千萬人勸 罰一人 而千萬人懼 非至公至明 不足以得其
中 而服一國之人心也 自殿下踐祚以來 省憲法司 交章擧劾 以爲某人乃
沮立王氏之議 扶立子昌者 某人與於逆賦金宗衍之謀 於行在所爲內應者
某人於諸將承天子之命 以辛禑父子爲非王氏 議復王氏之時 謀迎辛禑

① 王氏를 왕으로 세우자는 의논은 막고 禑의 아들 昌을 추대한 것.

② 역적 金宗衍과 모의에 참가하여 行在所에서 내응한 것.

③ 여러 장수들이 天子의 命을 받들어 辛禑父子가 王氏가 아니라 하여 王씨를 다시 세우기를 의논할 때 辛昌를 영립하여 王氏의 왕통을 영구히 끊으려 한 일.

④ 尹彝 · 李初를 명에 보내어 친왕이 천하의 군사를 움직이도록 한 일.

⑤ 先王의 孽孫을 몰래 길러서 반역을 꾀한 일.

이 상소를 보면 5罪의 내용이 무고인 경우가 많다는 것을 은근하게 나타내고 있음을 알 수 있다. 이성계 일파가 끊임없이 반대파의 숙청을 시작하자 정몽주는 이성계 일파에게 정면으로 도전하였던 것이다.

이 이후 공양왕도 정몽주와 함께 세력을 구축하여 이성계 일파의 핵심적인 인물인 정도전을 공양왕 3년 9월에 봉화현으로 귀양 보내고 얼마 있지 않아 성헌과 형조에서 앞의 上疏(5罪)를 논핵하려 하자 왕은 鄭夢周 · 尹虎 · 柳曼殊 · 金湊 등을 불러 의논하였을 때 김주는 5罪를 범한 者들을 엄하게 다스려야 한다고 주장하였지만 정몽주의 의견과 공양왕의 강한 의지로 가벼운 처벌을 받는 것으로 결정되고, 정몽주는 왕에게 아뢰어 "지금부터 이후에는 다시 이 일을 논책하는 者가 있으면 무고로서 論罪할 것이다"라는 슈을 만들었다. 이 이후부터 정몽주가 피살되기 전까지 이 일을 논

永絶王氏者 某人送尹彝李初於上國　請親王動天下兵者 某人陰養先王
孽孫 潛謀不軌者 章疏屢上 雖勞聖廬之勸 至今未見明白 必於其間 有罪
者曲蒙肆宥 無辜者未能昭雪 其於公道似乎兩失 是以言者紛紛 至今不
已 臣等以謂 宜令省憲法司 共議商確 將連涉人等獄詞文案 更加詳覆 某
人罪在不宥 宜置于法 某人情 在可疑 宜從輕典 某人無罪被誣 宜令明辨
獄章旣上 殿下召宰輔臣僚 親臨審錄 使無冤仰 然後加以罪黜 施以肆宥
則人心服而公道行矣　從之"

의하는 자는 없었던 것이다.

공양왕 3년 12월에는 정몽주가 安社功臣의 칭호를 받았을 때 이색과 우현보도 각각 韓山府院君·丹山府院君으로 책봉받았다.[70] 실질적으로 5罪에 연류되어 가장 심하게 핍박받은 두 사람이 復權된 것을 시작으로 공양왕 4년 정월(46세) 이숭인은 지밀직사사로 임명되었고,[71] 또 禹仁烈·王安德·朴葳는 편리한 대로 있게 해 주는 등[72] 정몽주를 중심으로 한 온건파들은 거의 모두 석방되었다.

그러던 중 공양왕 4년 3월에 명의 賀正使로 갔다 돌아오는 세자를 마중하러 갔던 이성계가 해주에서 사냥하다가 落馬하여 위독하다는 말이 들리자 4월에 간관 金震陽·李擴·李來·李敢·權弘·柳沂 등이 삼사좌사 조준·전정당문학 정도전·전밀직부사 남은·전판서 윤소종·전판서 남재·청주목사 조박 등 이성계 일파를 논핵하자 왕은 그것을 받아들여 그들을 모두 먼 지방으로 유배하였다.[73] 이미 사헌부에서 金佇事件에 이색·조민수를 극렬하게 탄핵한 바 있던 판전교사사 吳思忠까지 탄핵하여 귀양보내니 이성계 일파의 전부라 해도 지나친 말이 아닐 정도로 완전히 숙청하였던 것이다.

이때 이성계 일파를 탄핵한 인물, 즉 김진양·이확·이래·이감·권홍·유기 등의 출신을 살펴보면, 김진양은 공민왕 20년에 등제하였고, 좌주는 李穡·田祿生이다. 문하사인을 거쳐 좌사의에

---

70) 『高麗史節要』 卷35, 恭讓王 3年 12月. "以李穡爲韓山府院君 禹玄寶爲
　　丹山府院君 … 加賜我太祖及沈德符鄭夢周安社功臣"
71) 『高麗史節要』 卷35, 恭讓王 4年 正月. "李崇仁知密直司事"
72) 『高麗史節要』 卷35, 恭讓王 4年 正月. "宥王安德禹仁烈朴葳 任便居住"
73) 『高麗史節要』 卷35, 恭讓王 4年 4月. "諫官金震陽李擴李來李敢權弘柳沂
　　等 論三司左使趙浚前政堂文學鄭道傳前密直副使南誾前判書尹紹宗前判
　　事南在淸州牧使趙璞等曰 … 流浚遠地 削誾紹宗在璞職 亦流遠地 … 遣
　　人于奉化 執道傳囚于甫州"

승진하였다.74) 이확은 우왕 3년에 등제하였고, 좌주는 安克仁・權仲和이다. 우상시로 승진하였다.75)

이래는 父가 李存吾이고 우왕 9년에 등제하였고, 좌주는 禹玄寶・李仁敏이며 태종과는 동년이다.76) 이감은 우왕 11년에 등제하였고 좌주는 廉國寶・鄭夢周이다.77)

다른 두 사람에 대해서는 기록이 없어 잘 알 수 없지만 이들 두 사람도 과거로 급제한 인물들로서 신흥사족 계층이 아니었을까 생각된다. 그 이유는 위의 네 사람이 다 과거급제자이고 신흥사족들이다. 그런 그들과 같이 교류관계를 가진 사람은 그들과 같은 사상을 가졌고 그들과의 처지도 비슷했기 때문에 이성계를 탄핵한 것으로 생각되기 때문이다.

이렇게 정몽주를 중심으로 한 신흥사족 계열과 이성계 일파의 정치적 대결은 정몽주를 중심으로 한 신흥사족(온건파)이 우위를 점하자 이성계 일파에서는 비상수단, 즉 무력을 사용하여 이방원이 조영규에게 명하여 정몽주를 선죽교에서 살해한 것이다.78) 그리고 정몽주를 죽인 후 이방원은 그의 兄 芳果를 공양왕에게 보내어 "만약 몽주의 당을 신문하지 않는다면 臣 등을 죄주기를 청합니다"라고 협박하니 공양왕은 마지못하여 대간들을 巡軍獄에 가두고 또 이르기를 "외방으로 귀양보냄이 옳을 것이니 국문할 필요는 없다"고 하다가, 곧이어 판삼사사 裴克兼・문하평리 金湊에게 명하여 순군제조관 金士衡 등과 함께 국문하게 하였다. 이에 좌상시

---

74) 『高麗史』 卷117, 列傳30 金震陽.
75) 『國朝文科榜目』, 太學社, 1984.
76) 『高麗史』 卷112, 列傳25 李存吾.
77) 『國朝文科榜目』, 太學社, 1984.
78) 『高麗史節要』 卷35, 恭讓王 4年 4月. "太宗曰 時不可失 及夢周還 乃遣 趙英珪等四五人 要於歸路 殺之"

김진양이 말하기를 "정몽주·이색·우현보가 이숭인·이종학·조호 등을 보내어 신에게 말하기를 '이성계가 功을 믿고 권력을 마음대로 했는데 지금 말에서 떨어져 병이 위독하니 마땅히 먼저 그 우익인 조준 등을 제거한 연후에야 도모할 수 있다'고 하였다"한다.

이에 이숭인·이종학·조호를 순군옥에 가두고 곧 이숭인을 비롯해서 좌상시 金震陽·우상시 이확·우간의 이래·좌헌납 李敢·우헌납 權弘·집의 鄭熙·장령 金畝·徐甄·지평 李作·李申과 이종학을 먼 지방으로 귀양보냈다. 이어 지신사 李詹은 결성에, 우부대언 李士穎은 남원으로 귀양보내고, 李穡도 한주로 내쫓고, 이숭인·조호·이종학·李種善·김진양·이확은 폐하여 庶人이 되었다.[79]

5월에는 偰長壽·金履도 정몽주당이라 하여 田里로 쫓겨가고, 李茂·李彬·安魯生·崔關·金瞻 등도 귀양보내고[80] 6월에는 이성계 일파의 공격에서 벗어났던 구세력과 그밖에 새왕조 창건에 장애가 될만한 인물들은 모두 제거하였다.[81]

이해 7월 17일 수창궁에서 이성계는 新王으로 추대되어 조선왕조를 개창하였다. 7월 기유에는 양광도에 상장군 金輅, 경상도에 상장군 孫興宗, 전라도에 판군기감사 黃巨正, 서해도의 서북면에 판군자감사 張澹, 교주·강릉도에 예빈경 田易를 보내어 杖을 차등있게 집행하도록 하였다.[82] 이때 鄭道傳이 南誾 등과 몰래 黃巨正 등에게 이르기를 "곤장 100대를 맞은 사람은 마땅히 살지 못할 것이다"하니 황거정 등이 李種學·禹洪壽 兄弟 3인과 李崇仁·金震陽·李擴·崔乙義 등 8인을 杖殺하였다.[83]

---

79) 위와 같음.
80) 『高麗史節要』卷35, 恭讓王 4年 5月. "罷長壽 命歸田里 其餘竝罷遠流"
81) 『高麗史節要』卷35, 恭讓王 4年 7月.
82) 『太祖實錄』卷1, 太祖 元年 7月 己酉.

　　정도전이 李崇仁을 미워하게 된 것은 趙浚이 이숭인을 미워하기 때문에 후에 죽음에 이르게 하였다는 것이고,[84] 또 조준은 일찍이 李穡의 문생인 尹紹宗에게 從學하였는데 윤소종은 이숭인의 뛰어난 재주를 질투하고, 이색이 이숭인만 칭찬하고 자신은 칭찬하지 않는 것을 꺼려해서 조준에게 참소하여 이숭인을 살해하려고 하였다[85]는 것이다. 또 정도전이 이숭인을 미워한 것은 조준 때문만이 아니었다.

　　다음 『東人詩話』를 보기로 하자.

　　당시 이숭인과 정도전은 명성이 서로 비슷하였는데 이색의 評은 항상 先李後鄭하였다. 어느 날 이색이 이숭인의 「嗚呼島」 詩를 보고 극구 칭찬하므로 며칠 뒤 정도전도 「嗚呼島」 시를 지어 이색에게 보이고 거짓으로 古人의 작품이라 하였다는 것이다. 그런데 이색은 이 詩를 보고 "역시 佳作이기는 하나 君들도 능히 지을 수 있다고 하면서, 李崇仁의 詩와 같은 것은 많이 얻을 수 없다고 했다"는 것이다. 論者들은 후일 이색과 이숭인에 顚躓(전지) 혹은 被禍한 것은 모두 이 詩가 원인이 되었다고 하였다.[86]

---

83) 『太祖實錄』 卷1, 太祖 元年 8月 壬申.

84) 위와 같음. "初與鄭道傳 爲友從遊最久 道傳後附趙浚 知浚惡崇仁 反陰毁之 以致於死"

85) 『太祖實錄』 卷3, 太祖 2年 1月 戊午. "尹紹宗忌李崇仁才 告於趙浚 欲害崇仁"

86) 『東人詩話』 上. "李陶隱鄭三峯齊名一時 李淸新高古 而乏雄渾 鄭豪逸奔放 而少鍛鍊 互有上下 然牧老每當題評先李而後鄭 一日牧隱見陶隱烏呼島詩 極口稱譽 間數日三峯亦作嗚呼島詩 謁牧老曰偶得此詩於古人詩藁中 牧隱曰此眞佳作 然君輩亦裕爲之 至如陶隱詩不多得也 後三峯當國 牧隱屢遭顚躓 僅免其死 陶隱終蹈其禍 論者以謂 未必非嗚呼島詩爲之崇也" 및 『東史綱目』 下 卷17. "鄭道傳與崇仁 同師牧隱 才名相持 面定向異 道傳積不平 及我朝受命道傳爲柄臣 令其私人黃巨正出宰崇仁所配邑杖殺之 甚矣 小人之用心也"

이렇듯 정도전·조준·윤소종 등과 관련된 사실이 어느 정도 정확한지는 잘 알 수 없지만 이숭인과 정도전과의 관계는 공민왕 16년 이색이 大司成이 된 이후 학관 시절에 성리학에 관해 매일 토론하면서 매우 다정한 사이였고, 또 반원친명의 외교노선을 지지함에 있어서도 입장을 같이 하였다.

그러나 우왕 9년 정도전이 咸州幕舍로 이성계를 찾아간 후[87] 교우관계는 옛날과 달라 이숭인·정몽주 등과 다정했던 儒臣들은 멀리하고 혁명에 뜻을 같이하는 조준·남은·윤소종 등과 교류하였다. 그러므로 정치적 대립관계에 있던 三隱과의 우의를 견지하기는 어려웠던 것이다.

이숭인은 정몽주가 죽음에 이르자 정몽주당이라 하여 순천으로 貶黜되었다가 황거정에 의하여 나주에서 매를 맞고 남평에서 죽으니 그의 나이 46세였다. 슬하에는 4남이 있으니 次點·次若·次騫·次參이다. 이숭인은 이색의 문인으로 益齋 李濟賢·稼亭 李穀·牧隱 李穡을 잇는 文學儒 계통의 문장가이며 성리학자이다.

Ⅱ. 사상의 志向

고려 말 성리학이 도입된 후 신흥사족들은 권문세족을 타도하기 위한 방편으로써, 또 당시 타락된 불교에 대한 대응방법으로써 성리학의 도입을 적극적으로 추진하면서 斥佛論을 내세웠던 것이다. 그러나 당시 대부분의 신흥사족들은 거의 모두가 儒·佛을 함께

---

87) 한영우, 1983, 『鄭道傳思想의 研究』, 서울대출판부, 25쪽.

수용하고 있었다. 불교가 오랫동안 국교로써 정신적 지주로 지탱해 왔기 때문이다.

李崇仁도 불교에 대해서는 어릴 때부터 어머니가 첫닭이 울면 새벽에 일어나 앉아서『金剛般若經』華嚴行願品을 외우는 것으로 일과를 삼았다는 어머니의 영향을 받아 불교와 관계되는 詩와 文이 많았고 또 佛僧과의 교류도 많았던 것이다. 權近이 쓴『陶隱文集』序를 보면 다음과 같이 말하고 있다.

> 성산도은이선생은 려말에 태어나 天資가 英邁하고 학문이 精博하다. 濂洛性理之說에 바탕을 두고 경사자집, 백가서를 貫穿치 않음이 없어 연구가 깊고 소견이 높아짐에 卓然히 正大한 경지에 서게되었다. 뿐 아니라 佛敎, 老莊의 學에 이르기까지 그 옳고 그름을 연구하지 않음이 없다. 문장을 吐함에 高古雅潔, 卓偉精緻하며, 古律駢文에 이르기까지 그 妙境에 이르러 法度가 森然하여 이목은이 매양 찬탄하여 말하기를 "이 사람의 문장은 중국에 가서도 보기 드물다. 우리나라에 문사가 있은 이래로 그와 견줄만한 이가 드물다"고 하였다.88)

여기서 이숭인은 濂洛性理學에 바탕을 두었지만 佛敎·老莊學도 두루 섭렵한 博學會通한 폭넓은 사상가이며 문장가였다는 것을 알 수 있다. 그러나 그가 유교에 대한 인식은 어릴 때부터 기본유학에 관심이 많았고,89) 이것이 후일 성리학적 경향으로 변하게 하였던 것이다. 그를 사상적으로 변하게 한 것은 성균관 학관이 된 이후로

---

88)『陶隱文集』權近 陶隱文集 序. "星山陶隱李先生 生於高麗之季 天資英邁 學問精博 本之以濂落性理之說 經史子集 百氏之書 靡不貫穿 所造旣深 所見益高 卓然立乎正大之域 至於浮屠老莊之言 亦莫不研究其是否 敷爲文辭 高古雅潔 卓偉精緻 以至古律倂儷 皆臻其妙 森然有法度 韓山牧隱李文靖公每加歎賞曰 此子文章求之中國 世不多得 自有海東文士以來鮮有其比者也"(『高麗名賢集』4, 372쪽).

89)『陶隱文集』卷3, 詩 絶口二十首用唐詩分字爲韻寄呈民望待制(9). "生髮尙未燥 願言追孔周 中塗成濩落 此計應謬悠"(『高麗名賢集』4, 392쪽).

달라지는 것을 알 수 있다. 즉, 그의 詩「示館中僚友」를 보면

壮年空有志　　　　獨立竟無徒
既見申韓用　　　　仍聞佛老具
聖模還寂寞　　　　吾事可嗚呼
且問座中友　　　　誰爲君子儒

장년에 속절없는 뜻 두었더니
마침내 무리 없이 홀로 섰네.
이미 신불해 韓非子를 보아서
이어 불교 도교도 함께 다 들었네.
성인의 가르침은 도리어 적막하니
우리는 정말 슬프구나.
다시 묻노라 좌중 벗들에게
누가 군자유인가.[90]

이 詩는 그가 21세 학관이 된 후 성균관 친우에게 보낸 詩이다. 학관이 되기 전 20세까지는 申不害・韓非子・釋迦・老子를 듣고 보았다고 할 정도로 박학다식한 사람이었다. 그러나 성인의 법도가 지금 적막하게 되어 우리는 슬픈 지경에 빠지게 되었으니 館中에 있는 벗이라도 君子儒가 되어야 한다는 것이다. 그러므로 그의 사상은 20세까지는 도교・불교에도 관심을 두었지만 20세 이후에는 유교에 관심을 두었던 것이다.

　이와 같이 그는 학관이 된 후부터의 사상은 성리학적 경향으로 굳어져 갔음을 다음「秋夜感懷」詩를 보면 알 수 있다.[91]

(2째수)
斯文欲墜地　　　　玄聖應時生

---

90)『陶隱文集』卷1, 詩(위의 책, 380쪽).
91)『陶隱文集』卷1, 詩 秋夜感懷十首 2, 3, 4, 5, 9, 10(앞의 책, 374쪽).

周流騁列國　　　遙遙指蠻荊
庶將啓聾瞶　　　荼蓼交中情
嗚呼吾已矣　　　歸與托遺經
包羲迄文武　　　煌煌集大成
所以生民來　　　極口無能名

사문이 땅에 떨어지려면
현성이 때맞추어 나온다네.
여러 나라를 두루 다니면서 놀아
멀리 蠻荊을 가리키네.
장차 귀머거리를 열어 주소서
괴롭고 쓰라리네.
슬프다 나는 떠나리라
돌아가 유경에 의지하네.
복희씨에서 문왕 무왕에 이르기까지
빛나게 집대성하리.
생민이 온 까닭은
온갖 말을 다 해도 이름짓지 못하네.

　이 詩는 유교가 땅에 떨어지게 되자 공자가 탄생하여 복희씨로부
터 문왕·무왕에 이르기까지 이를 집대성한 사실을 찬양한 것이다.

(3째수)
晼晼柱下史　　　適遭大道裂
口吐五千文　　　掀簸造化窟
淸談已誤人　　　家國隨以滅
況乃雜符呪　　　神怪世容說
安得火其書　　　坐令深弊袪

희끗희끗한 노자
만남에 대도가 찢어졌네.
입으로 오천문을 토하니
조화굴을 열어 흔파하네.
청담은 이미 사람을 그르쳤고

> 나라는 따라서 망하였나니.
> 하물며 잡된 부적과 주문은
> 괴이한 귀신을 용납치 못하니.
> 어쩌면 그 책을 불태워
> 앉아서 깊이 소매를 헤지게 할고.

이 詩는 老子의 신기한 說을 불태우고 싶은 심정을 읊은 것이다.

(4째수)

金夷蹂中國	于今千百年
當初白馬駄	僅僅論因緣
後來競談玄	深淵高入天
愚智盡爲虜	誰能秉戈鋌
永平亦英主	此禍當造端
靡力拔根株	出涕徒汎瀾

> 불교가 중국을 짓밟은지
> 지금 천백년이 되었네.
> 처음엔 흰말에 싣고 와서
> 겨우 인연을 설교할 뿐이었는데.
> 후세에 와서 깊은 교리를 다투고
> 깊은 연원은 하늘높이 들어갔네.
> 어리석은 지혜는 다 오랑캐가 되었으니
> 누가 능히 나라를 지키리.
> 명제님 역시 어진 王이지만
> 이 같은 禍를 만들게 되었네.
> 뿌리를 뽑아 낼 힘이 없어
> 눈물만 속절없이 물결이루네.

이 詩는 불교가 들어오자 賢愚를 가릴 것 없이 여기에 빠지니 그 뿌리를 뽑고자 해도 되지 않아 눈물이 흐른다는 것이다. 그의 排佛的인 면을 알 수 있다.

(5째수)

七雄逞狂暴 干戈日相尋
蘇張亦何人 方寸機穽深
拙摩而揣闔 辨口而如鍼
爭城復爭地 膏血流涔涔
腰間佩斗印 閃㷿驚愚黔
亞聖仁義論 遑遑獨苦心

전국의 칠웅이 미치고 포악해지니
전쟁은 날로 심해지도다.
소진과 장의는 어떤 사람이기에
마음속 깊이 틀과 함정을 품었던고.
상대방 맘을 헤아려 교묘히 그 속을 알아내고
변구는 침처럼 날카롭다.
城을 빼앗으려 하고 또 땅을 빼앗으려 하니
백성들은 고혈을 흘렸다.
허리춤에 찬 큰 패는 번쩍거려
어리석은 백성을 놀라게 하네.
성맹자는 인의를 논하고
홀로 애쓰며 苦心하셨네.

이 詩는 전국시대에 칠웅이 서로 다툴 때 맹자가 나와서 인의를
강론하며 혼자 고심했다는 것이다.

(9째수)

皇天啓我宋 帝運升文明
異人乃間出 壎篪迭相鳴
濂溪發源深 河洛分派淸
卓哉紫陽翁 起主斯文盟
上以繼往聖 下以開太平
九京如可作 執鞭終吾生

황천이 우리 송을 열고
황제의 운은 文明을 이루었네.

　　　그사이 훌륭한 분 나와서
　　　훈지를 번갈아 울리었네.
　　　염계에서 연원한 깊은 물은(性理學)
　　　하락으로 갈려 물 맑았어라.
　　　위대하도다 자양옹이여 ! (朱子)
　　　유학을 높이 일으키려 다짐했도다.
　　　위로는 옛 성현을 계승하고
　　　아래로는 태평을 열고,
　　　죽은 사람 살릴 수 있다면
　　　채찍을 잡고서 내 생애 마치리.

　이 詩는 周敦頤와 程顥를 거쳐 주자가 태어난 것을 읊은 것이다.

　　(10째수)

時運有今昔	降衷豈豊嗇
堯傑大同源	卒乃霄壤隔
余生千載下	所稟昏且弱
托身海一隅	磨驪躇舊迹
賴此方寸地	潛光玉韞石
庶幾追前修	孜孜惜晷刻

　　시운은 금석이 있지만 강충이
　　어찌 풍부하고 인색함이 있으리.
　　요·걸왕은 원래 같은 근본이지만
　　마침내 하늘과 땅으로 갈라졌네.
　　나는 천년 뒤에 태어나서
　　천품은 어둡고 또한 약하네.
　　바다 한 모퉁이에 태어나서
　　파리한 나귀를 타고 옛 자취 더듬어라.
　　이 좁은 땅에 살아가며
　　돌에 쌓인 玉처럼 빛을 감추었지.
　　옛 성현은 修身을 따르려고
　　부지런히 촌음을 아끼며 힘썼노라.

이와 같은 시는 인성의 본원은 선인인 堯임금과 악인인 傑임금
도 같은 것이므로 부지런히 마음을 닦아 堯임금과 같은 善한 사람
이 되어야 한다는 것이다. 이 詩로 이숭인은 도교와 불교의 이단을
물리치고 성리학적인 사상에 경도되었음을 알 수 있다. 좀 더 구체
적으로 그의 이론을 살펴보기로 하자.

그는 학생들이 학문을 연마하는데 있어서는 먼저 小學을 공부하
여 월등하는 일이 없도록 할 것을 朴生에게 준 글에서 말하였다.
즉 『陶隱文集』에,

> 옛날 학에 소학과 대학이 있어 여덟 살부터 열다섯 살까지의 사이
> 에 먼저 灑掃應對하는 소학공부를 한 다음, 格致誠正・修齊治平하는
> 대학공부로 나아가는데 이는 절연해서 문란할 수가 없다. 그러므로
> 사람이 학문을 함에도 근본이 있으니 그가 지키면 학문의 성취 또한
> 쉽게 달성될 것이다. 후세에 오면서 학제가 흔들리고 과정을 뛰어넘
> 는 일이 생겨 끝내 아무것도 얻지 못하는 꼴이 되었다.92)

라 하였다.

그가 소학 교육을 강조한 것은 "소학의 灑掃應對가 학문으로 나
아가는 근본"이라 하여 당시 소학을 경시하는 풍조가 있었던 것을
자성하였다. 그리하여 그는 후생들에게 경계의 말로서『소학』・
『대학』교육의 중요성을 강조하였다. 이는 유교 교육사상의 깊은
뜻을 가졌음을 알 수 있다. 또 이것은 魯齋 許衡의 '小學之書 吾信
之如神明 敬之如父母'라 한 사상과 일맥상통한 것이라 할 수 있다.
또 그는 '五經皆垂世立敎之大典'이라 하면서 문학도 경학을 공

---

92)『陶隱文集』卷4, 贈朴生詩序. "古者有小學焉有大學焉 人生自八歲而十
有五 其所以灑掃應對以至於格致誠正修齊治平之地 截然不可紊 故人之
爲學也有本 學之成也易 後世學制未明 陵節躐等 終無所得焉而已矣"(앞
의 책, 412쪽).

부해야 한다는 것을 말하였다. 즉 『陶隱文集』에,

> 시경 삼백편이 詩家의 조종이 되었다. 성인이 그것을 논하기를 "關雎篇은 즐거우나 음하지 않고 슬퍼해도 상하지 않는다"하고 또 이르기를 "詩 삼백편을 한마디로 하면 思無邪이다"라 한 것은 詩를 논한 지극한 것이다. 詩道의 변함이 지극하여 논자가 왕왕 情性에 근본을 두지 않고 一字一句의 工拙에만 치중하니 이를 내가 병으로 생각한 지가 오래다. 金可行이 지은 詩稿를 보니 조어가 雅馴하고 기흥이 심원하여 忠君愛親尊師親友하여 세상교화에 관련되는 것이 십중팔구가 되어 옷깃을 여미었다. … 詩의 발함이 정성에 근본되지 않으랴 … 시는 學問의 餘事이니 학문이 속에 쌓이면 밖에 나타남이 확실하다.[93]

라 하였다.

그는 詩란 餘事에 지나지 않으며 마음 속에 학문이 쌓이면 문장이 저절로 밖으로 나타난다는 '積於中 形諸外'를 높이 평가하였다. 그리고 학문이 '思無邪'의 경지에 들어가서 情性으로 정을 얻으면 詩는 저절로 된다고 하였다. 또 조어가 雅馴하고 기흥이 深遠하며 충군·애국·존사·친우의 世上을 교화하는 것이 십중팔구가 되는 것을 보고 옷깃을 여미었다고 한다. 또 『陶隱文集』에,

> 辭章學이 일어난 후로 학도들이 某는 부를 잘 짓고 某는 시를 잘 짓는다고 쏠리게 되고, 父子 兄弟 朋友 사이에서도 聲律對偶만을 권면하게 되어 경학에 뜻을 두지 않는다. 슬프다 학술이 이와 같이 변했으니 내 학도가 없는 것은 이상할 것 없다. … 고인의 학은 자기를 위

---

93) 『陶隱文集』 卷5, 題金可行詩藁後. "三百篇爲詩家宗祖 聖人嘗論之曰 關雎樂而不淫 衷而不傷 又曰詩三百一言以蔽之曰思無邪 此論詩之至也 詩道之變極 而論者往往不本於情性 惟一句一字之工拙是求 余之病此久矣 雞林金可行 以其所作詩藁見示 造語雅馴 寄興深遠 忠君愛親尊師親友有關於世敎者十之八九 … 曾謂詩之發 不本於情性乎 … 詩乃餘事也 而又如此積於中形諸外信哉"(앞의 책, 418쪽).

하는 것이니 進修의 차례는 門·階·堂·室로 들어가는 것과 같이
차례가 있으니 절차를 밟아야 한다. 도덕이 안에 쌓이면 文章은 환하
게 밝혀져 나온다. … 章句만 꾸미는데 힘써 출세를 빨리 하려고 한다
면 옛 것을 배우는 자의 뜻이겠는가?[94]

라 하였다.

이 글에서 부자·형제·붕우사이에서도 聲律對偶만 권면하게
되어 경학에 뜻을 두지 않으니 슬프다고 하면서 사장을 배격하고
도덕에 힘쓸 것을 강조하였다. 도덕이 안에 쌓이면 문장은 환하게
밝혀져 나온다는 것이다. 이 말은 앞서 이야기한 '題金可行詩稿後'
에 말한 '積於中 形諸外'란 것과 같다. 이것은 道文一致의 사상이
다. 또 그는 章句만 꾸미는데 힘써 출세에만 뜻을 둔다면, 이것은
옛 것을 배우는 者의 뜻이 아니라는 것이다.

이와 같이 문예보다는 학문에 뜻을 두어야 한다는 것은 이색이
나 정몽주에게도 나타나지만 이숭인은 더 구체적으로 나타난다.
이러한 문학관은 그대로 권근·정도전에게로 이어져서 조선조 성
리학자들의 문학관과도 상당히 가깝다 할 수 있다.

이와 함께 나타나는 것이 경학을 통한 禮敎이다. 그는 인간의 모
든 행동은 禮가 아니면 행해질 수 없다고 하면서 君王에게는 敬으
로써 禮를 다룰 것을 권유하였다. 그의 禮經說을『陶隱文集』에서
보면,

---

94)『陶隱文集』卷4, 贈李生詩序. "自辭章興 學徒以某工賦某工詩而之也 奚
子之之焉 父詔子兄敎弟朋友之相勸勉 無出聲律對偶外 其有志經學者哉
嗚呼學術之變至此 無怪乎予之無徒也 … 古人之學爲己 其進脩之序 如門
階堂室 等級斬截 不可欲速而有所躐焉 不可不及而有所廢焉 循循焉勉勉
焉由門而堂而室 道德之實 彌滿於中 則文章之發 不能不煥然矣 … 若雕
章刻句 以徇有司之三尺 惟速化之務焉 豈學古者志哉"(앞의 책, 410쪽).

경문에 이르기를 道德仁義도 禮가 아니면 이루어지지 못하고, 敎訓正俗도 禮가 아니면 갖춰지지 못하고, 分爭辨訟도 禮가 아니면 처결되지 못하고, 君臣上下 父子兄弟도 禮가 아니면 정해지지 못하고, 班朝理軍이나 莅官行法도 禮가 아니면 엄위가 서지 않으며, 禱祠祭祀와 供給鬼神에도 禮가 아니면 表誠할 수 없다 하였으니 그 뜻이 지대하다. 그러나 禮經의 으뜸은 毋不敬 三字인 줄 안다. 이는 곧 요의 敬明, 순의 溫恭, 우의 祗德, 탕의 聖敬日躋, 문왕의 小心翼翼 등과 같은 聖人相傳의 심법이다. 자고이래로 사직의 안위와 생민의 휴척과 군자소인의 진퇴소장, 그리고 천명인심의 거취리합이 모두 君心의 敬, 不敬에 달렸으니 모든 일을 처결하고 행함에 있어 반드시 一於敬할 것을 바란다.[95]

라 하였다.

이 글에서는 인간의 모든 행동은 禮가 準則이기 때문에 禮를 모르거나 문란해지면 인간의 행동은 따라서 질서와 조리를 잃게 된다는 것이다. 개인이 그렇고 사회가 그렇고 국가가 그렇게 된다는 것이다. 이렇게 禮가 모든 질서와 조리의 전형이기는 하나 자칫 잘못하면 강자에 의해 농단되거나 자기에게 유리하도록 바꾸어 놓는 불행이 있을 수 있으므로, 禮는 강자로부터 먼저 솔선해서 지켜져야 하며, 그 禮를 운용함에 있어서 敬으로 하지 않으면 안된다는 것이다.

이렇게 볼 때 그의 사상은 소학과 대학의 교육을 중요시하고 경학을 통한 禮교육을 강조하였다. 특히 "社稷의 安危와 生民의 休

---

95) 『陶隱文集』卷5, 進重刊陳澔集說禮記箋. "經文有曰 道德仁義非禮不成 敎訓正俗非禮不備 分爭辨訟非禮不決 君臣上下父子兄弟非禮不定 班朝埋軍莅官行法非禮嚴儀不行 禱祠祭祀供給鬼神非禮不誠不莊 大哉言乎 聖人所以爲萬世敎可謂盡矣 然則是經豈可一日離於心目哉 雖然臣又觀 毋不敬三字爲一經之冠 此乃堯之敬明 舜之溫恭 禹之祗德 湯之聖敬日躋 文王之小心翼翼 聖人相傳之心法也 自古以來 社稷之安危 生靈之休戚 君子小人之進退消長 天命人心之去就離合 實係乎君心敬與不敬 暫焉之頃矣"(위의 책, 419쪽).

戚, 君子小人의 進退消長, 天命人心의 去就離合이 진실로 君心의
敬, 不敬하는 잠깐 동안에 달린 것이다"라는 기본 사상은 후일 16
세기 사림의 성리학풍으로 이어지는 것이라 생각한다.[96]

　　앞장에서 말하였지만 이숭인은 이색의 학문을 이어 받아서 학설
에 있어서도 이색과 입장을 같이하여 주기론을 펴고 있다. 즉『陶
隱文集』에,

　　　　무릇 대화가 유행함에 따라 음양오행에 서려있는 정기가 생기작용
　　을 일으켜 사람이 태어난다. (人物은 生되는 者요) 生하는 者인즉 天
　　地의 氣이다. 그러므로 그 氣됨은 지대지강하다. 至大하기 때문에 天
　　地 어디에 놓이거나 準하고, 至剛하기 때문에 金石에 부딪침에 그것
　　을 뚫는다. 그 氣의 體는 본래 浩然하여 그 養함이 道를 얻으면 나의
　　氣가 天地에 充塞된다. 그 道는 오직 集義일 따름이니, 集義란 事가
　　모두 義에 합함을 이름이요 그 義는 나에게 본래 있는 것으로 잠시도
　　떼어 버릴 수 없는 것이다.[97]

라 하였다.

　　이는 일반 氣論者들의 주장과 같이 氣를 천지의 當體로 보고,
천지의 運行을 그 氣의 生氣的 작용으로 보며 따라서 人과 物이
모두 그 氣를 품수한 것이므로 善反하면 천지의 氣를 갖출 수 있
다고 본 것이다. 그의「題所居觀物齋」란 詩를 보면,

　　　　禽中有鳳獸中麟　　　鳳是嘉祥麟是仁
　　　　莫道從來爲異類　　　分明畢竟勝如人
　　　　有生元自共吾天　　　到得相形始判然
　　　　取譬一言眞妙訣　　　聖人端爲後人傳

　　　　새가운데 봉황이 있고 짐승가운데 기린이 있으니.

---

96) 김항수, 1987,「16세기 士林의 性理學的 이해」『韓國史論』7.
97)『陶隱文集』卷4, 送李浩然赴合浦幕序(『高麗名賢集』4, 408쪽).

> 우리는 그것을 가지고 봉황은 가상하고 기린은 인선하다고 하네.
> 사람들이여! 본래부터 類가 다르다고 이르지 마소.
> 분명한 것은 만물도 究竟地에 이르면 사람과 같은 것을.
> 生을 가진 자 모두가 이 천지에서 온 것이나.
> 각기 다른 形相을 얻으면서 비로소 달라진 것이다.
> 주역에서 말한 取譬란 한마디가 참으로 妙訣이라.
> 성인은 그 진리의 단서를 잡아 후인에게 전한 것이다.[98]

라 하였다.

여기서도 그는 物我一體, 物我同胞觀에 도달하고 있다. 이것은
이색의 天·地·物의 관계를 일체로 보는 이론과 같다.[99] 또 그는
친구 예문응교인 서원의 鄭曼碩에게 써준 「復齋記」에서 周易의
復卦를 설명함으로써 宇宙觀을 드러내었다. 즉 『陶隱文集』에,

> 復에 세가지 측면이 있다. 첫째, 음양에 따르는 天地의 復이 있고,
> 둘째, 동정에 따르는 君子의 復이 있고, 셋째, 선악에 따르는 衆人의
> 復이 있다. 복의 卦됨은 양의 消盡이 극에 달했을 때 아래에서 다시
> 一陽이 돋아나는 형상이다. … 陽이 다시 돋아나고 生物之心이 불현
> 듯 流露됨은 곧 天命流行과 造化發育의 生機가 여기에서 비롯되는
> 것이니, 이른바 「復其見天地之心」이 이를 두고 말함이 아닌가? 오직
> 성인이 천지의 心을 心으로 하여 그 動에 따라서 나타나는 것이다. 무
> 릇 중인은 태어남에 그 氣稟이 이미 駁하고, 또 물욕에 가리워져 그
> 마음을 잃고도 알지 못하는 자이다. 그러나 본연의 善이 바로 陽駁이
> 끝내 소멸되지 않고 다시 돋아나는 것과 같이 회복되나니 … 그 善端
> 의 회복을 소홀히 보아서는 안된다. 대개 천지의 기운은 靜極하면 動
> 해서 스스로 회복하는 이치를 가지고 있으나 (사람은 그러하지 못하
> 다) 까닭에 성인이 天道를 중시하면서도 더욱 人道를 중히 여기고 특
> 히 인심의 복을 말한 것이다.[100]

라 하였다.

---

98) 『陶隱文集』 卷3, 詩 題所居觀物齋(위의 책, 395쪽).
99) 『牧隱文藁』 卷10, 說 浩然說贈鄭甫州別(『高麗名賢集』 3, 876쪽).
100) 『陶隱文集』 卷4, 復齋記(『高麗名賢集』 4, 405쪽).

 여기서는 우주생성의 창조적 본체는 一陽氣이고, 一陽氣는 곧 生意이고, 이 생의에 感한 것이 성인이라 하였다. 또 일반 사람의 본연의 선은 道德性이라 한다. 好生과 본연의 善이라는 도덕성은 陽動하는 氣에 내재하는 것이라 하였다.

 이상과 같이 이숭인의 사상은 성리학적 경향이 농후하였던 것을 알 수 있고, 또 경학 위주의 사상이고 교화적 사상이다. 그러므로 이숭인은 성리학의 窮理보다는 居敬을 바탕으로 하고 있음을 알 수 있다. 그것은 忠君·愛親·尊師·朋友의 思想이 철두철미하였기 때문에 매 사건마다 연루되어 결국은 죽음에까지 이르게 되었던 것이다. 그리고 그의 문집에 서문과 발문을 쓴 사람들도 한결같이 도덕적이며 교화적인 사상을 내포한 성리학적인 면을 강조하였다.

 먼저 序文에서 정도전은 "그의 詩와 文은 詩經의 興比와 書經의 典謨에 기초하였으며 和順의 積과 榮華의 發함이 모두 禮樂에서 나왔으니 어찌 道가 깊지 않은 이가 할 수 있겠는가?"고 하였고, 권근은 "天資英邁하고 학문이 情博하다. 濂洛性理學에 근본을 두고 經史子集, 諸子百家書에 통달하지 않음이 없었다. 조예가 깊고 식견이 높아 지대한 경지에 이르게 되었다"하였고, 명나라 사람인 周倬은 "그의 글은 화려하면서도 浮華하지 않고 질박하면서도 속되지 않고 화평한 가운데서 奇麗를 발하고 嚴整의 밖에서도 優柔하다. 또 忠君·愛國·尊師·親友의 뜻은 말과 행동에 넘치고 있다"하였다.

 다음 발문에서 스승인 이색은 "산뜻하여 한 점 티끌도 없으니 그 進境이 바로 여기에 있다. 인간은 情性의 바름에 감동되어 思無邪에 귀착했도다"고 하였고, 明使 張溥는 "그의 문장은 마음 속에 쌓인 것이 和順하여 發하여서는 문장이 되고 노래의 형태를 이루는 것이니 사물의 이치를 밝히고 인정에 통달했으니 세상을 교화하였다"고 하였고, 明使 高巽志도 "陶隱이 天稟이 卓異하지 아니하면 氣習이 편벽하고 고루할 것이 아닌가 어떻게 이에 미칠 수 있겠는가하면서 그의 저술은 明나라의 訓謨 雅頌의 끝에 붙일 것이라"하였다.

위의 사람들은 모두 이숭인을 잘 아는 사람들이다. 이들은 한결같이 그의 성리학적인 측면을 평가하고 있다. 이것은 그가 누구보다도 성리학적인 사상이 투철한 문장가이며 정치가였다. 그의 정치이념은 어디까지나 성리학적인 입장이기에 '忠臣不事二君'의 이념을 몸소 실천한 사람이며, 고려의 멸망과 함께 生을 마친 분이다.

Ⅲ. 小 結

이숭인은 星山李氏로써 5 代祖인 李長庚이 鄕吏로 發身하여 슬하에 다섯 아들을 두었으며, 그 다섯 아들이 모두 문과 급제하였다. 그러므로 그의 족친 중에는 기라성 같은 훌륭한 인물과 세력가들도 많았다. 그 중에서도 李仁任은 우왕의 즉위와 더불어 국정을 총괄하는 총재의 지위에 있었던 것이다.

이숭인은 당시 신진사류로써 이인임과는 외교정책에서도 그 주장이 서로 달랐기 때문에 유배당하기도 하였고, 또 족친으로 인하여 유배당하기도 하였다. 그러므로 이숭인은 족친의 음덕보다는 자신의 학문적 능력에 의해서 과거에 급제하여 중앙관료로 진출하였던 것이다.

그의 文才는 어릴 때부터 총명하여 글을 읽으면 모두 암기 할 정도이었고, 스승인 이색이 '吾東方文章 前輩無如子安者'라 칭찬할 정도로 뛰어난 사람이었다. 그러나 그는 생애에 있어서는 남보다 유달히 불행이 많았던 것 같다.

   ① 우　왕 원년 : 북원사신 영접반대하다 대구로 귀양.
   ② 우　왕 14년 : 이인임친척이라 참소를 입어 通州로 귀양.
   ③ 공양왕 원년 : 永興君 眞僞를 논변하다 星州로 귀양.
   ④ 공양왕 원년 : 賀正使로 중국에 갔을 때 賣買의 일로 星州로 귀양.
   ⑤ 공양왕 2년 : 尹彛·李初의 獄事로 청주에 갇힘.
   ⑥ 공양왕 4년 : 鄭夢周黨이라 하여 順天으로 貶黜되고 후에 南平에서 杖殺.

이와 같이 관료생활에 있어서도 많은 사건에 연루되었을 뿐 아니라, 가정적으로도 아내도 죽고 자식도 죽고 나 자신 또한 유락하였으니 한 평생 곤궁함이 어찌 나와 같은 이가 있겠는가[101] 그 자신이 말했듯이 불우한 일생을 보낸 분이다.

師承관계는 정통적인 牧隱의 학풍을 이어받아 목은의 사랑한 바가 되었고, 이것이 빌미가 되어 친우 간에도 시기하는 바가 되었다고 한다. 교우관계는 목은 중심으로 모여든 신진학자들과의 교류가 빈번하였을 뿐 아니라 그들과는 정치적 입장과 사상도 일치하여 많은 사람들과 교류도 있었다. 그 중에서도 특히 遁村 李集, 圃隱 鄭夢周, 惕若齋 金九容, 草屋子 金震陽 등의 관계는 왕래한 詩가 많은 것으로 보아서 교분이 두터웠던 것을 알 수 있다.

그의 文章에 대한 당대 사람들의 평가로 본 장의 맺음말을 대신

---

101) 『陶隱文集』 卷2, 詩 "旅窓晨起 獨酌醺然 攬筆書懷 用以自怡撫膝長吟 且復悲悗嗚呼 涉歲之間 妻亡子歿 身又流落 一世之窮 豈有如僕者哉 雖然 漆園嶼鼓盆 東門吳不憂 勉思故人 亦用自寬"(앞의 책, 386쪽).

하고자 한다. 먼저 스승인 이색은, "산듯하여 한점 티끌도 없으니 그 進境이 바로 여기에 있다. 인간은 情性의 바름에 감동되어 思無邪에 귀착했도다"고 하였고, 정도전은, "그의 詩와 文 은 詩經의 興比와 書經의 典謨에 기초하였으며 和順의 積과 영화의 發함이 모두 예악에서 나왔으니 어찌 道가 깊지 않은 이가 할 수 있겠는가?"고 하였고, 권근은, "天資英邁하고 학문이 情博하다. 濂洛性理學에 근본을 두고 經史子集·諸子百家書에 통달하지 않음이 없었다. 조예가 깊고 식견이 높아 지대한 경지에 이르게 되었다"고 하였다.

명나라 사람인 周倬은 "그의 글은 화려하면서도 浮華하지 않고 질박하면서도 속되지 않고 화평한 가운데서 奇麗를 발하고 嚴整의 밖에서도 優柔하다. 또 忠君·愛國·尊師·親友의 뜻은 말과 행동에 넘치고 있다"고 하였다.

이와 같이 도은 이숭인은 그 누구보다도 성리학사상이 투철한 문장가이며 정치가였다. 그의 정치이념은 어디까지나 성리학적인 입장이기에 '忠臣不事二君'의 이념을 몸소 실천한 사람이며 고려의 멸망과 함께 생을 마친 사람이다.

제6장

李行의 학문과 사상

Ⅰ. 시대적 배경과 그 생애

李行은 고려와 조선의 역성혁명기 내지 조선 초의 정국의 변천이 많았던 복잡다난한 시대의 인물이다. 고려 말의 어지러운 정국과 조선 초에 변화많은 세상을 살게 된 한 사람의 성리학자로서의 李行의 삶의 방향에 대하여 살펴보고자 한다.

고려시대 원간섭기의 정치기강은 크게 문란하였다. 이 시기의 지배세력인 권문세족들은 원과 밀접한 관계를 가지면서 온갖 수단과 방법을 동원하여 탐학과 불법을 자행하였다. 이때 이들의 정치적 비리에 대해 비판과 개혁을 주도하는 세력은 신흥사족들이었다. 그러나 그 세력은 보잘 것 없는 단계에 머물고 있었다. 이 같은 정세속에서 즉위한 공민왕은 원의 覇絆에서 벗어나려는 의지가 강하였다.

이때 대륙에서는 원제국의 쇠퇴의 징조가 나타나자 공민왕은 신흥사족을 기반으로 정치개혁을 실현시키고자 하였다. 이 개혁은 안으로는 권문세족을 누르고 밖으로는 그들의 배후세력인 원을 축출하려는 것이었다. 공민왕 5년의 개혁은 원의 간섭을 배제하려는 것이었고, 공민왕 14년 개혁은 오랫동안의 적폐를 시정하려는 것이었다.

한편 대륙에서는 원제국이 쇠미해지자 이틈에 漢人들이 각처에서 봉기하였다. 그들 중에서 朱元璋이 공민왕 17년 정월에 應天(남경)에서 황제에 즉위하고 국호를 明, 연호를 洪武라 하였다. 이해 8월에는 원의 大都(북경)를 함락하고 원 順帝를 북으로 쫓아 버렸다.

이와 같이 대륙에서 명의 등장은 원의 압박에서 벗어나려고 갈망하던 공민왕은 大都 함락소식을 듣고 서둘러 동년 11월에 사신을 파견하였고, 明도 이에 대하여 같은 달에 符宝郞 偰斯를 고려에 보내어 명의 건국과 洪武帝의 즉위를 알리는 국서를 전하였다.[1] 이러한 공민왕의 대내적인 개혁정치와 대외적인 친명정책은 아직도 강력한 기성세력을 갖고 있는 권문세족들의 반발에 부딪히게 되었다. 권문세족들은 공민왕의 반원정책과 개혁정치로 말미암아 그들의 세력기반이 무너지는 것을 두려워하여 신돈을 제거하고 공민왕을 시해하였던 것이었다.

이때 재빨리 여러 의견을 물리치고 10세의 우왕을 즉위시켜 정권을 잡은 이인임은 지금까지와 다른 원과 명 두 나라에 다 함께 수교하는 양면 외교를 추구하였다. 즉 고려에서 우왕이 즉위한 후 11월에 밀직사 張子溫·전공판서 閔伯萱을 명에 보내어 전왕의 訃를 고하고 賜諡와 신왕의 承襲을 청하는[2] 한편 12월에는 판밀직사사 金湑를 북원에 보내어 喪을 고하였다.[3]

고려측의 告訃使 파견에 대해 북원에서는 이듬해인 우왕 원년 5월에 사신을 보내왔는데 김구용·이숭인·정도전·권근 등의 신흥사족들의 반대에 의해 북원사신은 개경까지 들어오지 못하고 江界에서 접대를 받고 돌아갔다. 그러나 그 후 고려와 북원과의 관계는 계속되어 舊誼를 회복하고 우왕 3년 2월에는 북원에서 책봉과 전왕의 시호까지 받게 되었다.[4]

---

1)『高麗史』卷41, 恭愍王 18年 4月 壬辰.
2)『高麗史』卷133, 列傳46 禑王 卽位年 11月 己巳. "遣密直使張子溫·
   典工判書閔伯萱 如京師 告訃請賜諡承襲"
3)『高麗史』卷133, 列傳46 禑王 卽位年 12月. "遣判密直司事金湑 如北
   元古喪"
4)『高麗史節要』卷30, 禑王 3年 2月. "北元 遣翰林承旨孛剌的 册禑爲開
   府儀同三司 征東行省左丞相高麗國王"

우왕 4년 9월에 洪武 연호를 다시 사용하였다. 그 후 우왕 11년 9월에 조서사로 국자감학록 張溥·행인 段祐·諡册使로 國子監典簿 周倬·行人 雒英 등을 보내어 우왕을 고려 국왕으로 책봉하고 전왕의 시호를 恭愍이라 하였다. 이후 고려·명 사이에 정상적인 국교가 재개된 것이다.

그러나 명은 겨우 1년만에 다시 부당한 요구를 하여 왔다. 즉 우왕 12년 11월에 고려로부터 말 5,000필을 사겠다는 것이다. 비록 댓가를 지불하겠다고 하였지만 고려에는 명이 원하는 좋은 말이 많지 않으므로 그로 인해 여러 가지 문제가 발생하였던 것이다. 더하여 명이 또 요동을 폐쇄하여 고려 사절의 왕래마저 금하였다.[5] 명의 이러한 일방적인 위협과 억압에 고려에서도 점차로 排明감정이 고조되고 있었다. 나라가 이와 같이 외교상의 어려운 문제가 있는데도 집권자들은 난국을 타개하려는 노력보다는 자신들의 사리사욕을 도모하는데 급급하여 정치적 비리와 불법이 한층 더 증가되었던 것이다. 이에 최영이 이성계의 협력을 얻어 임견미·염흥방을 베고 이인임은 일찍이 국가를 진정한 功이 있다하여 京山府(성주)에 귀양을 보내었다.[6]

이것은 外侮를 막기 위해서는 먼저 내부의 부패를 숙청하려는데 있었다 하겠다. 그런데 우왕 14년 2월에 明京에 사신으로 갔던 偰長壽가 돌아와 철영위 설치 문제가 알려졌다. 이 철령위 문제는 明

---

5) 『高麗史』 卷136, 禑王 13年 11月. "今後高麗國使臣來者 於一百里外止回 不許入境 亦不許送赴 京師 不揀指以諸等時節行禮等項 不必敎來 其國執政之臣 輕薄譎詐之徒 難以信憑 自許往來至今 凡百期約 非過則不及 未嘗誠意相孚 可以絶交 不可與之往來"

6) 『高麗史』 卷137, 列傳50 禑王 14年 正月. "下三司左廉興邦領三司事林堅未 … 等于獄 幷其族黨誅之." 및 "安置廣平府院君李仁任于京山府竄前門下平理李仁敏于鷄林府"

이 우왕 13년(1387) 6월 納合出을 평정하여 요동경영에 큰 진전을 보게되자 고려에 대해서도 강경한 태도로 나오더니 같은 해 12월에는 고려의 철령이북의 땅을 차지하겠다는 것이었다. 이 사실에 고려의 조야는 경악을 금치 못하였고 명에 대한 비난의 소리가 높았다. 이때 崔瑩은 문하시중으로 지금까지 명의 부당한 요구를 좌시해 왔으나 이것은 국가를 위하는 길이 아니라는 것이다. 그래서 마지막으로 밀직제학 朴宜中을 請和使로 파견하여 철령 이북에서 공험진까지의 땅은 본래 고려의 속령이었음을 설명하고 철령위 설치의 중지를 요청하였으나 별다른 소식이 없자, 마침내 우왕 14년 4월 丁未에 최영을 팔도도통사로 조민수는 좌군도통사, 이성계를 우군도통사로 삼아 요동정벌을 단행하였던 것이다. 그러나 이성계는 처음부터 요동정벌을 반대하여 사대불가론[7]을 들어 왕에게 諫하였던 이성계가 조민수를 달래어 회군함으로서 요동정벌은 실패로 끝났다.

이 사건이 유명한 위화도회군이다. 이 이후 명에서도 고려 영토 내 철영위를 설치하려던 것을 변경하여 만주지역에 두었으므로 다시 분쟁이 일어나지 않았다. 고려에서는 위화도회군을 계기로 권력을 장악한 이성계와 신흥사족들은 북원과는 국교를 단절하고 친명정책으로 나아갔다.

개경으로 돌아온 이성계 일파는 최영을 잡아 高峰縣(고양)으로 귀양을 보내고, 洪武년호를 다시 사용하고, 조민수를 좌시중이 되고 이성계는 右侍中이 되어 정국을 주도하였다. 6월 丁未에는 우왕도 강화로 내쫓았다. 그러나 양자는 후사 문제로 곧 대립하였다.

---

7) 『高麗史』 卷137, 列傳50 禑王 14年 4月 乙巳. "今者出師 有四不可 以
   小逆大 一不可 夏月發兵 二不可 擧國遠征 倭乘其虛 三不可 時方署雨
   弓努膠解 大軍疫疾 四不可"

이성계는 종실 중에서 擇立하려고 하고, 조민수는 우왕의 아들을 세우고자 하여 의논이 분분하였다. 조민수는 당시 명유 이색에게 물었던 바 이색도 '當立前王之子'라 하여 조민수가 승리하여 9세의 창왕이 즉위하였다. 뒤이어 창왕 즉위년에 최영을 충주로 移配하였다가, 12월에 이성계 일파의 주장으로 斬刑하였다.

그러나 이성계는 군사면에서 뿐만 아니라 정도전·조준 등 신흥사족들과 손을 잡아 정치적 기반을 확고히 다져 놓고 있었다. 그들은 당시 큰 문제로 대두된 사전개혁안을 제기하였고, 이에 반대한 조민수를 조준이 탄핵하여 창녕으로 귀양보내었다.[8]

이 사전개혁이야말로 당시로서는 제일 중대한 문제였다. 이 중대한 문제를 수행하기 위해서는 강력한 힘이 뒷받침이 있어야 되었다. 이성계는 조민수를 탄핵한 후에 이색이 문하시중이 되고 자신은 수시중이 되었지만 도총중외제군사가 되어 군권을 장악함으로써 실제적인 정권 담당자가 되었다. 그러므로 조준의 뒤를 이어 간관 李行·판도판서 黃順常·전법판서 趙仁沃·우상시 許應 등의 신흥사족들이 전제개혁을 맹렬히 주장할 수 있었던 것이다.

이 조준의 전제개혁안이 도당에서 논의될 때 李穡 등 온건한 개혁파의 반대가 있었음으로 그들을 조정에서 축출하였다. 창왕도 전제개혁에 적극적으로 협조하지 않는다 하여 1년 만에 폐출하고 이성계와 인척관계에 있는 공양왕이 즉위하게 되었다.[9] 이제 모든 것이 이성계의 수중에서 장악되어 전제개혁을 단행하였다. 요컨대 전제개혁은 신흥사족들에 의한 경제적인 구질서의 파괴요 신질서의 수립이었다. 다시 말하면 전제개혁은 권문세족들의 경제적 토대를 무너지게 하였고, 이것은 곧 그들의 몰락을 의미할 뿐만 아니

---

8)『高麗史』卷137, 列傳50 昌王 卽位年 7月. "流曺敏修于昌寧"
9) 定昌君 瑤의 母弟인 瑀의 딸이 李成桂의 第7男 芳蕃의 妻임.

라 고려왕조 자체의 몰락을 상징하는 것이었다.

이러한 고려 말의 어지러운 정국에 이행이 살았던 것이다.

이행은 공민왕 원년(1352) 개성에서 태어나 字를 周道, 호를 騎牛子・白巖居士・一可道人이라고 하였고, 본관은 驪興으로 조선 세종 14년(1432)에 서울에서 81세로 세상을 떠났다. 이행의 가문인 여주 李氏는 고려중기부터 본관지인 여주에서 校尉・戶長・軍尹 등 향직을 맡아 향리로 생활해 오다가 5대조인 喬에 이르러 개경의 북부 興國里에 자리 잡았다.[10] 이교의 세 아들 중에서 막내인 秀龍은 李行의 고조부로 그다지 뚜렷한 행적을 찾아 볼 수 없으나 父인 李天白에 이르러서야 그 행적을 알 수 있다. 그는 충목왕 때 정치도감에서 활약한 개혁세력의 일원이며,[11] 공민왕 때 홍건적의 침입시 충주목사로 전사하였다. 외조부인 黃端은 평해 황씨로 무반으로 출세하여 충렬왕 때에 세자를 모시고 세 차례에 걸쳐 入元한 공로가 있었으며,[12] 그 공로로 본향인 平海가 郡으로 승격되고 그 자신은 知郡事로 임명될 정도로[13] 평해에서 상당한 기반과 위치를 구축하고 있었다.

이행은 홍건적의 침입으로 외가가 있는 평해로 피난하였다가 개경으로 돌아와 15세 때에 서산 柳氏인 柳淑의 女와 결혼하였다. 장

---

10) 驪州李氏 戶口單子 중에서 "中郎將公丁酉戶籍". "宋嘉熙元年丁酉 北部 興國里 戶郎將同正李喬古名唐桂 年五十一 本黃驪 父戶長軍尹李溫 祖 父戶長元傑 曾祖仁勇校尉仁德 外祖戶長中尹李仲規 本慶州 妻閔氏故本 黃驪 父鄉貢進士洪鈞古名孝全 祖守戶長世儒 … 幷産一男書藝同正秀山 年十九 二男巴只十三改名秀海 一女年九 三男巴只年一改名秀龍"

11) 『高麗史』卷37, 世家 忠穆王 3年 10月 甲午. "整治官白文寶・申君平・全成安・河楫・南宮敏・趙臣玉・金達祥・盧仲孚・李天伯・許湜・李承閏・安克仁・鄭光度・吳璟・徐浩・田祿生"

12) 민현구, 1987, 「白文寶研究」『東洋學』17.

13) 『高麗史』卷11, 地理志2 慶尙道. "平海郡 … 忠烈王時縣人 僉議評理黃端 隨駕入元 翊戴回還 以功陞知郡事"

인 柳淑은 충혜왕 원년(1340)에 김영돈과 안축이 주관한 과거에 급제하여 관직에 나아갔으며, 일찍이 공민왕을 원에서부터 보필하여[14] 공민왕초기 이제현 세력의 일원으로 개혁정치에 참여하였다.[15] 그러므로 유숙의 좌주는 안축이고, 안축의 동생은 안보이다. 安輔와 李穀은 동년이면서 그들의 좌주는 李齊賢이고, 또 李穡의 좌주도 李齊賢이다. 이와 같이 이제현·안축·유숙·안보·이곡·이색 등은 좌주·문생관계로서 서로 유대관계가 깊었음으로 이색이 柳淑의 墓誌銘을 지어줄 정도로 일찍부터 교류가 있었다. 그러나 유숙은 辛旽의 등장이후 관직을 버리고 낙향하였다가 신돈의 모함으로 죽음을 당하였다.[16]

이행은 이렇듯 본가·외가·처가가 모두 신흥사족이었기 때문에 그런 가문에서 성장한 그는 어릴 때부터 학문에 관심이 많고 또 天品이 순정하고 총명하여 7세 때 벌써「我乘千里馬 周遊天地間」이란 詩句를 지었다는 것이니 어릴 때부터 그의 원대한 뜻을 알 수 있다. 또 공민왕 17년인 17세 때에 성균관에 입학하였다. 이때의 성균관은 중영되고 이색이 대사성이 되어 당대의 經術之士로 유명했던 인물들이 교관으로 임명되어 성리학이 흥하게 되었던[17] 시기이다. 이는 신흥사족들이 정치적으로 성장할 수 있는 사상적 기반이 된 성리학에 대한 관심이 깊어짐을 의미하기도 한다.

이행의 성균관 입학은 이색과 정몽주 등에 의해서 학문적으로

---

14)『高麗史』卷112, 列傳25 柳淑. "王錄燕邸侍從功爲一等 日新誅 淑方居母憂 起復爲代言 尋判典校 … 錄誅奇轍功賜安社功鐵券"

15) 이숙경, 1989,「李齊賢勢力의 形成과 그 役割」『韓國史研究』64, 51쪽.

16)『高麗史』卷112, 列傳25 柳淑.

17)『高麗史』卷115, 列傳28 李穡. "十六年 重營成均館 以穡判開城府事兼成均大司成 增置生員 擇經術之士金九容鄭夢周朴尙衷朴宜中李崇仁 皆以他官兼敎官 先是 館生不過數十 穡更定學式 每日坐明倫堂 分經授業 講畢 相與論難 忘捲 於是 學者坌集 相與觀感 程朱性理學 始興"

많은 영향을 받은 것 같다. 특히 李行의 '闢異端 崇正學'의 사상이 정몽주의 사상과 일치하고 있음은 이러한 연유에서 온 것으로 보인다. 공민왕 20년인 21세에 지공거 이색, 동지공거 전록생이 관장한 문과급제를 하였다.[18] 이색과는 이 때부터 좌주·문생관계에서 정치적인 입장을 같이 한 것이다. 과거급제한 후 그는 修身齊家治國平天下를 유교 본래의 이상과 사명으로 삼고 신흥사족으로써 관직에 나아가 고려 말의 亂麻와 같은 정국에 熱과 誠으로 대처해 나아갔다.

그는 예문관검열(정9품)로 初任되어 춘추관수찬(정8품)을 지냈다. 그러나 우왕 즉위 이후 이인임 세력의 친원정책에 반대한 신흥사족들의 친명정책이 무너지고 정몽주 등의 신흥사족들이 유배되거나 죽음을 당하였다.[19] 이러한 현실속에서 李行은 관직을 버리고 평해로 낙향하여 自適하니 이러한 모습을 권근은 「騎牛說」로 표현했고,[20] 이로 인해 얻어진 호가 騎牛子이다 이때가 이행의 나이 불과 24세 때이다.

그 후 얼마 지나지 않아서 유배되었던 신흥사족들이 다시 풀려나서 다시 정치 활동이 재개되었고, 이러한 분위기 속에서 이행도 우왕 3년인 26세 때 다시 개경으로 올라가 宣德郎 義寧庫副使(종6품)에 임명되어 장인 柳淑의 행장을 지었다.[21] 우왕 12년인 35세 때는 전의사부정(종4품)이 되고 그 해 7월에 耽羅宣諭使가 되어 大

---

18) 『騎牛集』 補遺 卷2, 附錄 麗朝榜目(『高麗名賢集』 4, 595쪽).

19) 『高麗史節要』 卷30, 禑王 元年 4·5·7月.

20) 『騎牛集』 卷2, 附錄 權近 騎牛說. "吾嘗謂山水遊觀 惟心無私累 然後可以樂其樂也 友人李公周道 家居平海 每月夜携酒騎牛 遊於山水之間 平海號稱形勢 其遊觀之樂 李君能盡得古人不知之妙也"(『高麗名賢集』 4, 587쪽).

21) 『牧隱文藁』 卷18, 有元高麗國忠勤節義贊化功臣重大匡瑞寧君諡文僖柳公墓誌銘(『高麗名賢集』 3, 946쪽).

護軍 陳汝義를 데리고 탐라에 갔는데, 이에 대한 기록은『高麗史』
에 있다. 즉,

> 이때 조정에서는 耽羅의 말을 가져가고자 하였으나 이 섬에서 여
> 러 번 반란이 일어났으므로 이행을 보내어 子弟를 초유한 이듬해 4월
> 에 이르러 이행이 星主 高臣傑의 아들 鳳禮를 데리고 돌아왔다. 탐라
> 가 우리 조정에 귀순한 것이 이때가 처음이었다.[22]

라 하였다.

당시 고려는 명으로부터 과중한 공물 요구가 있었다. 그 중에서
도 馬匹의 징구가 가장 심하였다. 원간섭기에 목마장이 있던 탐라
에서 말을 공납 받을 수밖에 없었다. 그래서 과중한 공물에 대하여
島民이 자주 반란을 일으키자 탐라와 본토와의 사이는 더 소원해
질 수밖에 없었다. 이 때 조정에서 이행을 보낸 것이다. 그는 본토
에 대한 도민의 소외감과 거리감을 해소시키고, 또 공물도 계속 바
치게 함으로써 본토와의 동질성을 찾게 하였다. 이것으로도 그의
탁월한 외교적 능력을 알 수 있다.

한편 내정에 대해서는 창왕 즉위년에 문하부의 左司議大夫(정4
품)에 올랐다. 고려시대의 간관은 '秩卑而責重'한 華職으로 剛直果
敢 年少氣銳한 인물이 擇用되었다. 그는 간관으로서 고려 말의 인
사행정의 난맥상을 신랄하게 비판하면서「諫添設職疏」를 올렸다.
원래 첨설직은 공민왕 3년에 6부의 판서·총랑, 吏·兵曹를 제외
한 조정의 관직과 42都府의 군직을 각각 배수로 첨설하여 유공자
에게 수여하는 것이었으나, 날이 갈수록 賄賂가 公行하여 취진과

---

22)『高麗史』卷136, 列傳49 禑王 12年 7月. "遣典醫副正李行 大護君陳汝
　　義 于耽羅時 朝廷欲耽羅馬 且此鳥屢判 故遣行等 招誘子弟 至明年四月
　　行乃率 星主高臣傑子鳳禮以還 耽羅歸順 始此"

남발로 수습할 수 없게 되었다. 이행은 이 소에서 관직제의 원칙을 설명하고 첨설직의 폐단 특히 부정비리의 구체적 사례를 열거하고, 관기의 문란과 명기의 타락을 통렬히 지적하면서 첨설직을 존치시킬 경우에는 軍功이 있는 者 이외에는 일체 금지할 것과 백관들 중에 실제 직사가 없는 者는 도태시킬 것을 강력히 주장하였다.

또 그는 같은 달에 연관들을 대표하여「田制疏」를 올렸는데 그 내용은 권력층의 대토지 겸병의 실태와 일반민중의 착취의 참상을 상세히 말한 뒤에 모든 토지를 국유화하여 국가의 관리 하에 官吏·軍士·農民에게 합리적으로 분급하자고 하였다. 이렇게 私田改革을 주장하던 그는 그 해 9월에는 右副代言(정3품)으로 승진하여 임금의 측근에서 왕명을 출납하였다. 다시 10월에 우부대언으로서 대사성겸 신설된 인사기관인 상서사윤(정3품)을 제수받았으며,23) 창왕 원년 10월에는 知申事(정3품)로 특진되어24) 기밀을 주관하는 중책을 맡게 되었다.

그는 이때 왕명을 받아 좌주인 이색을 장단별장으로 찾아가 御酒와 諭旨를 전하고 위로하였는데, 이에 앞서 이색이 賀正使로 명나라에 갔을 때 부사이었던 이숭인이 모함을 받아 귀양가고 그를 변호하던 권근도 또한 귀양가자 이색이 수상직을 사임하고 장단별장으로 은거하였던 것이다.25)

이렇게 이행은 대간의 淸要職에 있으면서 강직과 청렴을 다하였

---

23)『高麗史』卷137, 列傳50 昌王 卽位年 10月. "以李穡我太祖及文達漢安
　　宗源兼 判尙瑞寺事 右副代言李行兼尙瑞尹"
24)『高麗史』卷137, 列傳50 昌王 元年. "… 李行 知申事 …"
25)『高麗史』卷115, 列傳28 李穡. "初崇仁副穡赴京 至是 崇仁以賣買事 被
　　劾流鼠穡不自安 上淺乞退 昌不聽 命中官腸酒慰諭 猶不出 昌趣令視事
　　又命贊成事禹仁烈 賜酒于第 穡又上淺辭 昌不聽 蓋穡嘗愛崇仁文章 其
　　再上淺 意欲 救之也 穡逐歸長湍別業 昌遣中使李匡存問 又遣知申事李
　　行賜酒 敦論請還 穡不起"

으며 문생으로서 좌주에 대한 예가 간절하였다. 그러나 고려의 말
세적인 현상은 국가적으로 일대 혼란을 초래함으로서 개인적으로
도 처세에 있어서 일대 혼란을 가져왔다. 공민왕 이후 대내적으로
신구세력의 대립과 대외적으로 친명파와 친원파의 대립이 격화되
는 가운데 공민왕이 시해되고 우왕과 창왕이 연이어 축출되며 이
성계 일파에 의한 공양왕의 옹립 등 격동하는 정치적인 혼란 속에
강직과 청렴 그리고 지절을 생명으로 여기던 이행과 같은 인물로
서는 그 행로가 자못 험난하였다.

이행이 知申事로 있던 공양왕 2년에 彝·初의 옥사에 연루되어
이색과 함께 청주옥에 갇혔다. 이·초의 옥사라 함은 尹彝와 李初
가 明나라에 가서 "이성계가 공양왕을 옹립하여 장차 명나라를 침
범하려 하며, 이를 반대하는 이색·조민수·이숭인·권근 등을
살해하고 우현보·우인열·정지 등을 귀양보냈다"고 무고한 것으
로 우현보·권중화 등이 순군옥에 갇히고 이색·정지·이숭인·
권근 등이 청주옥에 갇힌 사건을 말하는 것이나 그것은 어떻든 이
행도 이색 등과 함께 이 사건에 연루되어 청주옥에 갇혔다.

이 무고로 발단된 옥사는 때 마침 청주에 雷雨가 쏟아져 수해가
심각하자, 왕이 교서를 내리어 중외의 諸囚를 석방함으로서 이색
등이 풀려나고 이행도 또한 풀려났다. 이와 같은 윤이·이초의 誣
告는 이성계 일파의 誣告로 보인다. 그것은 이행을 비롯하여 이
색·이숭인 등 신흥사족들이 큰 타격을 입었던 것은 사실이고 이
것을 계기로 하여 이성계 일파를 중심으로 하는 신흥사족과 반대
파 사이에 격이 벌어지게 된 것도 사실이다.

이행은 이 彝·初의 옥사 후에 다시 기용되어 經筵參贊官·藝
文館大提學을 역임하였으며, 또 그는 공양왕 4년에 이방원과 모의
하여 정몽주를 선죽교에서 살해한 조영규를 탄핵하였지만 고려가

망하고 조선의 건국으로 뜻을 이루지 못하고 醴泉洞에 隱居하였
다. 그러다가 조선 태조 2년에 그가 앞서 조영규를 탄핵할 때 이성
계를 誣書한 죄가 있다고 하여 가산이 적몰되고 울진으로 귀양갔
다.[26] 그가 귀양에서 풀려난 것은 그 이듬해였고 그 후 몇 차례 기
용되었으나 사직하여 고려에 대한 志節을 지켰다.

그러나 태종 5년에 예문관대제학으로 計稟使가 되어 명나라에
다녀와서 判承寧府事・判漢城府事・刑曹判書를 거쳐 동왕 15년
에는 開城留後司留後가 되는 등 조선왕조에 포섭・중용되었으나
관직에 나아가지는 않았다. 세종 14년(1432)에 서거하자 시호를 文
節이라 하였으며 문집으로『騎牛集』이 있다.

Ⅱ. 학문과 개혁사상

고려 말의 정국은 정치적으로는 권문세족과 신흥사족 사이의 갈
등 대립과 거기에다가 원의 세력이 쇠퇴하고 명이 등장하는 대륙
의 정세 변화에 따라 고려조정에는 이해와 정견을 달리하는 친원
파・친명파의 대립을 보게 되었다.

이때 친명파는 공민왕을 정점으로 신흥사족으로 구성되었는데
반하여 친원파는 원과 연결되었던 권문세족들이 주류를 이루고 있
었다. 권문세족들의 농장확대는 국가지배의 公田을 침식하여 관료
들에게 줄 토지가 없게 되었고, 또 농민들은 농장에 흡수되어 私民
으로 되어 租・庸・調를 납부하지 않아 국가재정은 고갈되고 役

---

26)『太祖實錄』卷3, 太祖 3年 3月 丙寅. "杖李行一百 籍沒家産 流于蔚珍"

體制도 붕괴되어 국가는 기저로부터 흔들리게 되었다. 이 난마와 같은 정국을 안정시키자면 무엇보다도 토지집중을 지양하는 私田改革을 필요로 하였다.

신흥사족들은 대농장주인 권문세족을 제거하는데는 의견을 함께 하였지만 田制改革의 방법에 있어서는 의견이 나누어졌다. 그 하나는 현존하는 사전을 그대로 두고 단지 거기서 야기되는 폐단만 제거하자는 안이다. 즉, 祖業田化한 수조지로서의 사전을 그대로 인정하고 이 범위 안에서 점유상의 분쟁이나 여기서 연유하는 농민수취의 과중함을 개선함으로써 사태를 수습하자는 것이다.

또 다른 하나는 현재의 私田을 일거에 폐지하여 버리자는 안이었다. 즉, 조업전화한 사전은 불법이므로 이를 혁파하고 국가재정의 확충도 배려하여 재분배함으로써 문제를 해결하자는 것이었다. 전자를 私田改善論이라 하고 이를 주장하였던 사람은 李穡·權近 등이었고, 후자는 私田改革論이라 하고 대체로 이성계 일파에 가담한 사람들로써 鄭道傳·趙浚·李行·趙仁沃 등 적극적 改革論者들이었다.

먼저 전제개혁에 적극적인 이행의 「田制疏」의 기록을 『高麗史』에서 살펴보면,

濠强한 자가 토지를 겸병했기에 국용이 모자라 바닥이 나고 조세를 가혹하게 거두어 들임으로써 生民이 시들고 파리하여 강자는 약자를 삼키고 쟁송이 번다하여 골육이 서로 시기하여 풍속이 무너졌으니 이는 사전의 폐단입니다. … 선비로서 무직자는 田土를 주어 농경을 할 수 있게 하고 유직자는 祿俸을 줌으로서 농경에 대신하도록 하면 생계를 가히 이을 수 있습니다. … 役口之分과 戶別之丁은 나라의 공전으로서 아버지가 자식에게 함부로 주지 못하고 반드시 유사에게 告하고 주었으며 만약 자식이 없거나 혹은 죄가 있으면 반드시 공용으로 돌려 감히 사유하지 못하였습니다. … 혹은 말하기를 지금 권세있고 힘있는 무리들은 거의 모두 처벌되었으니 마땅히 辨正都監에 위탁

하여 소송하는 자의 고조 증조때의 문권을 고찰하여 그 연대가 오래
고 파계가 명백한 것은 각각 주인에게 돌려주면 원망과 억울함이 없
어지고 국가가 무사하게 된다고 하나 신은 그렇지 않다고 생각합니
다. 우리 祖宗朝에서 입법한 뜻은 대개 諸君과 兩府이하 軍士에 이르
도록 모두 국전을 받아 위로 부모를 섬기고 아래로 처자를 양육하여
생계를 잃지 않게 하자는 것인데 法이 폐해지고 田에 한계가 없으니
老婦 幼者 篤疾 廢疾의 무리들이 집문 밖에 나가지 않고 그 조부의
문권을 가지고 국전을 坐食함이 천백결을 차지한 자가 있으니 비록
관사로 하여금 지극히 공명하게 처벌한다 하여도 어찌 국용과 군비를
위하여 一毫의 도움이 있겠습니까. … 사전을 혁파하여 이를 국가에
귀속시키지 않고서 장차 무엇으로 오늘의 처한 사직 중흥의 계책을
삼겠습니까.27)

라 하면서 사전을 혁파하여 공전제를 부활해야 한다고 주장한 점
에서는 다른 전제개혁론자와 다를 바가 없다. 그러나 그가 주장한
공전제는 고려초 國田制를 의미하는 것이었다. 그에 의하면 고려
초의 국전제란 「田制疏」에,

조종의 田制는 役分田 國分田 戶丁 別丁 등의 토지는 모두 국전으
로서 부모가 자식에게 증여할 수 없으며 반드시 유사에 신고하여 주
게 되어 있으며 자식이 없거나 죄를 지으면 반드시 공(國家)에 귀속되
어 감히 사유하지 못한다.28)

---

27)『高麗史』卷78, 志32 食貨1 祿科田 禑王 14年. "豪强兼幷 國用乏竭 租
稅苟倍生民凋悴 强弱相呑 爭訟繁多 骨肉相猜 風俗壞敗 此私田之弊也
… 士之無職者授田使得農耕有職者 給俸以代其耕 生理可繼 … 役口之
分 戶別之丁皆爲國田 父不得與之子 必告有司而與之 如其無子 且或有
罪 側必歸於公 不敢私也 … 或曰 今權豪之徒 伏辜殆盡 宜委辨正都監
考察訟人高曾契券 其有年代久遠 派系明 白者 各還其主 側冤枉柱鎖而
國家無事 臣等以爲不然 惟我祖宗立法之意蓋欲諸君兩府以下至于軍士
皆受國田 仰事俯育 無至失所 令也 法廢 田無限制 老婦幼者篤疾廢疾之
徒 不出其門 持其祖父文券 坐食國田 至千結者有之 雖使官司 至公明決
何有一毫之補於軍國哉"
28)『高麗史』卷78, 志32 食貨1. "祖宗田制 役口之分 戶別之丁 皆爲國田 父

라고 하였다.

그러나 고려말에는 國田制가 붕괴되어 토지를 마음대로 겸병·사수·수조하는데서 국가의 빈곤과 민생의 피폐가 초래되었다고 주장하고 이와 같은 토지사유를 폐지하고 고려초의 국전제를 부활하여 백관과 군사에게 토지를 지급하여 일대에 한하여 수조케 하자는 것이 이행의 개혁안의 기본요지였다.

사전개선론자들이 말하는 것은 한 개의 田地에 수조권자가 2·3 혹은 3·4차례나 되어 이에 따라 수조의 중복으로서 民이 곤궁해지기 때문에 그 폐단만 시정하면 된다는 것이다. 그러나 이행은 비록 一田一主의 원칙이 실행된다 하더라도 사전문제는 해결되지 않는다는 것이다. 즉 그의 「田制疏」에,

> 오늘에는 법이 弊弛되고 전토에 限制가 없으니 노부, 유자, 독질, 폐질의 무리들이 그 집 문밖에도 나가지 않고 祖父의 文卷만 가지고 국용을 坐食함이 百千結이 있으니 비록 관사가 지극히 공명하게 처결한다 하더라도 군국에는 一毫의 보탬이 있겠습니까.[29]

라 하여 전법이 무너져서 收租地 점유에 한정이 없고, 무자격자가 국전을 坐食하는 상태에서 수조권의 중복을 막는다 하더라도 私田 문제는 해결되지 않는다는 것이다. 그리고 그 해결방법으로서는 私田의 개혁과 재분배만이 최상이라는 것이다. 즉 그의 「田制疏」에,

> 사전을 혁파하여 조종의 아름다운 뜻을 좇지 않으면 무엇으로 정사를 펴고 어짐을 베풀어 만세에 태평할 기틀을 만들 수 있겠습니까 엎드려 생각컨대 전하께서도 이를 거행토록 하소서.[30]

不得與之子 必告有司而與之 如其無子 且或有罪 側必歸於公 不敢私也"
29) 『高麗史』卷78, 志32 食貨1. "今也 法廢 田無限制 老婦幼子篤疾廢疾之
徒 不出其門 持其祖父文券 坐食國田 至百千結有之 雖使官司 至公明決
何有一毫之補於軍國哉"

라 하여 개혁만이 조종의 지공한 법을 회복하는 것임을 천명하였다.
또 이행은 士에게 대해서는「田制疏」에,

> 士의 무직자에게는 土地를 주어 農耕하게 하고 士의 유직자에게는
> 綠俸을 주어 경작에 대신케 하라.[31]

라고 하면서 士로서 무직자는 농경에 종사할 것을 주장하고 있다.
주로 士에 대한 생활보장을 강조한 것은 이행의 전제개혁론의 소
극성을 의미하는 것으로 그가 뒤에 이성계 일파와 대립되는 입장
에 서게 되는 것은 바로 이것이 계기가 된다고 생각된다.
그리고 이행은 고려말의 인사행정의 난맥상을 신랄하게 비판하
면서「諫添設職疏」를 올려서 당시 '車載斗量'이니 '億萬添設'이라
할 만큼 많은 첨설직의 혁파를 주장하였다. 원래 첨설직이란

> 육부판서 총랑 정조는 제외하고 각사의 3·4품과 42도호부에는 매
> 령에 중낭장을 각 2인씩 산원은 각 3인씩 배로 첨설하여 이를 軍政者
> 에게 상으로 주었는데 첨설직은 이에서 비롯되었다.[32]

라 한 것에서 잘 알 수 있다. 즉 고려 말에 이르러 왜구와 홍건적의
침입 등 외란이 잦은데다가 국고가 비어 있어서 軍功을 세운 자들
에게 상을 내릴 수 없어 임기응변책으로 취해진 것이 첨설직이다.
공민왕 3년 6월에 첨설직이 처음으로 설치되었는데 그 직접적인

---

30)『高麗史』卷78, 志32 食貨1. "不革私田 以追祖宗之美意 側何以發政施
　　仁 以開萬世太平之基乎 伏惟殿下 舉而行之"
31)『高麗史』卷78, 志32 食貨1. "士之無職者 授田使得農耕 有職者 給俸以
　　代其耕"
32)『高麗史』卷75, 志29 選擧3 添設職. "六曹判書總郎 除政曹外 皆倍數添
　　設各司 三四品 亦皆添設 又於四十二都府 每領添設中郎將郎將各二人
　　別將散員各三人 以授之謂之賞軍政 添設之職 始此"

계기도 원의 요청으로 장사성의 난을 토벌하고 돌아온 印塘 등에게 軍功으로 상을 주기 위한 것이었다. 그러나 그 후 고려말에 내우외환이 거듭됨에 따라 첨설직의 제수는 날로 늘어나게 되었다. 첨설직이 늘어나면 늘어날수록 添設職은 천직으로 여겨지게 되었다.

또 처음에는 軍功을 세운 사인·양가자제·향리출신의 무사들에게 주던 것이 점차 공상천예들에게까지 주어지게 되었다. 그러므로 첨설직의 증가는 관직질서를 혼란시킬 뿐만 아니라 신분질서를 파괴하는 것이기 때문에 그대로 둘 수 없는 것이었다. 그리하여 고려말 신흥사족들은 첨설직 혁파를 강력히 주장하였다. 『고려사』에,

> 名器란 나라에서 어진 이를 가리고 선비를 대우하는 것이다. 관부를 설치하여 직책을 분담하는 것은 스스로 정한 제도가 있으며 관리를 선임하고 인재를 발탁하는 것도 이미 성법이 있다. 그러므로 반드시 뛰어난 재능과 훌륭한 공적이 있은 뒤에야 이를 등용하는 것인데도 권신이 정사를 마음대로 천단한 이래로 갑자기 승진하는 문을 많이 열어 놓았으므로 궁경의 만학의 선비와 권문의 소년들이 남에게 뒤짐을 부끄러워 하여 蒼赤을 이용하여 청탁하여 전택으로서 뇌물을 바치고 또 진귀한 물건을 구하여 충당하며 견마를 사육하여 조달하게 함으로써 서로 세력을 거두고 서로 소문을 퍼뜨려 먼저 指點을 얻으려 합니다. … 근래 첨설직이 수레에 다 싣지 못할 만큼 많아 농부와 초군들도 천하게 여기기를 모래와 진흙같이 합니다. 이로 말미암아 선비는 목숨을 걸고 犯顏에서 직간을 하는 절개는 없어지고 군사는 의를 따라 죽음으로써 나라를 지키려는 마음이 없습니다. 청컨대 전하께서는 청정으로 마음을 가다듬고 공도로서 사정을 물리쳐야 할 것이니 관리를 銓衡하고 전임 승진시킴에 있어 악덕과 사사로운 정실이 미치지나 않나 조심하여 한 두대신과 그 공적을 상고하여 그 덕행을 살핀 연후에 제수하면 말만 앞세우고 실천이 없는 사람과 아첨하는 무리들이 발붙일 곳이 없을 것입니다. 또 관직을 첨설하는 사세가 부득이 할 때 쓰는 것이니 軍功이외에는 일체 금지하여 모든 관료가 각각 그 직책을 잇게 하고 그 직분이 없는 자는 모두 도태하여 내버리소서.[33]

---

33) 『高麗史』 卷137, 列傳50 昌王 卽位年 8月. "左可議大夫李行等上疏曰

라고 하였다.

　이행은 「諫添設職疏」에 먼저 관직제의 원칙에 대하여 다음과 같이 설명하고 있다. 즉,

　　　관부를 설치하여 직책을 분담하는 것은 스스로 정한 제도가 있으며 관리를 선임하고 인재를 탁용하는것도 이미 성법이 있습니다.[34]

라고 하였다.

　관직의 설정원칙이 있음에도 불구하고 이를 무시하고 변칙적으로 직을 설정하였기 때문에 그 폐단은 참으로 많다는 것이다. 또 이행은 다음과 같은 예를 들면서 비판하였다.

　　　궁벽한 시골의 만학선비와 권문의 소년들이 남에게 뒤짐을 부끄러워하여 蒼赤을 이용하여 청탁하고 전택으로서 뇌물을 바치고 또 진귀한 물건을 구하여 충당하며 犬馬를 사육하여 조달하게 함으로서 서로 세력을 겨루고 서로 소문을 퍼뜨려 먼저 指點을 얻으려 합니다.[35]

名器國家所以養賢而待土也　設官分職　白有定制　銓選擇用　巳有成法　故
必待奇林茂績　而登庸之　自權臣擅政以來　多聞驟進之門　窮卿晚進　當途
少年　恥不若人　則籍蒼亦以賂之　用田宅以賂之　又求珍玩以充之　飼犬馬
以足之　相勝以力　相高以言得先指占 … 近來　添設之多　車不勝載　田翁
樵子　亦賤之若泥沙　然由是　士無忘軀犯顏之節　兵乏狗義守死之心　乞殿
下　清淨僞心　以公減私　當注擬遷擇之際　恐或有容其惡德私昵之及　與一
二大臣　考其功績　察其德行　然後授之　則便佞阿諛之徒　無所容其足矣　且
添設　勢在不得已而用之　除軍功外　一皆禁斷　百僚各有職事　其無職事者
一皆汰去"

34)『高麗史』卷137, 列傳50　昌王　即位年　8月. "設官分職　自有定制銓選擇
　　用　已有成法"
35)『高麗史』卷137, 列傳50　昌王　即位年　8月. "窮鄕晚進　當途少年　恥不若
　　人　側藉蒼赤以賂之　用田宅以賄之　又求珍玩以充之　飼犬馬以足之　相勝
　　以力　相高以言　得先指點"

라 하여 이러한 폐단으로 첨설직 혁파를 주장하면서 부득이 할 때
는 즉 "군공이외는 일체 금하고 또 직책이 없는 자는 도태하라"[36)]
고 하였다.

　이행은 고려말의 어지러운 정치를 바로 잡기 위해서 여러 제도
의 개혁을 주장할 때는 이성계 일파와 같이 보조를 맞추었으나, 그
들이 우왕·창왕을 축출하고 공양왕을 즉위시켜 국운이 풍전등화
같이 된 상황 하에서 이행은 오직 忠君救國의 일념으로 살았다. 정
몽주가 조영규에게 피살되었을 때 조영규를 '萬世凶人'으로 공격
하여[37)] 이성계 일파에게 미움을 받기도 하였다.

　결국 이성계의 정치이념이 달성되어 조선왕조가 건국되자 고려
유신들은 죽음을 당하기도 하고 혹은 귀양도 가기도 하는가 하면
많은 사람들은 시세에 추종하여 신왕조의 공신이 되기도 하였다.
그러나 이행은 고려 유신으로 절의를 지켜 72인의 동지와 함께 개
경 東南峴에 올라 朝服을 벗어 걸고 궁성을 향해 통곡하고 江陰
(平山) 醴泉洞으로 은둔하고 말았다. 이 72인을 세상에서 이르기를
'杜門洞七十二賢'이라고 하였다.[38)]

　이행의 절의를 가장 잘 나타낸 것은 成石珚의 다음 詩이다. 즉,

　　　權可遠이 李騎牛子에게 和答한 詩를 次韻하다

　　　　　沼沼踏海客　　　　　落落閉門居
　　　　　萬事空經劫　　　　　一心是著書
　　　　　風流月下犢　　　　　生計釜中魚

---

36)『高麗史』卷137, 列傳50 昌王 卽位年 8月. "除軍功外　一皆禁斷　其無職
　　事者　一皆汰去"
37)『騎牛集』卷2, 附錄 遺事摭錄. "判典客寺事趙英珪　殺侍中鄭夢周　李行
　　上書極論趙英珪　爲萬世凶人"(『高麗名賢集』4, 575쪽).
38) 위의 책, 578쪽.

千里勞相憶   幾時過弊廬

초연히 세상일을 등진 사람
외골스레 門닫고 숨어 산다네
온갖 일 허허롭게 歲月에 부처
한마음은 오로지 著書에 두네.
風流는 달빛아래 소를 타는 일
生計는 가마솥 안 물고기라지.
천리 밖에서 애타게 그리웁구나
언제쯤 나의 집을 찾아주려나.39)

또 김종서가 강원도 순찰 중 평해 월송정에 이르러 이행의 유적을 살피고 유풍을 우러러 지은 詩「白巖居士贊」이 있다. 즉,

白巖居士를 贊함
내가 순찰사로서 평해 월송정에 이르러 騎牛子 이공에 대한 감회가 있어 찬을 짓는다.
거룩한 白巖先生이여!
의젓하도다. 고려의 충신이여!
治世를 걱정하여 이단을 물리치고 正學을 숭상했네
혼란한 조정에 처하여선 賢士를 구제하고 소인을 배척했도다.
浩瀚한 그 문장이여!
치밀한 그 경륜이여!
功名에 있어서 언제 뜻을 굽혀 영화를 도모했던가
절의에 있어서도 반드시 살신으로 성인하려 하지 않았던가.
누가 알거나 騎牛하던 방랑의 자취가 叩馬하던 백이숙제와 같은 줄을 !
바다 위에 솔이 있고 솔 위에 달이 있으니.
천추만세의 먼 훗날에도 髣髴하게 선생의 그 정신을 상기하리라40)

---

39)『騎牛集』卷2, 附錄 成石珚 次權可遠和李騎牛子(위의 책, 586쪽).
40)『騎牛集』卷2, 附錄 金宗瑞 白岩居士贊. "余巡到平海遊越松亭有感騎牛子李公作贊. 猗歟白岩先生展也 勝國盡臣 憂治世 則闢異端而崇正學 處亂朝則挾賢士 而斥小人 浩瀚乎其文章 密勿乎其經綸 於功名何曾屈志

라고 하였다.

이 贊은 조선왕조에 있어 이행의 처신을 참으로 잘 말해 준 것이며 또 그의 쇄락한 기상과 영원한 의표를 그대로 보여주는 것이라 하겠다.

이와 같이 李行은 그 출신으로 보면 신흥사족 계열에 속했던 인물이나 그가 올린 소장들로 보아서는 적극적인 개혁파에 속하였으며, 조선의 신왕조가 성립되고 나서는 고려왕조에 대한 志節을 지키며 신왕조에 대하여 비판적이었다. 그러나 그는 신왕조에 대한 정통성을 끝내 부정하지는 않았다. 그리하여 그는 그 자신은 신왕조에 出仕하지는 않았지만 그 자손의 出仕는 물론, 長孫(孜)은 세종의 姪女(讓寧의 女)에게 결혼까지 허락하였다.

이와 같은 李行에게 사상적으로 크게 영향을 미친 인물은 좌주인 이색과 정몽주였다고 할 수 있다. 이색은 이행의 좌주일 뿐 만 아니라 당대의 大儒로서 성리학을 정착시키는데 커다란 역할을 하였을 뿐만 아니라 신흥사족들의 사상 형성에 큰 영향을 미쳤다. 이색의 문하에서 정도전·윤소종·조준·남재·유백유 등의 개국공신도 나오고 이행·김약항·김진양 등 杜門洞 72賢도 배출하였다.

이행이 정몽주와 만남이 이루어진 것은 앞장에서 이야기했듯이 성균관 입학이 계기가 되었다고 여겨진다. 당시 정몽주의 학문적 경지는 상당한 수준에 이르러서 諸儒들도 탄복하였을 뿐 아니라 이색도 자주 칭찬하면서 정몽주의 논리는 어떠한 문제에 대한 논란에 있어서도 이치에 맞지 않음이 없다고 하여 東方理學의 始祖라고 하였다.41) 이와 같이 이론에 정통한 정몽주는 성리학을 적극

而冒榮 在節義不必殺身 而成仁 誰知騎牛之浪跡 實與叩馬而同倫 海上有松松上有月 千秋萬世兮影駠想見其精神"(위의 책, 588쪽).
41)『高麗史』卷117, 列傳30 鄭夢周.

수용하여 불교중심에서 벗어나 주자가례를 받아들여 생활풍속에 일대 개혁을 가져왔다. 이러한 정몽주의 사상은 이행에게 그대로 계승되었음은 『騎牛集』에 실려 있는 권근이 쓴 이행의 행장에서 나타난다. 즉,

> 선생은 포은 정선생과 함께 이교를 배척하고 正學을 숭상할 것을 상소하였으며 사서 血脈論을 저술하였다. 喪禮와 祭禮를 정주의 예절과 법도에 따라 3년으로 제도화 하므로써 많은 백성들이 감화되었다.

라고 하였다.

또 정몽주는 유교의 기본강령인 忠孝를 굳게 믿고 실천한 사람이다. 유교의 보편적인 바탕은 윤리이지만 그 강상을 지키는데는 義理라는 春秋의 大義가 필요했고, 그것은 어떠한 유혹과 방해도 극복할 수 있는 정신적 용기와 不撓不屈의 저항력을 갖추어야 하므로 마지막으로 節義를 숭상하지 않을 수 없었다.

정몽주가 죽음으로써 忠節을 지킨 것도 사람이 사람답게 사는 것, 즉 유자가 어떻게 처신해야 하는 가를 보여 준 산 증거이다. 이 정몽주의 절의정신은 그대로 이어져 이행을 중심으로 한 杜門洞 72賢의 節義를 형성하였다. 특히 이행의 절의는 조선초에 그가 고려조에 지신사겸사관수찬으로 있을 때 쓴 史草문제로도 잘 나타난다. 즉 태조 2년에 당시 開國功臣들은 고려말에 쓴 사초가 위조된 것이 많다하여 다시 서술하려고 할 때 이행만은 자신이 쓴 사초는 고칠 수 없다하여 조준의 탄핵을 받았다. 내용인즉 이성계가 우왕·창왕·변안열을 죽였다는 사실을 부정할 수 없다는 것이다.[42]

---

42) 『太祖實錄』卷3, 太祖 2年 正月 戊午. "前藝文春秋館學士李行 嘗爲恭讓知申 事職兼史官修撰 乃阿李穡鄭夢周 誣書我主上殿下 殺辛禑辛昌 及邊安烈 請收 職牒 鞫問論罪 上允之"

이러한 사실은 이행이 성리학자로서 자신의 신념에 따라 행동한 처사이며 易姓革命을 반대한 그의 태도와 일맥상통하는 것이다.

끝으로 이행과 정도전과의 관계를 잠시 살펴보기로 하겠다.

정도전은 이행의 장인 柳淑의 문생으로 이행과는 일찍부터 개인적인 친분이 있었던 것으로 보인다. 또 이행이 성균관에 입학하였을 때 정도전도 이색의 문인으로써 김구용·정몽주·박상충·박의중·이숭인 등과 함께 成均博士로 있었기[43] 때문에 교류가 있었던 것으로 보이나, 좀 더 각별하였던 것 같다. 이행이 平海로 歸覲 갈 때 정도전이 「餞送詩」를 지어 줄 정도였다는 것으로 보아서 알 수 있다.[44]

그 「餞別詩」는 즉,

次權可遠詩韻送李翰林行歸覲

時節當搖落　　　親朋苦別離
孤鴻牽遠興　　　匹馬　向東歸
魚稻供鄕味　　　江山綴小詩
遙知獻壽酒　　　喜氣滿庭闈

權可遠의 詩에 次韻하여 李翰林行의 歸覲 길을 전송하다

시절마저 쓸쓸한 가을이라
친한 친구 이별함이 더욱 괴롭네.
먼 홍취에 이끌려 온 외로운 기러기
동으로 돌아가는 한필 말일세.
물고기와 벼는 시골 맛을 도와주고

---

43) 『三峰集』 卷14, 附錄 事實. "庚戌夏 除成均博士時 重營成均館 以李穡 兼大司成 增置生員 擇經術之士 金九容鄭夢周朴尙衷朴宜中李崇仁兼敎官　諸公薦公爲博士"
44) 『騎牛集』 卷2, 附錄 鄭道傳 次權可遠詩韻送李翰林行歸覲(『高麗名賢集』 4, 587쪽).

강산은 단편 詩를 엮게 하누나.
아마도 祝壽 술 올리는 날에
喜色이 부모님 얼굴에 가득하리라.

또(又)

贈君詩語苦　　　臨別不堪吟
書劍遠遊客　　　乾坤歲暮心
路長黃葉下　　　鄕近白雲深
獨立離亭畔　　　秋天易夕陰

그대에게 준 詩 사연 너무나 쓰라려서
이별에 다다르니 읊지 못할레라.
공부하러 멀리 가는 나그네라면
乾坤에 해 저문 마음이로세.
길은 먼데 누른 잎 우수수 지고
고향이 가까우니 흰 구름 깊네.
떠나는 亭子 앞에 홀로 섰으니
가을 하늘 어느덧 석양이로네.

이와 같이 이행과 정도전과의 관계는 이행의 장인(유숙)의 문생으로써, 또 자신의 성균관 스승으로서 그 관계가 돈독하였던 것 같다. 이때 성균관에서 이색을 중심으로 한 여러 교우들과의 교류도 빈번하였음은 권근의 『三峯集』序에 구체적으로 기록되어 있다. 즉

우리 좌주 목은 선생은 일찍이 家訓을 이어 받아 국자감에 들어가 正大精微한 학문을 이루었으며 돌아오자 모두 그를 宗으로 삼았으니 포은 정몽주·도은 이숭인·삼봉 정도전·반남 박상충·무송 윤소종이 모두 그의 마루에 오른 사람들이다. 삼봉과 포은 및 도은은 더욱 서로 친하며 강론하고 갈고 닦아 얻는 바가 있었으니 항상 후진을 가르치고 이단을 물리치는 일을 그 임무로 삼았다.45)

---

45)『三峰集』權近 三峰集序. “吾座主牧隱先生 早承家訓得齒闋癴 以極正

라고 하였다.

그래서 이행의 사전개혁과 첨설직혁파 등은 당시 국가기강과 국가재정이 말할 수 없이 피폐하였음으로 제 제도의 개혁을 도모하여 부국강병을 위한 실용주의로 나아가려고 하였다. 이와 같은 생각은 정도전의 현실관에 부합된 것이라 할 수 있다. 그러므로 이행은 사전개혁에도 적극적이었으나 고려왕조를 버리는 데에는 정도전과 입장이 달랐던 것이다.

이와 같이 정도전은 이색의 문하에서 성리학을 공부하면서 스승인 이색이나 정몽주·이숭인 등의 土友들과는 매우 다정한 사이였고 반원친명의 외교노선을 지지함에 있어서도 입장을 같이 하였다. 그런 그가 은사인 이색과 학우인 정몽주·이숭인과 死生의 길을 달리하면서 혁명파에 가담한 것은, 한 개인으로서도 크나 큰 자기변신이라 아니 할 수 없다.

그가 이같이 변신하여 엄청난 易姓革命을 능동적으로 주도한 것은 신흥사족 사회 안에서의 자신의 위치에 대한 불안감에 연유한 것이고, 그 불안감의 근원은 자신의 경제력이나 재능 혹은 학식의 한계에서 온 것이 아니라 그 자신의 의지와 관계없이 타고난 혈통상 하자라는 것이다.46) 그렇기 때문에 그는 자기 위치를 자각하여 신흥사족대열에서 이탈하여 혁명적 개혁수단을 강구하게 된 것이다. 또한 그는 성리학을 바탕으로 한 儒敎立國과 儒敎治國의 이념을 실현시키고자 하는 야심을 가졌기 때문에 혁명에 가담하여 조선왕조를 건국하였던 것이다.

그러나 이행과 정도전은 앞서 말한 바와 같이 돈독한 사이였지

大精微之 學 旣還 儒士皆宗之 若圃隱鄭公陶隱李公三峰鄭公潘陽朴公 茂松尹公 皆其升 堂者也 三峰圃隱陶隱 尤相親善 講論切마 益有所得 常以訓後進闢異端 爲己任"
46) 한영우, 1983, 『鄭道傳思想硏究』, 서울대출판부, 16쪽.

만 고려왕조의 존폐에 있어서는 입장이 달랐다. 역성혁명을 주도한 정도전 등은 역성혁명을 반대한 많은 신흥사족들을 조선건국직후 유배, 혹은 살해하기도 하였고, 또 은둔하여 절의를 지키는 사람들도 있었다. 그 중의 한사람인 이행은 두문동 72현의 일원으로서 강음에 은거하고 있었던 것이다.

Ⅲ. 小 結

고려후기의 사회는 권문세족과 신흥사족과의 대립이라는 양상이 나타났는데 권문세족은 원과 깊은 관계에 있기 때문에 새로운 국제정세에 적응하기 어렵고, 신흥사족은 새로 일어난 명과의 결탁을 발판으로 권문세족들에게 도전함으로써 권문세족들의 위기의식도 커질 수 밖에 없었다.

그러나 고려 말에 이르러면 역사는 다시 一轉하여 왕조의 운명을 앞에 두고 새로운 건국을 꾀하는 현실파와 전통적 왕실을 추대하자는 충성파의 두 세력으로 좁혀졌다. 온건한 개혁을 지지하는 세력은 충성파에 속하였고, 적극적 개혁을 지지하는 세력은 건국 쪽을 선택하였다.

성리학을 공부한 유신들은 일반적으로 온건한 개혁을 지지하게 된다. 또 이들은 鄕里에 중소지주적 기반을 둔 사람이기 때문에 과격한 개혁을 원치 않았다. 특히 전제개혁같은 것은 잘못하면 기득권의 침해를 받을 뿐만 아니라 성리학 자체가 地主制를 부정하는 과격한 개혁을 추구하는 사상체계도 아니었다. 또 성리학의 사상

속에 '忠臣不事二君'의 절의사상이 중요한 의미를 갖는 것이기 때문에 易姓革命지지는 변절로 간주되는 것이다.

역성혁명의 지지자들은 종래 대학자를 스승으로 삼아 정통적으로 유학을 공부한 인사가 아니라 자수성취한 경우가 대부분이다. 이들은 학문경향은 修己보다는 북국강병을 지향하는 治人의 學, 다시 말하면 官房學的 실용지식에 관심이 더 많았다. 고려사회의 귀족적 전통과 질서가 걷잡을 수 없이 무너지던 말기에서도 아직도 家門과 學問의 師承관계는 여전히 그 가치를 발휘하고 있었다. 이런 상황 하에서 역성혁명의 지지자들은 귀족적 전통도 정통적 유학의 사승관계도 갖지 못한 이유 때문에 스스로 소외의식을 가졌던 것 같다. 그러므로 그들은 남다른 출세욕과 공명심으로 정치권력의 창출에 적극 가담하였고, 나아가 사대부의 충절·의리의 사상에서 이탈하여 자기 성취에 급급하였던 것이다.

이러한 주위의 흐름 속에 自己의 주체성을 굳건히 지켜온 李行은 고려와 조선의 變易라는 역사의 대세는 막을 수 없어 신왕조의 치하에 살면서도 자신은 벼슬을 하지 않고 다만 자식들의 出仕로 士族의 가통을 유지하게 되었다. 그러나 조선왕조는 이행이 죽고 난 뒤 3일동안 조회도 폐지하고 국왕의 이름으로 제문을 내려 주었으며 의정부좌찬성·여산부원군의 증직·봉작과 고려의 遺臣으로 신왕조에 不仕한 절개를 높혀 '文節'이란 시호도 내리기까지 하였다.

이행과 같이 고려 遺臣으로 조선왕조에는 不仕한 사람이 있는가 하면 鄭夢周처럼 고려와 함께 목숨을 끝낸 충성파도 있고, 鄭道傳과 같이 낡은 왕실을 밀어내고 신왕조를 건설하는 현실파도 있었다. 왕조의 變易이라는 커다란 정치적 전환기에 新興士族들의 변신과 그 행방은 역사 속에 있어서의 '人間'의 생각과 의지를 점검하는데 중요한 고찰의 대상이 되는 것이다.

結　論

　　이상과 같이 본 연구는 무신정권시대로부터 고려멸망에 이르는 동안 정치적·사회적으로 차차 세력을 형성하여 드디어 새로운 관인지배층으로 역사에 등장한 신흥사족들과 조선조에 들어와서 지배층으로 등장한 士大夫들의 배경을 살펴보았다. 이제 각 장을 요약해서 결론에 대신하면 다음과 같다.

　　먼저 신흥사족의 형성과 밀접한 관계가 있는 고려 후기에 나타난 좌주·문생관계를 살펴보았다. 이 내용을 간추려 보면 다음과 같다.

　　무신정권시대에 있어서 초기의 무신들은 문신들을 무조건 제거하려고 하였으나 최씨정권에 이르러서는 무신지배체제의 확립과 정국의 안정에 따라 정치·행정의 필요에서 과거를 통하여 지방출신의 士人들을 많이 등용하기 시작하였다. 이 신흥사인들은 文學에도 능하고 吏務에도 능한 能文能吏들이었다. 이들은 곧 무신정권 이후의 과거급제자들로서 자신들의 세력 기반을 다지기 위하여 좌주·문생의 관계에 의한 상호간의 유대를 공고히 하였다. 처음 이들은 단순히 과거급제자와 고시관의 관계에 지나지 않았으나 한 걸음 나아가 사제관계로, 더 나아가서는 부자간에 준한 관계로까지 발전되면서 그 관계는 더욱 더 밀착되어 갔다. 좌주가 문생에 대한, 그리고 문생이 좌주에 대한 정의는 他에 비할 수 없었다. 특히 좌주에 대한 문생의 의리는 죽음도 두려워하지 않는 데까지 이르게 되었다.

이 좌주·문생의 관계를 발판으로 자신들을 성장시킨 신흥사족 계층은 조선이라는 새로운 왕조를 창건하기에 이르렀다. 권문세족들과의 대결에서 좌주·문생이라는 유대를 필요로 했던 신흥사족들이 자기들의 정치적 이념이 달성됨과 동시에 조선조의 왕권의 확립은 좌주·문생 관계를 臣僚들의 파벌세력으로 보이게 되어, 조선조의 질서 안정과 더불어 소멸되고 말았다. 조선의 殿試는 바로 이 좌주·문생 관계를 없애는 직접적인 계기가 되었다.

다음 安珦은 우리나라 최초의 성리학 수입자로 알려진 인물이다. 안향이 살았던 13세기는 권문세족이 정치적으로 고위관직을 차지하였고, 경제적으로는 광대한 농장을 차지한 보수적인 사회세력이었는데 반하여, 신흥사족들은 대체로 권력의 핵심에서 거리가 먼 관직을 차지한 중소지주였다.

안향이 성리학을 최초로 도입·전파시킨 초기 성리학은 형이상학적 사변적 이론이 아니라 현실적 사회윤리였던 것이다. 이렇게 안향에 의해서 받아들인 성리학은 그 후 白頤正이 직접 원에 가서 배워와 李齊賢·朴忠佐에게 전수하였고 고려말에는 李穡·鄭夢周·李崇仁·李集·吉再·權近·鄭道傳 등이 이를 정착·발전시켰다. 이들은 고려 말의 혼란상을 극복하는 방법으로 불교를 배격하고 성리학을 정신적 지주로 받아들여 무너진 道義와 秩序를 회복하고자 하였던 것이다.

그러기 위해서는 추상적인 形而上學的의 이론이나 세계관보다는 현실적이고 구체적인 규범의 실천과 확립이 절실히 요구되었다. 이때 실천적 사회윤리로 이론적 무장을 한 신흥사족들은 불교를 공격하고 나아가서는 권문세족을 공격하였다. 이러한 결과 고려왕조는 멸망되고 조선왕조가 건국되었다. 이는 불교에 맞선 성리학의 이론적 승리이며 동시에 정치적, 경제적 승리였다.

성리학은 조선왕조의 국가이념으로 확정되었을 뿐만 아니라 학문적, 사상의 지배적 위치를 차지하고 일반 국민의 일상생활에 규범이 되게 되었다. 이렇게 발전하기 시작한 성리학은 중기에 이르러서 趙光祖・李彦迪을 거쳐 李滉・李珥 등이 배출되어 우주와 인생에 관한 철학적 이론을 전개시켜 그 전성기를 이루었다. 이러한 사실을 토대로 하여 볼 때 안향이 우리나라에 최초로 성리학을 도입・전파시킴으로써 한국 유학의 발달에 큰 기여를 하였던 것이다.

權溥는 안동권씨로서 그의 조부 權守平은 『고려사』에서 문적이 한미하여 그 족보는 알지 못한다고 되어 있고, 그의 父 權呾은 재상 柳璥이 문학에 능력이 있어 吏屬이 됨은 마땅치 않다고 하여 과거급제하여 중앙관직을 두루 거쳤다. 이에 權溥도 과거급제자로서 중앙관료로 진출한 신흥사족으로 성리학 수용・전수에 중요한 역할을 한 사람이었다. 이로써 안동 권씨가 권부대에 이르러서야 비로소 名門으로 대두되기 시작하였던 것 같다.

權溥는 성리학을 도입한 安珦의 문인으로 그에게서 성리학을 사사받았으며, 白頤正, 禹倬 등과 교류하면서 성리학의 수용・전수에 중요한 역할을 하였고, 또 그의 사위이면서 문인인 李齊賢, 문인인 白文寶 등에게 성리학을 전수하였다. 이들은 대체로 성리학을 수용한 과거급제자들로서 새로 성장한 신흥유신층이며 권문세족과 대립되는 정치적 성격을 지녔다. 그러므로 그는 당시 고려사회의 문제 해결을 성리학적 禮制를 가지고 해결하려고 『四書集註』・『孝行錄』을 편찬 간행하였다.

그는 『四書集註』를 간행・보급하여 朱子가 강조하고 있는 유교

적 질서의 정당성에 대해 철학적·윤리적 사고를 명확히 하여 주
었을 뿐만 아니라『孝行錄』의 간행·보급으로 성리학적 가치가
확대 수용되는 계기를 마련하였음은 분명하다고 하겠다. 그러므로
『고려사』에서도 "東方性理之學이 權溥로부터 번창했다"고 그 공
을 인정하고 있다.

다시 말한다면 주자성리학에서 내세운 人倫, 특히 孝·忠·
禮·信은 신흥사족들이 중소 지주로서의 가족도덕과 신진관료로
서의 정치도덕·사회도덕이었다. 이처럼 權溥가 유교적 정치질서
의 확립과 이를 통한 왕권강화라는 이 시기의 사회문제에 호응하
였을 뿐만 아니라 더구나 그는 이러한 문제를 주자성리학의 명분
과 질서를 가지고 해결하고자 하였다. 이후 성리학의 수용 확대 방
향은 익재 李齊賢을 비롯한 고려말 관인들에 의해서 정착되어 갔
던 것이다.

다음 李集은 광주 이씨로써 그 시조는 李自成으로 되어 있지만
그의 행적은 뚜렷한 것을 찾아 볼 수 없다. 그 父인 李唐은 지방향
리로 國子監試에 합격하고 그의 다섯 아들이 모두 문과급제하였
다. 李集은 그의 둘째 아들로 문과급제하여 관료로 나아갔다.

이때 고려의 정국은 오랫동안 원간섭기에 모순이 누적되었으므
로 공민왕은 제 폐단을 개혁하기 위하여 辛旽을 기용하여 개혁을
시도하였지만 신돈도 자신의 세력부식에 급급하여 공민왕 기대에
부응하지 못하였다. 이에 李集은 신돈을 논박하다가 그 화가 미칠
까하여 먼 경상도 영천으로 피신하였다가 공민왕 20년에 신돈이
주륙된 후 풀려나 곧 개성으로 돌아와 새사람이 된다는 의미에서
이름과 字·號를 모두 고쳤다. 돌아와서 관직생활은 얼마하지 않
고 남한강변 川寧으로 낙향하여 그곳에서 생을 마쳤다.

李集의 관력은 뛰어나지는 않았지만 그의 교우관계에 있어서 목

은 李穡·포은 鄭夢周·도은 李崇仁·척약재 金九容·삼봉 鄭道傳·朴尙衷·朴宜中 등과 교류관계가 많았다. 이들은 당대의 신진관료로서 현실정치에 기여한 바가 적지 않았음은 물론 고려말의 신흥사족들의 중심적 위치에 있었음은 주지의 사실이다. 그는 이들과 함께 학문적 교류와 성리학에 대한 강론을 가졌으며 또 은둔 후에도 계속하여 이들과 문학적 교류를 가지고 또한 세상일을 토론도 하였다. 무엇보다도 당시의 대표적 성리학자이자 관료였던 三隱과 돈독한 유대관계를 맺었던 사람이다.

李集은 조선조 成俔의『慵齋叢話』에서는 "그의 孝友의 행실은 집안에서 나타났고 忠義의 氣節은 나라에 다하였으며 학문과 재기는 조정에 드러났고 당대 호걸인 목은·포은·도은이 서로 敬重하였다"라고 하였듯이 그는 고려 말 성리학 수용기에 한사람의 성리학자로서 성리학을 바탕으로 한 도덕적 삶의 실천가이며, 陶淵明을 사모한 은둔자로서의 호방한 삶을 영위한 사람이다.

다음 李崇仁은 성산 이씨로써 5대조인 李長庚은 鄕吏로 발신하여 슬하에 다섯아들을 두었으며, 다섯 아들 모두 문과등제하였다. 그러므로 그의 족친중에는 기라성같은 훌륭한 인물과 세력가들도 많았다. 그중 이인임은 우왕의 즉위와 더불어 국정을 총괄하는 총재에 있었다.

李崇仁은 당시 신흥사족으로써 이인임과는 외교정책에서 그 주장이 서로 달랐기 때문에 그 사건으로 인해서 유배당하기도 하였다. 그러므로 李崇仁은 족친의 음덕보다는 자신의 학문적 능력에 의해서 과거에 등제하여 중앙관료로 진출하였던 것이다.

李崇仁은 공민왕 11년에 지공거 洪彦博과 동지공거 柳淑에 의하여 문과급제하여 중앙관료에 나아갔으며, 공민왕 16년 이후에는 성균관을 중심으로 이색을 비롯하여 김구용·박상충·정도전·

박의중·권근 등과 더불어 학문연구와 성리학에 대한 토론을 하면서 서로간에 사제지간 혹은 친우관계로 유대를 돈독히 하면서 신진관료로써 국가정책을 담당하였다.

그의 文才는 어릴 때부터 총명하여 글을 읽으면 모두 외었다고 할 정도였고, 스승인 이색은 '吾東方文章前輩無如子安者'라 할 정도로 뛰어났다. 그러나 그는 생애에 있어서는 남보다 불행이 많았다. 처음에는 북원사신 영접 반대를 하다가, 이인임이 축출될 때 이인임 인척이라고, 永興君의 진위를 논변하다가, 賀正使로 중국에 갔을 때 賣買의 일로, 尹彝·李初의 옥사에 연류되었고, 鄭夢周가 살해되고 난 뒤 정몽주당이라고 하여 여러번 귀양살이를 하였다.

이와 같이 관료생활에서도 많은 사건에 연루된 것은 성리학의 윤리적인면 즉 忠君·愛親·尊師·朋友의 사상이 투철하였기 때문인 것 같다. 사승관계는 정통적인 이색의 학풍을 이어받아 이색의 사랑을 받는 바가 되었고, 교우관계는 이색을 중심으로 모여든 신진학자들과의 교류가 빈번하였을 뿐 아니라 그들과는 정치적 입장과 사상적 면도 일치하여 많은 신흥사족들과 교류하였다. 그러므로 그는 누구보다도 성리학 사상이 투철한 문장가이며 정치가였다. 그의 정치 이념은 어디까지나 성리학적인 입장이었으므로 '忠臣不事二君'의 이념을 몸소 실천한 사람이며 고려의 멸망과 함께 생을 마친 사람이다.

다음 李行은 고려말기의 정국변화와 조선의 역성혁명 내지는 조선초의 정국의 변천이 많았던 복잡다난한 시대의 인물이다.

李行이 젊은 관료로 활동하던 고려말은 대륙에서 급격한 변화가 일어나 원나라가 북쪽 사막으로 쫓겨 가고 漢민족의 신흥왕조인 명이 다시 중화제국으로 군림하면서 고려는 국제적으로 미묘한 처지에 놓이게 되었으며, 국내적으로는 권문세족과 신흥사족의 대립 양상이 더욱 첨예화되면서 권문세족은 원과 깊은 관계에 있었기 때문에 새로운 국제정세에 대응하기 어려울 뿐만 아니라 신흥사족이 신흥하는 명과 결탁을 발판으로 도전함으로서 권문세족의 위기의식도 커질 수밖에 없었던 시기였다.

이러한 상황 하에서 차츰 세력을 확장하기 시작한 신흥사족들은 다시 一轉하여 왕조의 운명을 앞에 두고 새로운 건국을 꾀하는 현실파, 정통적 왕실을 추대하자는 충성파의 두 세력으로 좁혀졌다. 온건한 개혁을 지지하는 세력은 충성파에 속하였고 적극적인 개혁을 지지하는 세력은 건국쪽을 선택하였다.

성리학을 공부한 유신들은 일반적으로 온건한 개혁을 지지하였다. 또 이들은 향리에 중소지주적 기반을 둔 사람이기 때문에 과격한 개혁을 원치 않았다. 특히 田制改革 같은 것은 잘못하면 기득권의 침해를 받을 뿐만 아니라 성리학 자체가 地主制를 부정하는 과격한 개혁을 추구하는 사상체계도 아니었다.

易姓革命의 지지자들은 종래 대학자를 스승으로 삼아 정통적으로 유학을 공부한 인사가 아니라 자수성취한 경우가 대부분이다. 이들의 학문경향은 修己 보다는 富國强兵을 지향하는 治人의 學, 다시 말하면 官房學적 實用主義에 관심이 더 많았다. 고려사회의 귀족적 전통과 질서가 걷잡을 수 없이 무너지던 말기에서도 아직도 가문과 학문의 사승관계는 여전히 그 가치를 발휘하고 있었다. 이런 상황 하에서 易姓革命의 지지자들은 귀족적 전통도 정통적 유학의 사승관계도 갖지 못한 이유 때문에 스스로 소외의식을 가졌던 것 같다. 그러므로 그들은 남다른 출세욕과 공명심으로 정치권력의 창출에 적극 가담하였고, 나아가 신흥사족의 忠節·義理의 사상에서 이탈하여 자기성취에 급급했던 것이다.

　이러한 주위의 흐름 속에 자기의 주체성을 굳건히 지켜온 李行은 고려와 조선의 變易라는 역사의 대세는 막을 수 없어 신왕조의 치하에 살면서도 자신은 벼슬을 하지 않고 다만 자식들의 出仕로 신흥사족의 가통을 유지하게 하였다. 그러나 조선왕조는 李行이 죽고 난 뒤 3일 동안 朝會도 폐지하고 국왕의 이름으로 祭文을 내려 주었으며 議政府左贊成·驪山府院君의 贈職·追封과 고려의 유신으로 신왕조에 不仕한 절개를 높여 '文節'이란 시호도 내리기까지 하였다.

　이와 같은 정국 하에서 李行과 같이 고려유신으로 조선왕조에는 不仕한 사람이 있는가 하면 鄭夢周처럼 고려와 함께 목숨을 끝낸 충성파도 있고 鄭道傳과 같이 낡은 왕실은 밀어내고 신왕조를 건설하는 현실파도 있었다. 왕조의 변이이라는 커다란 정치적 전환기에 사족들의 처신과 그 행방은 역사속에서 인간을 생각하게 한다.

柳淸臣과 新興勢族

I. 머리말

柳淸臣은 13세기 후반기에 고려와 원과의 복잡한 정치·외교관계에서 중요한 위치를 차지하고 있으면서 榮辱과 毁譽의 엇갈린 평판으로 점철된 일생을 보낸 사람이다. 13세기의 고려는 몽고의 침략 앞에 30여 년 동안에 걸친 줄기찬 항전을 계속하다가 마침내 강화하고 개경으로 還都한 후 두 나라 사이의 관계는 새로운 양상으로 전개되었다. 그것은 고려·원왕실과의 혼인이다.

고려에 있어서 이 혼인은 원과의 관계를 긴밀히 함으로써 평화적 교섭관계를 보장받고 그 압력을 둔화시키는 한편 무신란 이후 실추된 왕실의 권위를 막강한 元帝室의 뒷받침으로 회복할 수 있었고, 반면 元은 장기간 항쟁한 고려를 효과적으로 다룰 수 있으리라는 점에서 이 혼인정책을 수립했던 것이다.

그러므로 동아시아의 넓은 지역에 걸쳐 대제국으로 발전한 원의 세력권내에 있어서 고려는 부마국이라는 특수한 지위를 누리게 되었고 원과의 관계는 당시 다른 어느 지역에서도 볼 수 없는 긴밀하고도 특별한 근친관계에 있었던 것이다.

그러나 元의 征東行省이 고려에 설치되어 그 최고 책임자인 丞相에는 고려국왕이 임명되고 그 실제적 기능은 감독기관이라기보다 공적 연락기관으로써 성격이라 하지만 정동행성은 엄연한 元의 기관이었다. 그리고 원의 萬戶府가 고려에 설치되어 그 책임자인 萬戶에는 고려인이 임명되었지만 역시 元이 직접 관할하는 군사기관이었다. 그리하여 고려의 최고통치권력은 직접 元帝室에 이어져 있었고 고려는 독립국가이면서도 원의 정치적 작용 속에 휘말려 들지 않을 수 없었다. 충렬왕·충선왕·충숙왕·충혜왕의 거듭된 退位·復位와 그에 따른 정치적 혼란은 원의 고려에 대한 강력한 영향력을 여실히 말해 준다.

이와 같이 강력한 元의 영향력 하에 놓여 있었을 뿐 아니라 원과의 관계에서 가장 복잡하고 또 가장 불리한 입장에 놓여 있을 당시 이 일을 맡은 사람이 譯官인 柳淸臣이었다. 그가 사명을 받들고 원나라에 가고 온 것이 30회가 넘는 것을 보더라도 그의 남다른 외교적 수완을 엿볼 수 있다. 또 그는 남다른 충성심도 있어 충렬왕 말년 왕이 원에 머무른 3년 동안 왕을 本國으로 돌려보내 줄 것을 호소하니 元 성종은 그 忠義를 갸륵하게 여겨 이름을 淸臣이라고 고쳤다는 기록이 있다. 즉『於于野譚』에

始祖初名庇 元世祖改以淸臣 命儒臣 張相公詩以贈之 其詩曰

聖主知賢相　　　　親呼改舊名
千金輕似葉　　　　一字重難衡
月白秋江淨　　　　塵磨古鏡明
願君留此德　　　　孫後見孫榮

聖主께서 어진 政丞 알아보시고

친히 불러 옛 이름 고쳐 주셨네.
千金도 가벼워서 잎새 같은데
한 글자가 무거워 달기 어렵네.
가을 강 깨끗하고 달은 밝아
먼지가 닦여지니 옛 거울 밝아.
여보소 그대여 이 德을 남겨
後孫들 榮華를 누리게 하소.[1]

이라고 하였다.

　柳淸臣의 처음 이름은 柳庇였으며, 유비로 사용한 것은『고려사』에 나타난 기록을 보면 충렬왕 33년 3월 신묘조의 관직 除授時에 "柳庇로 都僉議贊成事·判軍簿司事를 삼고"로 되어 있다. 그리고 충선왕 원년 4월 신미조의 관직 제수 시에는 "柳淸臣 … 으로 贊成事를 삼고"로 되어 있다. 이것으로 보아 충렬왕 때까지는 柳庇라는 이름을 사용하였고 충선왕 復位 때부터『於于野譚』의 기록과 같이 元 성종이 지어준 대로 柳淸臣이란 이름을 사용한 것 같다.

　또 유청신에 대한 기록으로는 고려 말의 巨儒 이색의 詩도 있다. 즉『牧隱詩藁』에,

英密西來一騎塵　　　君王在鎬政凝神
金符照耀衣安渙　　　上謁君門喜氣新

서쪽에서 먼지일며 영밀공 말 달려오니
鎬에 계신 임금님 정신 쓰이누나.
金符는 으리으리 빛나고 朝衣는 安渙한데
君門이 上謁하자 기쁜 빛이 새롭구나.[2]

---

1) 柳夢寅,『於于野譚』卷3, 收錄되어 있음. 그런데『於于野譚』에서 元世祖 때의 일로 적어 놓았으나 時代가 맞지 않다. 그의 後孫이 만든 柳淸臣의 實記에는 元의 成宗時로 추정하고 있다.

이라 하였다.

　이색도 유청신을 칭송한 일로 보아서 고려 말 신흥사족계층에서는 姦臣으로 취급되지 않았던 것 같다.『高麗史』열전 姦臣傳에 기록되어 있는 것은 아마 조선조에 들어와서『고려사』편찬자의 잘못된 견해로 姦臣傳으로 들어간 것이 아닌가 생각된다.

Ⅱ. 發身 경위

　柳淸臣은 고종 년간3)에 전라도 보성군 高伊部曲(전남 고흥군 풍양면 한동리)4)에서 태어나서 충숙왕 16년(1329) 원나라 大都(北京)에서 세상을 떠났다.『고려사』열전에 유청신을 部曲吏 출신이라고 하였지만 그의 후손들이 만든 행장에는 보다 자세히 기록되어 있다. 즉 그「行狀」에,

　　　우리나라의 柳氏는 다 文化를 宗으로 삼고 晋州 全州 瑞山 豊山 善山 陸昌의 族의 來歷과 系統이 없지 않는데 오직 高興柳氏만은 전한 것이 없다. 고려 충렬왕때 英密公이 高伊部曲에서 태어났기 때문에 縣으로 승격하고 이름을 高興으로 하고 貫鄕이 된 것이 英密公으로부터 시작되었다.5)

---

2)『牧隱詩藁』.

3) 後孫이 쓴 柳淸臣의 實記에는 高宗 44年에 태어났다고 했으나 정확한 것을 모르기 때문에 高宗年間이라 하였다.

4) 中央日報 1984年 12月 8日字「姓氏의 고향」참조.

5) 柳日榮, 行狀. "我東之柳 皆以文化爲宗 如晋州全州瑞山豊山善山陸昌之族 莫不有來系 而唯吾高興之柳 獨無傳焉 在昔高麗忠憲王時 英密公其於高伊部曲 於是 陞爲縣 錫號以高興爲貫 自英密公始"

이라 하여 그는 部曲吏 出身으로서 집안은 한미하여 선조의 내력
도 알 수 없고 고흥으로 관향을 삼은 것은 柳淸臣에서 비롯되었다
는 것이다.

　이와 같이 한미한 部曲吏 출신이며 먼 변방출신인 유청신이 중
앙정계로 진출하기에는 매우 어려웠을 것은 두말 할 것도 없다. 그
후손이 편찬한 「연보」에 의하면 그는 원종 15년(1274)에 급제하였
다6)고 한다. 그러나 그 급제는 兩大業(明經・製述)이 아닌 雜業이
었을 것이고 그 중에서도 譯科였을 것이다. 당시 고려는 원과의 밀
접한 관계로 역관의 필요성이 크게 높아져서 국가에서 총명하고
민첩한 자제를 뽑아 몽고어를 학습시켰던 것이다.7)

　이렇게 역관으로 발신한 그가 충렬왕 5년(1279)에 승지 趙仁規를
따라 원나라에 간 것을 시작으로 누차 奉使하여 원나라에 가서 應
對를 잘 한 공로로 충렬왕의 신임을 얻어 郞將으로 임명되었다.8)
이렇게 정6품의 무반직을 발판으로 宦路에 진출하여 中郞將・將
軍을 거쳐 충렬왕 13년에는 대장군으로 승진되었으며,9) 뒤이어 상
장군이 되었다. 21년에는 右承旨에 뒤이어 左承旨에 임명되어10)
王命出納의 일을 맡았다. 이리하여 그는 고려의 정치에 실질적 영
향을 미치는 관직에 올라 점차 권력의 핵심으로 나아가게 되었다.

---

6) 柳日榮 年譜. "世譜曰十八登第" 年譜의 기록대로 한다면 태어난 해는
　　高宗 44年이고 柳淸臣의 나이는 18세로서 元宗 15年이 된다.『高麗史』
　　卷73, 選擧志1에 "(元宗)十五年 五月 中書侍郞兪千遇知貢擧 同知樞密
　　院事張鎰同知貢擧 取進士 賜朱鋌登二十五人 明經一人 恩賜三人及
　　第"와 年代는 일치되나 大科는 아니었을 것이다.

7)『高麗史』卷105, 列傳18 趙仁規. "國家選子弟通敏者 習蒙古語"

8)『高麗史』卷125, 列傳38 柳淸臣. "屢奉使于元 善應對 由是 爲忠烈寵
　　任補郞"

9)『高麗史』卷30, 世家 忠烈王 13年 8月 丁卯. "拜庇爲大將軍 仁永爲將軍"

10)『高麗史』卷31, 世家 忠烈王 21年 正月 己巳. "柳庇閔漬 爲左右承旨"

충렬왕 23년(1307)에는 同知密直司事監察大夫(종2품)[11]가 되어 出納·宿衛·軍機의 정사를 관장하고 겸하여 감찰의 임무도 맡아 고려 조정의 요직을 역임하면서 정치적 지위도 높이어 갔다. 충선왕이 즉위하자 光政副使 兼權參知機務가 되고,[12] 또 같은 해 7월에 관직은 知密直司事左常侍가 되었다가[13] 같은 해 8월에는 다시 判密直司事가 되었다.[14]

또 충렬왕이 복위하자 贊成事로 임명되어[15] 宰臣이 된 뒤로도 계속하여 요직을 역임하였다. 충선왕이 다시 즉위하자 都僉議贊成事判軍溥司事가 되었다가,[16] 王 2년에는 최고관직인 僉議政丞에 임명되고[17] 高興府院君에 봉해지고 玉帶를 하사받았다.[18] 이렇게 君에 봉해지는 고려의 상류 귀족이 되었던 것이었다.

충숙왕이 즉위해서도 계속하여 僉議政丞을 맡았다가 王 8년 10월 裵挺이 첨의정승에 임명[19]될 때까지 13년간 上相의 자리를 지켰다.

이와 같이 최고의 관위인 上相에 오르자 그의 가문도 중앙 귀족의 계열에 들었고, 그의 손 濯은 공민왕 때에 문음으로 관직에 나

---

11) 『高麗史』卷31, 忠烈王 23年 10月 辛卯. "柳庇 同知密直司事監察大夫"
12) 『高麗史』卷33, 世家 忠宣王 卽位年 5月 辛卯. "柳庇 爲光政副使兼權參知機務"
13) 『高麗史』卷33 世家 忠宣王 卽位年 7月 戊戌. "柳庇 爲知密直司事左常侍"
14) 『高麗史』卷33, 世家 忠宣王 卽位年 8月 甲子. "以柳庇 判密直司事"
15) 『高麗史』卷32, 世家 忠烈王 29年 12月 壬申. "…崔有渷·柳庇 並爲贊成事"
16) 『高麗史』卷32, 世家 忠烈王 33年 3月 辛卯. "…柳庇 爲都僉議贊成事判軍溥司事"
17) 『高麗史』卷33, 世家 忠宣王 2年 8月 戊申. "以贊成事柳淸臣 爲僉議政丞"
18) 『高麗史』卷125, 列傳38 柳淸臣. "忠宣復位 拜僉議政丞 封高興府院君 賜玉帶"
19) 『高麗史』卷125, 列傳38 柳淸臣. "…閔漬·裵挺 守僉議政丞致仕"

아가 侍中까지 되어[20] 조야의 존경을 받았다. 고려 법제에 部曲吏
는 비록 공로가 있더라도 5품을 넘지 못한다 하였으나, 柳淸臣은
외교활동에 功을 세우자 그 제한을 벗어날 수 있었고 출신지 高伊
部曲도 高興縣으로 승격시켜 영광을 안겨 주었다.[21]

Ⅲ. 고려사를 통해 본 柳淸臣

柳淸臣은 초명을 庇라 하여 『고려사』 열전에서 姦臣傳에 들어
있다. 그는 충렬왕·충선왕·충숙왕 3왕을 보필하였고 최고의 관
직인 僉議政丞도 13년간이나 지냈으며, 또 高興府院君이란 封君
도 받고 英密이란 시호도 받았다. 이와 같이 최상의 관직에 오른
그가 姦臣傳에 들어 있는 사유를 살펴보고자 한다.

먼저 『고려사』에 나타난 여러 기록을 검토해 봄으로써 그의 활
약상을 살피고 아울러 진실을 구명하고자 한다.

그의 초기 행적에 대한 『고려사』 세가의 기록을 보자.

① 忠烈王 6年 5月 甲戌 … 柳庇還自元 帝勅以本國軍卒 防禦倭賊

② 忠烈王 7年 5月 癸亥 … 行省摠把報 是月二十六日 諸軍 向一岐
　　島 忽魯勿塔船 軍一百三十人 梢手 三十六人 遭風失其所之 遣郎

---

20) 『高麗史』 卷111, 列傳24 柳濯.
21) 『高麗史』 卷125, 列傳38 柳淸臣. "國制 部曲吏 雖有功 不得過五品 淸臣
　　幼開悟 有膽氣 習蒙語 屢奉使于元 善應對 由是 爲忠烈寵任 補郎將 敎
　　曰 隨趙仁規盡力入功 雖其家世 當限 五品 且於其身 許通三品 又陞高
　　伊部曲爲高興縣"

　　　將柳庇告于元

③ 忠烈王 7年 7月 癸卯 … 郎將柳庇還自元 帝許耽羅鎭戌軍五十名
　　出陸耕種

④ 忠烈王 7年 9月 乙亥 … 中郎將鄭公 郎將柳庇還自元 勅帝曰 王
　　勞於軍事 其勿來朝

⑤ 忠烈王 8年 6月 乙丑 … 蠻軍摠把沈聰等六人 自日本逃來言 本明
　　州人 至元十八六月十八日 從葛剌歹萬戶上船 至日本 値惡風船敗
　　衆軍十三四萬 東栖一山 十月初八日 日本軍至 我軍飢不能戰皆降
　　日本擇留工匠及矢田者 餘皆殺之 王遣上將軍印候郎將柳庇 把摠
　　等送于元

⑥ 忠烈王 8年 9月 甲子 … 郎將柳庇還自元 帝赦王駙馬國王金印

⑦ 忠烈王 9年 3月 乙卯 … 中郎將柳庇還自元言 帝徵江南軍 將以八
　　月 東征日本

⑧ 忠烈王 13年 5月 壬寅 … 王聞乃顏大王叛 遣將軍柳庇 如元 請擧
　　兵助討 時乃顏使本國叛人庾超 來推勘逃軍 超聞乃顏叛 逃至金郊
　　遣人捕之

⑨ 忠烈王 13年 6月 壬戌 … 柳庇還自元 帝許助兵

⑩ 忠烈王 13年 7月 壬寅 … 東京摠管康守衡遼東宣慰使等 遣人來
　　言 曰王若未 能速赴 宜先遣精兵一千王乃遣將軍柳庇中郎將吳仁
　　永如元 奏視將兵已發

⑪ 忠烈王 13年 8月 丁卯 … 柳庇吳仁永等還自元 言帝親征乃顏擒
　　之 拔其城 車駕還燕京 罷諸路兵 且命 王乘傳入 賀節日 王喜 拜
　　庇爲大將軍 仁永爲將軍

⑫ 忠烈王 14年 8月 戊辰 … 公主遣柳庇如元 請從王入朝

⑬ 忠烈王 14年 9月 戊申 … 遣大將軍柳庇 如元 奏王親朝

⑭ 忠烈王 15年 6月 庚戌 … 遣大將軍柳庇 如元獻挺布 將軍南征 南軤

⑮ 忠烈王 15年 11月 乙酉 … 柳庇還自元 帝赦王玉帶 公主金袍

⑯ 忠烈王 15年 9月 丙申 … 遣大將軍柳庇 如元

⑰ 忠烈王 16年 8月 庚寅 … 遣大將軍柳庇 如元 乞師 且奏避江華
⑱ 忠烈王 16年 9月 己未 … 柳庇還自元 帝悉從所奏

⑲ 忠烈王 16年 11月 丁未 … 遣大將軍柳庇 如元 奏哈丹入雙城

⑳ 忠烈王 17年 11月 己卯 … 遣上將軍柳庇許評 如元 請世子還國

㉑ 忠烈王 17年 12月 己卯 … 世子謁帝于紫檀殿 鄭可臣柳庇等隨入
有丁右丞者奏 江南戰船 大則大矣 過觸則毁 此前所以失利也 如
使高麗 造船而再征之 日本可取 帝問征日本事 洪君祥進言曰 軍
事至大 宜先遣使 問諸高麗 然後行之 帝然之

㉒ 忠烈王 19年 12月 辛卯 … 王次撫寧縣 世子遣將軍柳庇 進紫韋裘
一領 暖帽二頂

이상은 충렬왕 5년부터 충렬왕 19년사이의『고려사』세가에 나
타난 柳淸臣의 기록을 모은 것이다. 이 기록을 종류별로 나누어 보
면 다음과 같다.

첫째, 고려 조정의 使命에 관한 것: ⑫, ⑬, ⑯, ⑰, ⑲, ⑳, ㉒

둘째, 日本 征伐 및 軍事關係에 관한 것: ①, ②, ③, ⑤, ⑦, ⑧,
⑩, ㉑

셋째, 元의 勅令 및 下賜에 관한 것: ④, ⑤, ⑨, ⑪, ⑮, ⑱ 등이다.

이 기록을 통해서 볼 때 자국의 이익을 위하여 최선을 다한 그의
외교 능력을 알 수 있다. 그 능력이 인정되었기 때문에 그는 15년
이란 장기간 원에 使行할 수 있었던 것 같고, 또한 최고관직에 오
를 수 있었다.

충렬왕 21년에 承旨가 되고 난 이후부터는 賀正使[22]로 또는 세
자의 혼인청구[23] 또는 왕위의 傳位[24] 등 고려조정의 중대한 문제

---

22)『高麗史』卷31, 世家 忠烈王 20年 12月 庚辰. "遣右承旨柳庇直寶文署
柳仁明如元賀正"

23)『高麗史』卷31, 世家 忠烈王 22年 正月 壬申. "遣副知密直使柳庇 請世
子婚"

24)『高麗史』卷31, 世家 忠烈王 23年 10月 丙申. "遣趙仁規・印侯・柳庇
如元 賀生皇子 且告糴 請傳位 表曰 … 乃因閭室之相離 哀傷有甚 可以
春秋之方耄 疾恙交功 如一朝僵仆以莫興 其庶務剖裁之誰任 竊見臣之

를 가지고 元에 갔다. 그런데 충선왕이 즉위하고 나서는 光政副使
兼權參知機務의 요직에 올라 자신의 행정적 능력을 펴려 했으나
충선왕의 퇴위로 좌절되고 말았다. 王의 퇴위 이유는 충렬왕대 군
소배들에 의해 누적되어 온 弊政을 쇄신하기 위하여 정치·사
회·경제 등 여러 제도를 개혁하려 한 것과 元公主와 불화가 원인
이 되어 元帝의 불신을 받아 재위 7개월만인 그 해 8월에 元使者
孛魯兀에게 國王印을 빼앗기고 이어 元으로 불려갔다.[25]

충선왕과 충렬왕의 관계는 즉위 이전에 無比事件[26]으로 틈이
생기기 시작했고 더하여 제 제도 改革과 元의 간섭, 또 兩王을 호
위하는 당파들에 의해서 父子의 사이가 크게 벌어졌다.

이 때 印侯·金忻 등이 충선왕을 옹호하기 위하여 韓希愈 무고
사건을 일으키고,[27] 또 유청신은 이 사건에 연루되어 元의 塔海와
闊闊不花가 와서 印侯·金忻·韓希愈 등과 함께 붙들려 갔다.[28]
이 사건은 충렬왕파와 충선왕파의 대립이 표면으로 노출된 것이
다. 충렬왕은 군소배들의 사주로 前王의 환국을 저지하고 원 공주
를 瑞興侯 琠에게 개가시킬 것을 청하러 원에 가고자[29] 했으나 元

世子源 夙成幹局 入衛闕庭 荷恩 已配於皇支 諝事 堪承於宗祀 而臣將
俾之嗣位 退以攝生 庶免憂勤 釋千鈞之重擔 小延喘息 觀四海之大平 兹
切籲呼 佇垂衿察"
25) 『高麗史』卷31, 世家 忠烈王 24年 8月 甲子. "元遣孛魯兀來 取忠宣入朝
辛未忠宣如元 壬申 王餞于金郊 酒酣 孛魯兀以帝命 取國王印 授王"
26) 『高麗史』卷31, 世家 忠烈王 23年 7月 戊子. "世子以爲公主之薨 由無比
殺之 又殺閹人陶成器·崔世延·全淑·方宗氏·中郞將金瑾 流其黨四
十餘人"
27) 『高麗史』卷31, 世家 忠烈王 25年 正月 丁酉. "萬戶印侯·金忻 密直元
卿等 擅發兵 執萬戶韓希愈·上將軍李英柱 誣告謀叛 戊戌王與左丞哈
散 鞫希愈等干興國寺 英柱誣伏 希愈竟不服"
28) 『高麗史』卷31, 世家 忠烈王 25年 4月 已未. "元遣塔海·闊闊不花來 執
韓希愈·李英柱·元卿及判密直柳庇·都評議錄事宋之罕 以歸"
29) 『高麗史』卷32, 世家 忠烈王 29年 9月 庚午. "王 如元 請沮前王還國 又

帝의 不許로 元京에서 돌아오고 말았다.[30] 이때 유청신은 원로 중신인 崔有渰과 함께 前王의 환국을 줄기차게 추진하였으나,[31] 宋均·宋邦英 등이 前王을 무함하여 巡軍에 갇히기도 하였다.[32]

　군소배들로 인하여 前王 환국의 저지와 元公主와의 개가를 추진하기 위하여 충렬왕은 31년 11월에 원으로 갔다. 이때 王惟紹·韓愼·宋邦英·宋璘 등이 수행하자 前王은 이들이 또 무슨 흉계를 꾸밀까 두려워 하여 右丞相 塔利罕에게 청하여 중신 洪子藩·崔有渰·柳淸臣 등도 함께 수행하도록 하였다.[33] 元都에 충렬왕과 전왕(충선왕)이 함께 머무르자 王惟紹·宋邦英 등이 前王을 참소하고 환국을 저지하면서 廢嫡공작을 하였다. 이에 유청신은 재상 洪子藩·崔有渰과 함께 王惟紹 등의 惡逆을 중서성에 고발하고,[34] 前王의 환국을 적극적으로 추진하였다. 이와 같이 元都에서 두 세력의 알력은 극심하였다.

　그러나 충렬왕 33년에 정국이 마침내 바뀌게 되었다. 元帝 成宗이 太子를 세우지 못하고 죽자 帝位 다툼이 일어났다. 충선왕이 元에 머무르는 동안 武宗과 친하게 지내면서 帝位 다툼에서 반대편

欲以公主 改嫁瑞興侯琠"

30)『高麗史』卷32, 世家 忠烈王 29年 10月 乙未. "王至西京 帝不許入朝 乃還"

31)『高麗史』卷33, 世家 忠宣王(九德九年). "九德九年冬 本國宰相洪子藩·崔有渰·柳淸臣·金深·金利用等 圖安宗社 重議輕身 偕赴朝廷 論列 利 害爲孤請還"

32)『高麗史』卷32, 世家 忠烈王 30年 2月 乙巳. "以內僚前護軍宋均 黨宋邦英 沮毁前王 囚于巡軍"

33)『高麗史』卷32, 世家 忠烈王 31年 11月 戊午. "王如元 孫廣平公·江陵侯及韓希愈王惟紹高世金文衍韓愼宋邦英宋璘洪子藩崔有渰柳庇金深金延壽等 從行"

34)『高麗史』卷32, 世家 忠烈王 32年 11月 甲午. "是歲 王惟紹宋邦英韓愼 譖前王於王 又譖于皇后 及左丞相 阿忽台平章八都馬辛 欲視前王髮 以瑞興侯琠"

을 물리치고 武宗을 세워 帝位에 오르게 하는데 성공하였다.[35]

충선왕의 배후세력이 커지자 모든 國政은 다시 그에게로 돌아왔다. 즉시 前王은 3월에 同知密直司事 金文衍·上護軍 金儒 등을 고려로 보내서 밤에 순군부에 들려 선포하기를 崔有渰으로 都僉議中贊判典理監察司事를, 柳淸臣을 都僉議贊成事判軍溥司事에 임명하는 등 80여명을 요직에 제수하여 정국의 쇄신을 꾀하였다. 한편 元都에서는 太子(仁宗)의 旨를 받들어서 王惟紹·宋邦英·宋璘·韓愼·宋均·金忠義·崔涓 등을 붙잡아서 前王의 저택에 囚禁하였으며, 충렬왕은 慶壽寺에 유폐시켜 이로부터, 왕(충렬왕)은 팔장을 끼고 앉아있고, 국정은 전왕(충선왕)이 장악하였다.[36]

이렇게 하여 왕위는 충렬왕에게 있었지만 실권은 충선왕이 장악하여 모든 정치는 元都에 있는 충선왕의 '傳旨', '遙命'으로 행해졌다. 그러다가 虛名만 가지고 있던 충렬왕이 이듬해 7월에 逝去하자 마침내 충선왕이 복위하였다.

충선왕은 그 해 11월에 즉위교서를 발표하여 폐정 개혁을 명하였으나 앞서와 같은 과감한 개혁정치는 시도하지 않았다. 현실적 제약을 크게 깨달았기 때문이고, 또 오랜 燕京生活이 본국에 오래 있기를 좋아하지 않게 되어 즉위 2달 후에 다시 元으로 가게 되었던 것이다.[37] 그리하여 본국의 정치는 傳旨로 행해졌고 실지로 정치를 대행하는 자는 중신인 柳淸臣과 崔有渰 등이었다. 최유엄은

---

35) 고병익, 1962,「高麗 忠宣王의 元武宗 擁立」『歷史學報』17·18.
36)『高麗史』卷32, 世家 忠烈王 33年 3月 辛卯. "前王 遣同知密直司事金文衍上護軍金儒來 夜入巡軍府 宣批判 以崔有渰爲都僉議中贊判典理監察司事 柳庇爲都僉議贊成事 判軍溥司事 … 其餘除授者 八十餘人" 및 "前王 奉太子旨 浦王惟紹宋英邦宋璘韓愼宋均金忠義崔涓 及黨惡者 囚之于邸 遷王于慶壽寺 自是 王珙手 而國政歸于前王"
37)『高麗史』卷33, 世家 忠烈王 卽位年 11月 壬申. "王如元 命齊安大君淑 權署征東行省事"

충선왕에게 상소하여 환국을 청하였으나 듣지 아니하였다.38) 또
元都에서도 王의 환국 문제를 놓고 많은 논란이 있었고, 元帝室에
서도 王을 환국시키려 하자 충선왕은 元都에 남기 위하여 그의 아
들 燾에게 傳位할 것을 청한 결과 세자 燾가 즉위하니39) 이가 곧
충숙왕이다.

　元帝 武宗은 자신을 등극시킨 功으로 충선왕을 瀋陽王(瀋王)으
로 봉하였다.40) 충선왕은 이 瀋王의 位를 그의 姪 暠에게 襲位시
킨데서 뒷날에 정국을 크게 어지럽혔다.

　충선왕은 上王으로서 元都에 있으면서 고려의 국정을 좌우하고
또 年少한 충숙왕을 명령하고 있었다. 그러나 元帝 仁宗의 죽음으
로 배후세력을 잃은 충선왕은 고려인 宦者(伯顔禿古思)의 참소와
모함으로 土蕃으로 流謫되었고,41) 심왕 暠의 세력이 커지자 暠와
그 당류는 마침내 본국의 왕위를 넘겨다 보고 끊임없는 음모와 책
동을 계속하였다. 이리하여 충숙왕은 이유없이 元으로 불려 갔는
데 이때 柳淸臣이 吳潛·韓渥·尹碩 등과 함께 王을 호종하였
다.42) 瀋王과 그 당류들은 때로는 國人을 속여 진정장에 서명을 시
킨 일도 있었다. 곧 上王이 吐蕃에 있을 때는 그 당류가 上王의 放
還을 청하는 것이라고 하여 百官을 모아 서명케 하였으나 실은 심

---

38) 『高麗史』 卷33, 世家 忠宣王 元年 4月 己卯. "…政丞崔有渷等 仍上箋於
　　王 請還國曰 … 伏望國王殿下 知君位以不可虛 諒民情急於何戴 湍回行
　　色 俾償曷月 之戀懷 盆荷睿恩 永保先朝之賜履 時帝及皇后皇太子 待王
　　甚寵 故王不納"

39) 『高麗史』 卷34, 世家 忠宣王 5年 3月 甲寅. "以長子江陵大君燾 見于帝
　　請傳位 帝乃策燾爲王 是時 朝廷欲還國 王無以爲辭 乃遜其位"

40) 『高麗史』 卷32, 世家 忠烈王 32年 11月 甲午. "帝以前王定策功 封瀋陽王"

41) 『高麗史』 卷35, 世家 忠肅王 7年 12月 戊申. "帝 … 流上王于吐蕃撤思
　　結之地"

42) 『高麗史』 卷35, 世家 忠肅王 8年 4月 丁卯. "王如元 四更出自陽善門 百
　　官不及拜辭 柳淸臣吳潛元忠韓渥尹碩柳有奇安珪等從之"

왕을 세울 것을 청하는 글이었다.[43)

또 瀋王은 元帝에게 충숙왕을 무고하여 元帝를 크게 노하게 하여 충선왕을 힐책하고 國王印도 수탈하는 일까지 일어나게 하였다.[44) 또 權漢功·蔡洪哲 등은 瀋王을 국왕으로 세우려고 백관을 모아 元의 중서성에 보내는 청원서에 서명케 하였을 뿐만 아니라,[45) 심왕의 명으로 賀正使를 보내는 등[46) 여러가지로 조국을 모해하였다.

이런 가운데 유청신이 충숙왕 10년 정월에 吳潛과 함께 원의 도성(중서성)에 글을 올려 고려를 원에 부속시킬 것을 청하였는데 이와 관련하여 『고려사』에는 다음과 같이 기록하고 있다.

> 柳淸臣이 忠肅王을 따라 元에 갔다가 瀋王暠가 王位를 엿봄을 보고 마침내 曹頔 등과 더불어 王을 배반하고 暠에게 붙어서 萬端의 간사한 꾀를 꾸미고 또 吳潛과는 都省에 上書하여 立省을 請하였다. … 처음에 柳淸臣은 吳潛과 같이 中書省에 가서 王이 눈멀고 귀먹어리이며, 벙어리여서 친히 政事를 돌보지 못한다고 무고하였다. … 이에 帝가 平章 買驢·舍人 亦忒迷失不花를 파견하자 曹頔 및 興禮君朴仲仁·趙雲卿·上護軍高子英 등이 從行하였는데 다 瀋王의 黨이었다.[47)

---

43) 『高麗史』 卷35, 世家 忠肅王 11年 12月 甲寅. "政丞崔有渰如元賀正 宰相會旻天寺 上書中書省云 前於延祐七年十二月間大尉王…衆官員省會 要具衆人文狀 赴都 告乞大尉王回還 恁等 於文狀上 各各書名畫字者 遂行粘連到 數張白紙 勒要衆官名字 以此 各員准信 依從所說 書名畫字了 當在後廳知 前項奸臣等謀構 却落寫做干礙國王 幷瀋王兩王 語句文狀 將衆人書名白紙粘連 送與訖在都同 黨人處 責赴都 幷問事官處呈下 請得如此 今來思忖 得前項 奸臣等用謀 不幸吐露實情 虛稱告乞大尉王回還文狀 誑瞞衆人 於數張白紙 勒要訖名字 衆官委實 不幸書寫 是何詞"
44) 『高麗史』 卷35, 世家 忠肅王 9年 3月 辛巳.
45) 『高麗史』 卷35, 世家 忠肅王 9年 8月 丙戌.
46) 『高麗史』 卷35, 世家 忠肅王 9年 12月 丙寅. "以瀋王鈞旨 遣上護軍楊起·三司副使李謙 如元賀正"
47) 『高麗史』 卷125, 列傳38 柳淸臣. "(柳淸臣)從忠肅如元 見瀋王暠窺覦王

이것을 분석하여 보면,

(1) 柳淸臣, 吳潛 등은 충숙왕을 호종하였지만 元都에서 曹頔 등과
　　더불어 왕을 배반하고 瀋王에 附從하였다.

(2) 柳淸臣, 吳潛은 도성에 글을 올려 立省하여 본국을 元의 內地
　　와 같이 하기를 청하였다.

(3) 柳淸臣, 吳潛은 중서성에 나아가 王이 눈멀고 귀먹고 벙어리가
　　되어 정사를 돌보지 못한다고 무고하였다.

(4) 平章 買驪·舍人 亦乞迷失不花를 따라온 者 曹頔·朴仲仁·
　　趙雲卿·高子英 등은 다 심왕당이다.

이것을 다시 검토하여 보면,

첫째, 柳淸臣이 과연 瀋王에게 부종하여 심왕의 당류가 되었을
까 하는 문제이다. 그렇다면『고려사』세가 충숙왕 9년 8월 병술조
에 "前贊成事權漢功等 欲請立瀋王暠 會百官慈雲寺 上書中書省"
이라는 구절에서 '前贊成事權漢功'대신에 '前僉議政丞柳淸臣…'
이라고 하였을 것이다. 그것은 重臣의 이름이 항상 먼저 나오는 것
이 常例인 것이다. 그러므로 유청신은 결코 심왕의 附從하지 않았
던 것으로 보인다.

또 유청신이 심왕에 附從하여 심왕의 당류가 되었다면『고려사』
세가 충숙왕 15년 8월 을묘조에 "下瀋王黨趙湜金溫權賀田宏等于
巡軍 流之"라는 기록에서 유청신의 이름도 함께 기재되었을 것이
며 함께 유배되었을 것이나 사실은 그렇지 않았다.

또 위의 (4)에서 보듯이 買驪와 亦乞迷失不花를 따라온 者가 다

位 遂與曹頔等 背王附暠 詭謀萬端 又與吳潛 上書都省 請立省 本國比
內地 … 初淸臣與潛 詣中書省 誣王旨聾暗啞 不親政事 … 於是 帝遣平
章買驪 舍人亦乞迷失不花來 頔及興禮君朴仲仁趙雲卿上護軍高子英等
從之 皆瀋王黨也"

潘王黨이라고 하였는데 여기서도 유청신의 이름은 나타나지 않는다. 이러한 사실로 볼 때 유청신이 심왕에 附從하였다는 것은 믿기가 어렵다.

둘째 柳淸臣이 "請立省比內地"하였다는 것도 믿기가 어렵다. 上王(충선왕)이 崔有渷・權溥 등에게 보내는 글과 李齊賢이 유청신에게 보내는 詩를 살펴보기로 한다.

(1) 皇帝가 나의 還國을 許한다는 말이 들리는 듯 하니 그것이 사실이면 公등은 염려할 것 없지만 그렇지 않으면 柳淸臣 吳潛 등과 의논하여 … 帝에게 請하여 나를 이곳에 오래 있게 하지 말라[48]

(2) 去年怪事不忍聞　　稷蜂肆毒蠅止樊
一封譴勅下天門　　白日洶洶雲雷屯
三韓主父帝外孫　　一去萬里投西蕃
界天雪嶺連崐崙　　魍魎晝嘯黃河源
回頭却望楡塞垣　　痛哭淚盡雙眸昏
衣冠縮縮疑排根　　百鍊繞指愁劉琨
孤臣孑立無樊援　　守株舊轍瞻歸軒
信音漸稀空斷魂　　天光那肯照覆盆
緹縈獻書感至尊　　好生仁化霑無垠
況今嗣王躬朝元　　一言庶得蠲煩冤
豈料下車席未溫　　閭墻謗讟蛙蠅喧
葛藟誰令庇本根　　四維蕩若風中幡
緬懷神聖起鐵原　　櫛沐風雨忘飢飧
挹垂蘿圖裕後昆　　四百餘載風流存
邇來事大義彌敦　　世承禁臠榮諸蕃
過如日眚何足論　　有信尙可羞蘋蘩
雙穀生朝錫祉繁　　法星退舍由片言
君臣之分父子恩　　造次顚沛不可諼

---

48)『高麗史』卷35, 世家 忠肅王 8年 11月 壬午. "似聞帝 許予還國 其言若實 公等 無以爲念 不然 與柳淸臣吳潛議 … 表請于帝 奏記丞相 俾予無久於此"

至誠若能感乾坤　　悔禍產祥猶掌翻
二公德馨逾蘭蓀　　輔漢成業推楊袁
故投苦語代叫閽　　勿倚絲穀輕芹暄

지난해 괴이한 일 차마 듣지 못하겠네
벌떼는 毒을 쏘고 파리는 울에 날아 앉네.
한장의 譴册文이 天門에서 내려오니
대낮이 어둑어둑 구름 우뢰 뭉치누나.
삼한의 主父는 황제의 외손인데
만리를 떠나서 西藩으로 귀양가네.
높은 雪嶺은 崑崙山을 연이어 있고
黃河의 源流에선 낮도깨비 휘파람부네.
고개를 돌려 저 楡塞를 바라보며
통곡으로 눈물 말라 두눈이 깜깜하네.
衣冠은 구겨져서 排根인가 의심되고
百鍊江 繞指柔는 劉琨을 시름하네.
혈혈단신 외론 臣下 의지 없이
홀로 서서 자리도 옮기잖고 임 오시길 바라누나.
소식조차 드물어라 혼이 그저 끊어질 뿐
태양인들 쉽사리 覆盆을 비칠손가.
緹縈이 글월 올려 임금님을 깨우치니
호생하는 어진 덕화 어디인들 안 젖으리.
더더구나 嗣王이 몸소 元에 조회하니
한말로써 煩寃을 풀어줌도 좋겠거늘.
어찌 알리 수레 내려 앉지조차 못했는데
집안싸움 밖에 미쳐 모략 비방 야단인고.
뉘라서 葛藟마냥 本根을 덮어주리
四維는 휘날려서 바람 앞의 깃발 같네.
생각하면 고려가 鐵原에서 일어날 때
비바람 무릅쓰며 침식조차 잊었다오.
큰 업적을 일으키어 후손에 물려주니
사백여년 지나도록 풍화가 흘렀도다.
근래 사대의 의리 더욱 두터워서
대대로 혼인왕래 이웃나라 쳐다보네.
조그만 하물쯤이야 탓할게 무엇 있나
信이라면 蘋蘩도 神의 앞에 올린다오.

> 桑穀이 조정에 나서 祥瑞를 내려주고
> 法星이 물러남은 片言으로 인해서네.
> 군신의 직분과 부자의 은혜는
> 아무리 급한 때에도 잊어서는 아니되네.
> 지성이 만일 천지를 감동케 한다면
> 화를 바꿔 祥瑞됨이 손한번 뒤집기네.
> 두 사람 고운 덕이 난초보다 향기로와
> 나라도운 업적은 楊袁이라 일컬으네.
> 일부러 괴로운 말로 하소연을 대신하니
> 絲穀에 있다해서 芹暄을 경히마소.[49]

위의 두 글에서 柳淸臣은 원나라에서 꽤 영향력이 있었고, 원나라 말을 잘하였기 때문에 원나라의 황제에게 이야기를 잘하여 달라고 상왕이 부탁했던 것이다. 上王과 李齊賢이 믿고 부탁하였다면 群小輩의 부류는 아니었을 것이다.

그렇다면 최고관직에까지 올랐던 柳淸臣이 어떻게 쉽게 나라를 버릴 수 있었겠는가? 유청신이 "請立省比內地"하지는 않았을 것이다. 이와 같은 일은 큰 반역이다. 그러나 이 이후 유청신을 징계한 기록은 어디에도 나타나지 않는다. 이것만 보아도 유청신은 "請立省比內地"하지 않았음이 틀림없다. 그 후 조선조에 들어와 史官들에 의해서 왜곡되어진 것이라고 짐작된다.

셋째, 유청신이 王(충숙왕)을 무고하였다는 기록은 더욱 믿을 수 없다. 『高麗史』에

> 樂安君 金之謙을 강등하여 寧海府使로 삼고 판사 金千鎰을 田里에 유배하였는데 이에 앞서 之謙과 千鎰은 萬戶洪綏와 같이 마음을 瑪에게 부쳐 본국이 상국을 배반한다고 무고하고 또 왕이 盲聾에 벙어리라고 元에 참소한 때문에 당하게 된 것이다.[50]

---

49) 『益齋亂藁』 卷2, 在上都奉呈柳璥政丞淸臣吳贊成潛(『高麗名賢集』 3, 297쪽).

이라 기록되어 있다.

유청신이 정말 왕을 무고하였다면 위의 기록에 유청신의 이름도 함께 기록되어 있고 그를 귀양보냈거나 형을 주었어야 당연하나 그와 같은 기록은 어디에도 나타나지 않았다.

위의 여러 사실을 종합해 보면 당시 혼란한 정국의 와중에 유청신은 무함을 받은 것이다. 『고려사』기록 그대로 유청신이 정말 "請立省比內地"하였고, 또 충숙왕을 "誣王旨聾暗啞 不親政事"하였다면 그가 元都에서 죽은 뒤 충숙왕 後 6년 4월에 충숙왕이 英密이란 시호를 내려주지 않았을 것이다. 이색은 유청신의 손자인 柳濯을 위해 「眞宗寺記」를 쓰면서 다음과 같이 유청신의 공덕을 찬양하였다.

> 公의 조부 英密公이 至元年間에 중한 명망이 있었으며 그 후에 德陵을 도우고 또 毅陵을 도와서 몸소 上相을 맡은 것이 13년이었다.[51]

이것을 보면 만약 유청신이 실제로 姦臣이었다면 일대의 명유인 이색이 '有重名至元間'이라고 하지 않았을 것이다. 이색은 유청신이 세상을 떠난 전해(1328)에 출생하였으므로 유청신에 대한 평가는 능히 할 수 있었다.

또 유청신의 아들 修其는 벼슬이 判密直司에 이르렀고, 그의 손자 濯은 충혜왕 5년에 合浦萬戶가 되었다가 누천하여 공민왕 때에는 시중이 되었으며, 조선조 태조는 特進輔國高興伯을 증직하고 忠

---

50) 『高麗史』卷35, 世家 忠肅王 15年 8月 丙辰. "貶樂安君金之謙爲寧海府使 流判事金千鎰于田里 先時 之謙千鎰 與萬戶洪綏歸心于喦 無以 本國背上國 又以王旨聾暗啞 譖于元故及"

51) 『牧隱文藁』卷1, 眞宗寺記. "公祖英密公 有重名至元間 其後相德 又相毅陵 身都上相十三年"(『高麗名賢集』3, 799쪽).

靖이란 시호를 받았다.[52] 이렇게 유청신 자신뿐만 아니라 그의 자손에 이르기까지 높은 벼슬을 지내어 조선조에 들어 와서는 一國의 명문이 되었다.

Ⅳ. 맺음말

고려는 元王室과의 혼인으로 원의 부마국이 되어 독립국가이면서도 원의 정치적 영향력 속으로 말려들어 충렬왕·충선왕·충숙왕 등 여러 王의 거듭된 退位·復位가 잇달았고, 또 고려왕실 안의 세력다툼과 이를 둘러싼 신료들 사이의 세력 갈등이 원인이 되어 당시 고려사회는 그야말로 복잡다단하였다.

충선왕은 元 무종을 옹립한 功으로 심왕의 지위를 지니게 되었다. 다시 말하면 고려국왕으로서 심왕을 겸하였던 것이다. 그런데 충선왕이 아들 충숙왕에게 傳位할 때 고려국왕의 지위만 넘겨주고 藩王의 지위는 그의 조카인 暠에게 주었다. 그 후 원의 인종이 서거하여 배후 세력을 잃은 충선왕은 모함에 빠져 멀리 吐蕃으로 귀양갔다. 이에 충숙왕도 배후세력을 잃게 됨으로써 藩王 暠를 둘러싼 그 당류는 심왕이 고려왕위를 겸하기를 책동하여 충숙왕을 元都로 불러들여 국왕의 印을 빼앗고 이후 충숙왕은 5년 동안 元都에 구류되다시피 되어 국왕 행세를 제대로 할 수가 없었다.

이때 柳淸臣은 심왕당과 또 고려 조정에게 다 같이 무함을 입은

---

52)『太祖實錄』卷12, 太祖 6年 12月 戊子.

것이 아닌가 한다. 그것은 그가 譯官으로 진출하였기 때문에 남달리 蒙古語를 잘 하였고, 자연히 원나라 사람들과 친교가 많았을 것이다. 또 당시 심왕당이 元 帝室과 친숙해지자 원나라 사람과 친한 유청신도 같은 부류로 보여져서 심왕당으로 오인되고 덧붙여 立省論을 주장하였다고 무함한 것이라고 생각한다. 유청신이 무함을 입었다고 생각하는 이유는 당시 그의 나이가 67세[53]의 고령이고, 충렬왕·충선왕·충숙왕 3대를 섬겨 고려최고의 관직인 僉議政丞을 13년 간이나 지낸 그가 무엇 때문에 立省論을 주장하여 나라를 없애려 하였겠는가. 그가 나라를 없애고 元나라에서 영화를 누리기에는 그의 나이가 너무 많다는 것이다.

그가 『고려사』 姦臣傳에 들어 있는 것은 크게 잘못된 것이다. 그것은 『고려사』를 편찬한 조선초기의 史官이 당시의 고려정국을 정확히 파악하지 못했을 것이라고 생각한다. 또 고려는 문벌귀족이 지배한 사회이다. 후기사회는 초기의 문벌귀족사회와는 계보상 연관관계가 긴밀하지는 않지만 여전히 귀족사회를 이루고 있었다. 이른바 '권문세족'이라든지 '신흥사족' 등의 계층이 그들 상호간 유대관계로 지배세력을 공고히 하고 있었던 것이다.

이와 같은 사회에서 部曲吏 출신이며, 譯官 출신인 유청신은 하찮게 여겨지기도 했을 것이다. 다음 기록에서 그런 면을 볼 수 있다.

> 일찍이 使者가 우리나라 재상들이 合坐한 곳에 도착한 일이 있었다. 高興府院君 柳淸臣은 자신이 몽고어를 알고 있기 때문에 元나라 使者와 더불어 몇 마디 말을 하였더니, 洪忠正公이 통역관을 불러 꾸짖기를 "너는 어디에 가 있어서 재상으로 하여금 스스로 말하게 하느냐"고 하니 高興府院君이 부끄러워 하여 낯을 붉히고 땀을 흘렸다.[54]

---

53) 後孫이 쓴 年譜에 따름.
54) 『櫟翁稗說』 前集 1. "嘗有使者至合坐所 柳高興淸臣與之一言 忠正喚舌人 責曰 汝安在 而使宰相自言耶 高興 媿赧流汗"(『高麗名賢集』 2, 351쪽).

라고 하였다.

柳淸臣에 대한 이러한 관점은 조선초기의 史官들에게도 그대로 이어져서 그를 필요 이상으로 貶視하게 되고 그의 인간의 평가에 있어서 너무나 억울한 筆誅를 가했던 것이다.

우리는 역사의 인물을 정확히 파악함으로써 그 시대의 사실과 상황을 바르게 이해할 수가 있고, 나아가 역사와 인간과의 대응관계를 옳게 인정할 수 있을 것이다. 그러려면 먼저 역사기록을 철저히 검토하여 그 진실을 밝혀내야 한다. 유청신과 그 사료의 검토는 이러한 견지에서 일정한 의미가 있다고 생각한다.

참고문헌

(1) 史　料

『高麗史』, 『高麗史節要』, 『高麗名賢集』, 『高麗圖經』, 『東文選』, 『破閑集』, 『補閑集』, 『止浦集』, 『실암실기』, 『益齋亂藁』, 『櫟翁稗說』, 『拙藁千百』, 『謹齋集』, 『稼亭集』, 『牧隱集』, 『淡庵逸集』, 『冶隱集』, 『騎牛集』, 『三峯集』, 『陽村集』, 『陶隱集』, 『晦軒先生實記』, 『鞠齋先生實記』, 『朝鮮王朝實錄』, 『東國輿地勝覽』, 『增補文獻備考』.

李蘭映編, 『韓國金石文追補』, 1968.

許興植編, 『韓國金石全文』, 亞細亞文化社, 1984.

(2) 單行本

高炳翊, 1970, 『東亞交涉史의 研究』, 서울대학교출판부.

旗田魏, 1972, 『朝鮮中世社會史研究』, 法政大學 出版局.

金光哲, 1987, 『高麗後期 世族層과 그 動向에 관한 研究』, 東亞大博士學位論文.

金塘澤, 1998, 『元干涉下의 高麗政治史』, 일조각.

______, 1999, 『高麗의 武人政權』, 國學資料院.

金庠基, 1961, 『高麗時代史』, 東國文化社.

______, 1974, 『東方史論叢』, 서울대출판부.

金成俊, 1985, 『韓國中世政治法制史研究』, 일조각.

金龍善, 1987, 『高麗陰叙制度研究』, 한국학연구원.

金哲埈, 1975, 『韓國古代社會研究』, 知識産業社.

金忠烈, 1984, 『高麗儒學史』, 고려대출판부.

도현철, 1989, 『牧隱 李穡의 政治思想研究』, 연세대학교대학원석사학위논문.

閔丙河, 1990,『高麗武臣政權 研究』, 成均館大出版部.
朴龍雲, 1980,『高麗時代 臺諫制度研究』, 一志社.
______, 1986,『高麗時代史』上·下, 一志社.
朴宗基, 1990,『高麗時代 部曲制研究』, 서울대출판부.
邊東明, 1995,『高麗後期 性理學受容研究』, 一潮閣.
邊太燮, 1971,『高麗政治制度史研究』, 一潮閣.
______ 편, 1986, 『高麗史의 諸問題』, 三英社.
宋俊浩, 1987,『朝鮮社會史研究』, 一潮閣.
申瀅植, 1981,『三國史記研究』, 一潮閣.
歷史學會編, 1981,『科擧』, 一潮閣.
劉明鐘, 1979,『宋明哲學－朱子學과 陽明學』, 형설문화사.
尹龍爀,『高麗對蒙抗爭史研究』, 一志社.
李景植, 1986,『朝鮮前期土地制度史研究』, 一潮閣.
李炳赫, 1989,『高麗末 性理學 受容期의 漢詩研究』, 太學社.
李相伯, 1949,『李朝 建國의 研究』, 乙酉文化社.
李成茂, 1980,『朝鮮初期 兩班研究』, 一潮閣.
李樹健, 1984,『韓國中世社會史研究』, 一潮閣.
李佑成, 1982,『韓國의 歷史像』, 創作과 批評社.
______, 1991,『韓國中世社會研究』, 一潮閣.
李貞信, 1991,『高麗武臣政權期 農民·賤民抗爭研究』, 高大民族文化
        研究所.
李泰鎭, 1986,『韓國社會史研究』, 知識産業社.
______, 1989,『韓國儒學社會史論』, 知識産業社.
張東翼, 1994,『高麗後期外交史研究』, 一潮閣.
______, 1997,『元代麗史資料集錄』, 서울대출판부.
蔡尙植, 1991,『高麗後期佛敎史研究』, 一潮閣.
韓基汶, 1998,『高麗寺院의 構造와 機能』, 民族社.
韓永愚, 1973,『鄭道傳思想의 研究』, 서울대출판부.
______, 1983,『朝鮮前期 社會經濟研究』, 乙酉文化社.
______, 1983,『朝鮮前期 社會思想研究』, 知識産業社.

許興植, 1981,『高麗科擧制度史研究』, 一潮閣.

______, 1981,『高麗社會史研究』, 亞細亞文化社.

______, 1986,『高麗佛敎史研究』, 一潮閣.

한국역사연구회, 1994,『14세기 고려의 정치와 사회』, 민음사.

국사편찬위원회, 1973〜1975,『한국사』4〜10, 국사편찬위원회.

______________, 1993〜1996,『한국사』12〜21, 국사편찬위원회.

강만길 외 편, 1994,『한국사』5〜7, 한길사.

(3) 論 文

姜順吉, 1985,「忠肅王代의 察理辨違都監에 대하여」『湖南文化研究』
    15.

高柄翊, 1961, 1962,「麗代 征東行省의 研究」『歷史學報(상·하)』14·
    19.

______, 1962,「高麗 忠宣王의 元 武宗 擁立」『歷史學報』17·18합집.

______, 1969,「蒙古 高麗의 兄弟盟約의 性格」『白山學報』6.

______, 1974,「元과의 關係의 變遷」『한국사』7, 국사편찬위원회.

______, 1977,「麗末鮮初의 對明外交」『白山學報』23.

高昌錫, 1985,「元代의 濟州道 牧場」『濟州史學』창간호, 濟州大 史學科.

高惠玲, 1981,「李仁任 政權에 대한 一考察」『歷史學報』91.

______, 1984,「方臣祐(1267-1343) 小論」『歷史와 人間의 對應』, 高柄
    翊回甲紀念史學論叢.

______, 1988,「稼亭李穀에 대하여」『梨花史學研究』17·18합집, 이화
    여자대학.

______, 1990,「稼亭 李穀과 元麗 士大夫와의 交遊」『碧史李佑成敎授
    定年退職記念論叢』, 創作과 批評社.

______, 1991,「高麗 士大夫와 元稼 制科」『國史館論叢』24, 국사편찬
    위원회.

金庚來, 1988,「瀋陽王에 대한 一考察」『誠信史學』6, 誠信女大史學會.

金光哲, 1984,「洪子藩研究－忠烈王代 政治와 社會의 一側面－」『慶

南史學』 創刊號.

金光哲, 1985,「高麗 忠烈王代 政治勢力의 動向－忠烈王初期의 政治
　　　　勢力의 變化를 中心으로」『昌原大論文集』7－1.

______, 1986,「高麗 忠宣王의 現實認識과 對元活動－忠烈王 24年 受
　　　　禪 以前을 中心으로」『釜山史學』11.

______, 1987,「麗蒙戰爭과 在地吏族」『釜山史學』12.

______, 1990,「高麗 忠肅王12年의 改革案과 그 성격」『考古歷史學志』
　　　　5·6합집, 東亞大博物館.

______, 1993,「忠烈王代 측근세력의 分化와 그 政治的 歸結」『考古
　　　　歷史學志』9, 東亞大博物館.

______, 1996,「14세기초 元의 政局동향과 忠宣王의 吐藩 유배」『한국
　　　　중세사연구』3.

金九鎭, 1986,「元代 遼東地方의 高麗軍民」『李元淳敎授華甲記念史學論
　　　　叢』, 敎學社.

______, 1989,「麗·元의 領土紛爭과 그 歸屬問題－元代에 있어서 고
　　　　려본토와 東寧府·雙城摠管府·耽羅摠管府의 分離政策을 중
　　　　심으로－」『國史館論叢』7, 국사편찬위원회.

金南日, 1989,『李穡의 歷史認識』, 한국정신문화연구원 한국학대학원
　　　　석사학위논문.

金唐澤, 1989,「忠烈王의 復位過程을 통해 본 '踐系' 出身 官僚와 '士
　　　　族' 出身 官僚의 政治 葛藤」『東亞硏究』17, 西江大 人文科學
　　　　硏究所.

______, 1991,「忠宣王 復位 敎書에 보이는 宰相之宗에 대하여」『歷史
　　　　學報』131.

______, 1994,「高麗 忠惠王과 元의 갈등」『歷史學報』142.

______, 1995,「元 干涉期末의 反元的 분위기와 高麗 政治史의 전개」
　　　　『歷史學報』146.

金庠基, 1964,「李益齋의 在元 生涯에 대하여－ 忠宣王의 侍從의 臣으
　　　　로서－」『大東文化研究』1, 成均館大.

金成俊, 1974,「高麗와 元·明關係」『한국사』8, 국사편찬위원회.

金映遂, 1938,「曹溪禪宗에 대하여-五敎兩宗의 一派, 朝鮮佛敎의 근
　　원」『震檀學報』9.
金鎔坤, 1986,「高麗 忠肅王6年 安珦의 文廟從祀」『李元淳華甲紀念史
　　學論叢』, 敎學社.
＿＿＿, 1988,「麗末鮮初의 政治動向과 文廟從祀」『孫寶基博士停年紀
　　念韓國史學論叢』, 知識産業社.
金潤坤, 1976,「麗末鮮初의 尙瑞司 -政房에서 尙瑞司로의 變遷 過程
　　을 中心으로」『歷史學報』25, 1964. ;『韓國史論文選集』Ⅲ(高
　　麗篇), 一潮閣.
＿＿＿, 1973,「高麗 貴族社會의 諸矛盾」『한국사』7, 국사편찬위원회.
＿＿＿, 1974,「新興士大夫의 擡頭」『한국사』8, 국사편찬위원회.
＿＿＿, 1978,「高麗 武臣政權時代의 敎定都監」『文理大學報』11, 嶺
　　南大.
＿＿＿, 1983,『高麗郡縣制度의 硏究』, 慶北大博士學位論文.
＿＿＿, 1985,「麗代의 按察使制度 成立과 그 背景」『嶠南史學』創刊
　　號, 嶺南大.
＿＿＿, 1988,「羅·麗 郡縣民 收取體系와 結負制度」『民族文化論叢』
　　9, 嶺南大 民族文硏.
金哲俊, 1967, 1967,「益齋 李齊賢의 史學」『東方學志』8. ; 1975,『韓
　　國古代社會硏究』, 知識産業社.
金春鉉, 1976,「晦軒 安珦의 敎育思想」『公州敎育大學 論文集』12.
金泰永, 1977,「高麗後期 士類層의 現實認識」『創作과 批評』12-2,
　　여름호.
金惠苑, 1986,「忠烈王 入元行績의 性格」『高麗史의 諸問題』, 三英社.
＿＿＿, 1990,「麗元王室通婚의 성립과 특징-元公主出身王妃의 家系
　　를 중심으로-」『梨大史苑』24·25, 梨大史學會.
＿＿＿, 1993,「高麗後期 瀋(陽)王의 정치·경제적 기초」『국사관논총』
　　49, 국사편찬위원회.
＿＿＿, 1994,「원간섭기 立省論과 그 성격」『14세기 고려의 정치와 사
　　회』, 민음사.

盧鏞弼, 1984,「洪子藩의 <便民十八事>에 대한 研究」『歷史學報』102.
도현철, 1994,「14세기전반 유교지식인의 현실인식」『14세기 고려의 정
　　　　치와 사회』, 민음사.
文暻鉉, 1980,「麗末 性理學派의 形成」『韓國의 哲學』, 慶北大出版部.
＿＿＿＿, 1983,「程珠學傳來와 麗末 漢文學」『東方學志』36·37 합집.
文喆永, 1982,「麗末 新興士大夫들의 新儒學 수용과 그 特徵」『韓國文
　　　　化』3.
閔賢九, 1968,「辛旽의 執權과 그 政治的 性格(上·下)」,『歷史學報』
　　　　38·40.
＿＿＿＿, 1974,「高麗後期의 權門世族」『한국사』8, 국사편찬위원회.
＿＿＿＿, 1977,「整治都監의 設置經緯」『國民大論文集』11, 國民大.
＿＿＿＿, 1980,「整治都監의 性格」『東方學志』23·24합집, 延世大.
＿＿＿＿, 1981,「高麗 恭愍王의 卽位背景」『韓沾劤停年紀念史學論叢』,
　　　　知識産業社.
＿＿＿＿, 1981,「益齋 李齊賢의 政治活動－恭愍王代를 中心으로」『震
　　　　檀學報』51.
＿＿＿＿, 1987,「閔積과 李齊賢－李齊賢所撰'閔積墓地銘'의 소개검토
　　　　를 中心으로－」『李丙燾九旬紀念 韓國史論叢』, 知識産業社.
＿＿＿＿, 1987,「白文寶研究 －政治家로서 活躍을 中心으로」『東洋學』
　　　　17, 檀國大 東洋學研究所.
＿＿＿＿, 1989,「高麗 恭愍王의 反元的 改革政治에 대한 一考察－背景과
　　　　發端」『震檀學報』68.
朴容淑, 1971,「恭愍王代의 對外關係」『釜山史學』2.
朴龍雲, 1976,「高麗의 中樞院 研究」『韓國史研究』12.
＿＿＿＿, 1981,「高麗時代의 文散階」『震檀學報』52.
＿＿＿＿, 1982,「高麗時代의 蔭敍制의 실제와 그 機能(下)」『韓國史研
　　　　究』37.
＿＿＿＿, 1994,「14세기의 고려사회－원간섭기의 이해문제」『14세기 고
　　　　려의 정치와 사회』, 민음사.
朴恩卿, 1984,「高麗後期 地方品官勢力에 관한 研究」『韓國史研究』44.

朴宗基, 1981, 「13세기 초엽의 村落과 部曲」 『韓國史研究』 33.

______, 1984, 「高麗 部曲制의 構造와 性格 －收取體系의 運營을 中心으로」 『韓國史論』 10, 서울대.

朴鍾進, 1983, 「忠宣王代의 財政改革策과 그 性格」 『韓國史論』 9, 서울대.

______, 1988, 「高麗末의 濟用財와 그 性格」 『蔚山史學』 2, 蔚山大.

朴種鴻, 1983, 「東方理學의 祖로서의 鄭圃隱」 『韓國思想』 9, 서울대.

朴 珠, 1982, 「牧隱 李穡과 그의 政治思想에 관한 硏究」 『曉星女大論文集』 25,

朴天植, 1980, 「高麗 禑王代의 政治權力의 性格과 그 推移」 『全北史學』 4.

朴菖熙, 1989, 「高麗後期의 身分制 動搖」 『國史館論叢』 4, 국사편찬위원회.

宋俊浩, 1983, 「朝鮮兩班考」 『韓國史學』 4. ; 1987, 『朝鮮社會史研究』, 一潮閣.

宋昌漢, 1978, 「鄭道傳의 斥佛論에 대하여－佛氏雜辨을 中心으로」 『大邱史學』 15·16.

______, 1985, 「金貂의 斥佛論에 대하여－恭讓王 3年의 上疏文을 中心으로－」 『大邱史學』 27.

______, 1986, 「朴礎의 斥佛論에 대하여－恭讓王 3年의 上疏文을 中心으로」 『大邱史學』 29.

安啓賢, 1960, 「麗元關係에서 본 高麗佛敎」 『黃義敦古稀紀念 史學論叢』, 東國大出版部.

______, 1965, 「李穡의 佛敎觀」 『趙明基華甲紀念佛敎史論叢』, 中央圖書出版社.

______, 1973, 「曹溪宗과 五敎兩宗」 『한국사』 7.

吳錫源, 1984, 「易東 禹倬思想의 研究」 『安東文化』 5, 安東大.

柳仁熙, 1984, 「退栗以前 朝鮮性理學의 問題 발전」 『東方學志』 42, 延世大.

柳洪烈, 1936, 「朝鮮 祠廟發生에 대한 一考察－특히 麗末李朝初의 報

本崇賢思想을 中心으로」『震檀學報』5.

尹南漢, 1975,「儒學의 性格」『한국사』6, 국사편찬위원회.

尹絲純, 1975,「朝鮮前期 性理學의 思想的 機能」『民族文化研究』.

______, 1984,「朱子學以前의 性理學 導入問題－崔冲의 九齋와도 관련하
　　　　여－」『崔冲研究論叢』, 慶熙大.

______, 1986,「性理學의 導入」『韓國儒學思想論』, 열음사.

______, 1986,「鄭道傳 性理學의 特徵과 評價」『韓國儒學思想論』, 열
　　　　음사.

李起男, 1971,「忠宣王의 改革과 詞林院의 設置」『歷史學報』52.

李基白, 1969,「高麗末期의 翼軍」『李弘植歷回甲紀念 韓國史論叢』,
　　　　新丘文化社.

李楠福, 1984,「麗末鮮初의 座主門生 關係에 대한 考察」『鄭在覺博士
　　　　古稀紀念東洋學論叢』.

李男隨, 1990,『白文寶의 性理學 受容과 排佛論』, 이화여자대학교대학
　　　　원 석사학위논문.

李範稷, 1984,「高麗時代의 五禮」『歷史教育』35.

李丙燾, 1959,「鄭三峰」의 佛教觀」『白性郁頌壽紀念 佛教學論文集』,
　　　　東國文化社.

______, 1961,「麗·元關係와 諸問題」『韓國史』中世篇, 震檀學會.

李炳赫, 1983,「程朱學 傳來와 麗末의 漢文學」『東方學志』36·37합집.

______, 1983,「益齋의 思想과 文學」『釜山大 論文集』24.

李相佰, 1936,「李朝의 建國研究(一·二)」『震檀學報』4·5합집 ; 1936,
　　　　『李朝建國研究』, 乙酉文化社.

______, 1938~1939,「儒佛兩教 文化의 記錄에 대한 一研究」『東洋思
　　　　想研究』2·3합집 ; 1947,『朝鮮文化史研究論考』, 乙酉文化社.

______, 1941,「高麗末期 李朝初期애 있어서의 李成桂派의 田制改革
　　　　運動과 그 실적」『東洋學報』28－1.

李成茂, 1967,「鮮初의 成均館研究」『歷史學報』35·36.

______, 1970,「朝鮮初期의 鄉吏」『韓國史研究』5.

______, 1983,「朱子學이 14·15世紀의 韓國教育 科舉制度에 미친 영향」

『韓國史學』 4, 한국정신문화연구원.

李淑京, 1989, 「李齊賢勢力의 형성과 그 역할」 『韓國史研究』 64.

李用柱, 1984, 「恭愍王代의 子弟衛에 관한 小研究」 『南都永敎授華甲紀念史學論叢』, 太學社.

李佑成, 1962, 「高麗中期의 民族敍事詩」 『成均館大學校 論文集』 7 : 1991, 『韓國中世社會研究』, 一潮閣.

______, 1964, 「高麗朝의 '吏'에 대하여」 『歷史學報』 23 : 1984, 『韓國史論文選集 − 高麗篇』, 一潮閣.

______, 1971, 「新興士大夫階級과 新儒學」 『成大新聞』 554호.

______, 1979, 「李朝의 士大夫의 基本性格」 『民族文化研究의 方向』, 嶺南大民族文化研究所.

李愚喆, 1958, 「高麗時代의 宦官 에 대하여」 『史學研究』.

李源明, 1987, 「性理學 受容의 背景에 관한 研究 일고찰 − 高麗後期의 社會 變化를 중심으로 − 」 『서울女子大學論文集』 16.

李銀順, 1962, 「李穡 研究」 『梨大史苑』 4.

李益柱, 1988, 「高麗 忠烈王代의 政治狀況과 政治勢力의 性格」 『韓國史論』 18, 서울대.

______, 1992, 「忠宣王 즉위년(1298) 개혁 정치의 성격」 『역사와 현실』 7, 한국역사연구회.

李章熙, 1985, 「朝鮮時代 선비研究 − 선비의 槪念設定」 『千寬宇還曆記念韓國史學論叢』, 正音社.

李泰鎭, 1986, 「14·5세기 農業技術의 發達과 新興士族」 『韓國社會史研究』, 知識産業社.

______, 1981, 「15·6세기 新儒學 定着의 社會經濟的 배경」 『奎章閣』 5, 서울대.

______, 1984, 「高麗末 朝鮮初의 社會變化」 『震檀學報』 55.

張東翼, 1978, 「高麗後期 銓注權의 行方 − 銓注參與官僚들을 중심으로」 『大邱史學』 15·16합집.

______, 1992, 「元의 政治的干涉과 高麗政府의 對應」 『역사교육논집』 17, 경북대역사교육과.

張得振, 1984,「趙浚의 政治活動과 그 思想」『史學研究』38.

張世原, 1984,「高麗武人政權 末期의 對蒙政策」『論文集』7, 군산실업
　　　　전문대.

全海宗, 1978,「麗·元貿易의 性格」『東洋史學研究』12·13합집.

鄭求福, 1981,「李齊賢의 歷史認識」『震檀學報』51.

鄭玉子, 1981,「麗末 朱子性理學의 導入에 관한 試考－李齊賢을 중심
　　　　으로」『震檀學報』51.

鄭仁在, 1979,「元代의 朱子學」『東洋文化』19.

趙南國, 1981,「麗末鮮初 儒佛交涉에 관한 研究－圃隱과 三峯의 佛教
　　　　觀을 중심으로」『江原大論文集』15.

趙明濟, 1988,「高麗後期　戒還解 楞嚴經의 盛行과 思想史的 意義－
　　　　麗末 性理學의 수용기반과 관련하여－」『釜大史學』12.

趙仁成, 1985,「崔瑀政權下의 文翰官－能文 能吏의 人事基準을 중심으
　　　　로－」『東亞研究』6.

朱碩煥, 1986,「辛旽의 執權과 失脚」『史叢』30.

朱雄英, 1985,「家廟의 設立背景과 그 機能－麗末鮮初의 社會變化를
　　　　중심으로」『歷史教育論集』7, 慶北大.

周采赫, 1988,「元萬卷堂의 設置와 高麗儒者」『孫寶基博士停年紀念論
　　　　叢』, 知識産業社.

蔡尙植, 1979,「高麗後期 天台宗의 白蓮社 結社」『韓國史論』5.

＿＿＿, 1984,「高麗後期　佛教史의 전개양상과 그 傾向」『歷史教育』
　　　　35.

崔炳憲, 1986,「太古普愚의 佛教史的 位置」『韓國文化』7.

千寬宇, 1956,「麗末鮮初의 閑良」『李丙燾華甲紀念論叢』, 一潮閣.

卓奉心, 1988,「李齊賢의 歷史觀」『梨花史學研究』17·18집.

河元洙, 1989,「宋代 士大夫論」『講座 中國史』Ⅲ, 知識産業社.

河炫綱, 1991,「李承休의 史學思想研究」『東方學誌』69.

韓永愚, 1969,「麗末鮮初 閑良과 그 地位」『韓國史研究』4.

＿＿＿,「朝鮮王朝의 政治 經濟基盤」『한국사』9, 국사편찬위원회,
　　　　1973.

韓永愚, 1973,「高麗末期의 社會 政治政勢와 改革派의 成長」『한국
　　사』9, 국사편찬위원회.
韓㳓劤, 1957,「麗末鮮初의 佛敎政策」『서울대 論文集』6.
許興植, 1976,「高麗의 國子監試와 이를 통한 身分流動」『韓國史硏
　　究』12.
______, 1979,「高麗의 科擧와 門蔭制度와의 比較」『韓國史硏究』27.
黃雲龍, 1980,「高麗 恭愍王代의 對元明關係－官制變改를 中心으로－」
　　『東國史學』14.
黃元九, 1963,「李朝禮學의 形成過程」『東方學志』6.
______, 1981,「朱子家禮의 形成過程」『人文科學』45, 延世大.

SUMMARY

The Koryo(高麗) society experienced a new political system of Military-regime (武臣政權) after the revolt of Jong Jung Bu(鄭仲夫.) In the early Military-regime period, the civilian officials(文臣) were completely excluded in the ruling system until the Choi regime(崔氏政權) when the administrative shortcomings of soldiers had to be supplemented. On the whole, the new officials(新興士族), designated through Gwa-Go (科擧), were brought forth by the Hyang-Li(鄕吏) status having a small land in their hometown. So they could be regarded as relatively independent ones in their economic basis and literary culture and were quite different from aristocratic officials in the previous Koryo.

The new officials ardently contested with one another to be the influential families(權門勢家) in late period of Choi regime. The influential families tried to keep their status through extending the manor and having personnel nomination. The new officials deprived the influential families of personnel nomination and presented several measures to keep order and valid administration. In need of maintenance of Confucian order, they insisted on strengthening education such as Sung Gyun Gwan(成均館).

Lacking the basis of central political ground, the new officials reinforced their political power with binding seniors to juniors. The relationship between Jwa-Ju(座主) and Mun-Sang(門生) was not only that of examiners and passers but that of mentors and pupils, further that of fathers and sons.

The new officisls(新興士族), who had grown on the basis of Jwa-Ju and Mun-Sang system, came to create the new dynaty of Yi. Though the new officisls needed the relations of Jwa-Ju and Mun-Sang to confont the influential families, they became the partisan of administrators. The Jwa-Ju and Mun-Sang disintegrated soon after the establishment of a new dynasty. The Jon-Si (殿試) system in the Yi dynasty played the major role to disintegrate the relations of Jwa-Ju and Mun-Sang

Ahn Hyang(安珦), known as an introducer of Confucianism, was a man of 13th century Koryo. In his era, the influential families were the conservative high ranking officials with an ample manor, while the new officials were the provincial ones with a small land. In the beginning, the Confucianism was not a metaphysical theory but practical morals. In the late period of Koryo, Confucianism was developed as a methodology to overcome the social disorders and Buddism and as a prop to restore the social morals and orders.

The new officials, armed with concrete, practical morals, attacked Buddism and influential families. As a consequence, new dynasty of Yi was established, which was not only a triumph of Confucianism against Buddism but a social and economic victory.

Confucianism became the state morals of Yi dynasty and occupied the principal position in academic thoughts and life standards. As an introducer of Confucianism, Ahn Hyang should not be overestimated in developing Korean Confucianism.

Kwon Bo(權溥) was a politician and scholar in the interference time of

Yüan(元) Dynasty. His grandfather, Kwon Su-Pyung(權守平), was not famous but his father, Kwon Dan(權旦), passed Kwago(科擧) and served as an important official. Kwon Bo passed Kwago and launched a government official as well. After this, Kwon's family became a distinguished family.

Ahn Hyang(安珦), a master of Kwon Bo, was the first scholar introducing neo-Confucianism from Yüan(元). Baik Yi Jung(白頤正) and Woo Tac(禹倬), Kwon Bo's colleagues, had an important role in accepting neo-confucianism. Lee Jeohyun(李濟賢), his son- in- law, and Baik Moon Bo(白文寶) were his followers.

He published two books, 『Sa Seo Zip Zu(四書集註)』 and 『Hyo Haing Rok(孝行錄)』, to teach neo-confucianism standing on Hyo(孝), Chung (忠), Yeo(禮), Shin(信) for new scholars' family morality and for new officials' political and social morality. Through this education he wanted to establish confucian political order and to consolidate the power of dynasty.

Lee Jip(李集), a son of provincial official, became a central official with his four brothers through Gwa-Go. In his early official days, King Gong Min(恭愍王) designated Sin Don(辛旽) as a premier to reform the political and social corruption. But Sin Don only tried to extend his power, then Lee Jip rebuked Sin Don for his misbehaviour and hide himself to the remote province of Young-Chun(永川). After the death of Sin Don, he came back to Gae-Sung(開城), and changed his alias, pen name and even his own name to become a new man.

Although, the offical accomplishment of Lee Jip was not outstriking, his colleagueship was noteworthy. He shared friendship with leading new officials, Lee Saek(李穡), Chung Mong Ju(鄭夢周), Lee Soong In(李崇

仁), Kim Gu Yong(金九容), Chung Do Jeon(鄭道傳), Park Sang Chung (朴尙衷), Park Eui Joong(朴宜中), who played the major roles in practical administrations and policies. Lee Jip kept mutual relationships of discussing academic Confucianism and current affairs. Above all, he had close relationships with the representative Confucianists and administrators called three Euns(三隱).

Lee Jip was a Confucianist of late peoriod of Koryo, who lived his life on the basis of moral Confucianism and as a liberal hermit.

Lee Soong In(李崇仁), with the alias of Ja An(子安) and the pen name of Do Eun (陶隱), passed Gwa-Go at the age of 19 and became a central official. He was bright enough to recite several piecies of writings at a glance. So his master Lee Saek(李穡) once said, " There is no one who can compete with Ja An in writing around the Eastern World."   He shared academic and political relationships with principal new officials playing the major roles in practical administrations and policies.

During his official life, he suffered several exiles for protesting against the reception of a North Yüan(北元) envoy, for only being a relative of banished courtier Lee In Im(李仁任), and for the distorted about his view of Young Heung Kun(永興君), and so on. At last he was sentenced to death only because he belonged to the party of Chung Mong Ju(鄭夢周). The exile was due to his faith of moral Confucianism as loyalty, respect to parents, the mentor, and honored friendship.

Lee Soong In was a Confucian scholar, politician, and writer suceeding academic tradition of Lee Saek. He was a man who had the political faith that a loyal retainer would not serve two masters and put his belief into practice.

Lee Heng(李行) was a man in the complexed transforming era from Koryo to Yi dynasty. In the time of his younger official, the late period of Koryo, Koryo faced a delicate diplomatic situation of a new Chinese dynasty Myung(明朝) replaced the Yüan(元) dynasty as Chinese Empire.

In Koryo, the confrontation between the influential familes having close relationship to Yüan and the new officials associating with Myung became far more deepened.

Gathering more powers to determine the fate of Koryo, the new officials were divided into two parties, as a practical and as a loyal. The practical party intended to establish a new dynasty with a radical reformation, while the loyal party intended to maintain the succeeding royal family with moderate reformation.

On the whole, the Confucian officials advocated moderate reformation. As a small landlord of their hometown, they didn't want radical land reformation. Furthermore, Confucianism itself did not pursue the radical reformation denying landlord system.

The radical reformation party were generally self-made men rather than orthodox pupils of Confucian scholars. They were more inclind to the practical aspect of governing powerful nation than the academic aspect of self-discipline in Confucianism. Lacking orthodox and aristocratic relationships, the practical refomers drove themself into producing new political power and establishing a new dynasty.

In these complex situations, Lee Heng kept his faith of the Confucian scholar, resigning any official rank for himself and maintained familiy tradition of Confucian officials letting his sons become officials.

There were the new officials in the era of extensive political conversion;

Chung Mong Ju(鄭夢周), the loyal who ceased to exist with the vanishing dynasty, Lee Heng(李行), the resigner who remained the courtier of Koryo, and Chung Do Jeon(鄭道傳), the practicals who established the new dynasty

Ryu Chung Sin(柳淸臣) was a man with a life of glory, shame, censure, and praise who had risen to be Bugokli(部曲吏) at the end of 13th century and became an inportant central official.

At the time, the political situation of Koryo was very influenced the political pressure of Yüan Empire. King Chung Yol (忠烈王), King Chung Sun(忠宣王) and King Chung Sook(忠肅王) were dethroned and detained repeatedly, and there were struggles for powers between officials.

King Chung Sun, the king of Koryo, got a status of the Sim King(瀋王) thanks to enthroning Mu Zong(武宗) of the Empire. However, abdicating the throne in the favor of his son, Chung Sook, King Chung Sun gave the position of Koryo King to his son and the position of Sim King to his nephew, Ho(暠). But Sim King, Ho also wanted to be the position of Koryo King, therefore Koryo officals were divided into two groups, one was for Sim King, Ho, the other for King Chung Sook.

In this difficult situation, it seemed that Ryu Chung Sin was entrapped by two groups since he was good at Mongol language and had friends from Yüan Empire so that the group for King Chung Sook thought him to belong to group of Sim King. In addition, he contended to make Koryo an province of Won Empire(立省論). However, it seemed that he couldn't accomplish it because he was very old at that time and he had taken the higher official for 13 years

The late term of Koryo society was still aristocracy like the former term of the nation. In this society, it seemed that Ryu Chung Sin, being a Bugokli, an interpreter, was regarded as an insignificant man in this point of view. This standpoint was continued to the historiographers of the early years of the Chosun(朝鮮) as it was and they estimated him as a treacherouse subject.

However, he was respected as the forefather of Ko Hung(高興) Ryu family and his son and granson attained the distinguished family of the nation in Chosun period.

찾아보기

ㄴ

ㄷ

ㅁ

ㅂ

ㅅ

ㅇ

이 남 복(李楠福)

고려대학교 문과대학 사학과 졸업
성균관대학교대학원 석·박사과정 졸업(문학박사)
현 동의대학교 사학과 교수

논 문

麗末鮮初 座主·門生에 관한 일고찰
金㙊의 思想과 그 歷史的 위치
柳淸臣과 그 사료에 대하여
고려후기 주자학의 수용 전개와 安珦의 위치
고려후기 성리학의 수용과 權溥의 사상
驥牛子 李行연구
李崇仁연구
李集연구

高麗後期 新興士族의 研究   정가 : 14,000원

2004년 7월 10일   초판 인쇄
2004년 7월 20일   초판 발행

저   자 : 李 楠 福
회   장 : 韓 相 夏
발 행 인 : 韓 政 熙
발 행 처 : 景仁文化社
편   집 : 金 明 宣
서울특별시 마포구 마포동 324 - 3
전화 : 718 - 4831~2, 팩스 : 703 - 9711
E-mail : kyunginp@chollian.net
등록번호 : 제10 - 18호(1973. 11. 8)